KB107988

우리의 선사문화(Ⅲ)

우리의 선사문화(Ⅲ)

초판 1쇄 인쇄 2002. 9. 5
초판 1쇄 발행 2002. 9. 10

지은이   이융조 외
펴낸이   김경희
펴낸곳   (주) 지식산업사
         서울시 종로구 통의동 35-18
         전화(02)734-1978(대) 팩스(02)720-7900
         홈페이지 www.jisik.co.kr
         e-mail   jsp@jisik.co.kr
                  jisikco@chollian.net
         등록번호 1-363
         등록날짜 1969. 5. 8

책값 18,000 원

이 책을 읽고 필자에게 문의하고자 하는 이는
지식산업사 e-mail로 연락 바랍니다.

머 리 말

우리나라의 선사문화에 대하여 일반 독자가 좀더 쉽게 접할 수 있는 책을 엮을 필요성을 느끼고, 이를 기획한 것은 1980년대부터이다. 1990년대에 들어와서는 더욱 구체화하여 북부·중부·남부지방의 선사문화로 나누어 모두 3책으로 펴내기로 하였다. 이 작업은 각 전공분야별로 제자들이 주축이 되어 진행되었다. 중원문화권을 중심으로 한 중부지방의 선사문화를 엮어 1994년에 《우리의 선사문화 (Ⅰ)》을 펴낸 것은 이 작업의 첫 결실이었다. 이어서 바로 북부지방의 선사문화를 서술하고자 하였으나, 여러 학술조사 실시와 필자의 게으름으로 당초 예정보다 많은 시간이 흐른 2000년에 《우리의 선사문화 (Ⅱ)》를 간행하였다.

이러한 일련의 연속되는 작업은 남부지방의 선사문화를 다룬 《우리의 선사문화 (Ⅲ)》을 펴냄으로써 마무리되었다. 기획단계부터 20년의 시간이 지난 지금에서야 이 조그만 책자를 완성하게 되어 남다른 감회를 갖는다.

여기에는 좀더 깊이 있는 문화성격의 분석이나 지역에 따른 문화배경의 차이 분석 등을 시도하려 하였으나, 유적 중심으로 일반 독자가 쉽게 이해할 수 있게 서술하고자 한 기본 틀에서 크게 벗어나지는 못하였다. 필자의 연구분석이 깊이 있게 이루어지지 못한 점을 매우 아쉽게 생각한다. 이 점에 대하여 독자 여러분들의 많은 질정을 바란다.

이제 당초 계획하였던 3책을 펴내게 되어 한편으로는 큰 짐에서 벗어난 느낌이다. 첫 번째 책이 나온 지 8년 만에 마무리가 되었는데, 그 기간 동안 새로운 중요한 많은 유적들이 조사 연구되었고, 우리의 선사문화에 대한 깊이 있는 논문들도 많이 발표되었다. 앞으로 이러한 많은 자료들을 정리 분석하고, 이 책에서 미진하게 다룬 내용은 보완하여 독자들에게 더 진전된 연구 결과를 제공할 계획이다.

이 책은 필자들이 1년어 동안 여러 차례의 모임을 갖고 서술방향을 설정한 다음, 각 시대별로 구석기·중석기문화(이융조·윤용현), 신석기문화(길경택), 청동기문화(하문식)의 기초 원고를 작성한 후, 이를 바탕으로 이융조·우종윤을 중심으로 필자 5명이 여러 차례 읽고 수정·가필·윤문의 과정을 거쳐 마무리하였다. 이 책에 실린 유적·유물의 사진과 그림은 유적 발굴보고서·도록·논문 등에서 필요한 자료를 선택하였으며, 편집상 일일이 출처를 밝히지 못한 점에 대해 관련기관과 저자에게 양해를 구하고자 한다.

이 책의 첫 권부터 마무리 3권째를 간행하는 데까지 많은 기다림과 격려를 아끼지 않으신 지식산업사 김경희 사장님과 편집부 여러 분께 고마움을 전한다.

2002년 무더운 여름

충북대학교 선사연구실에서
필자를 대표하여 이융조 씀

차 례

제2장 남부지방의 중석기문화

제3장 신석기문화

제4장 청동기문화

표 · 그림 · 사진 차례

사진

제1장 구석기문화

Ⅰ. 연구의 경향과 성과

1. 연구경향

1932년 두만강가에 있는 종성 동관진(강안리)유적이 도문서부선(圖們西部線)의 철도공사로 알려지게 된 사실과, 그로부터 1년이 지난 뒤에야 전공자(森爲三 교수)가 현장을 답사하면서 관심을 갖게 된 구석기문화는 우리 역사라는 기준에서 본다면 정상적인 일로 보기는 어렵다. 다시 말하여 이것은 우리 손으로, 고고학적인 조사로서 출토현장인 원위치(*in situ*)가 바로 확인되지 못한 비극의 과정이었다고 보기 때문이다.[1]

그렇다고 하여도 동관진유적의 조사는 당시의 연구수준으로 보아, 상당히 높은 단계에서 고생물학적 조사와 연구, 층위의 구분시도, 석기와 뿔연모의 수법·형태에 관한 고고학적 분석, 화석의 정도가 연구되었다. 그러나 일제의 식민지사관에 따른 그릇된 역사인식의 논리 때문에 이 유적의 의미는 부정되었고, 이와 같은 부정의 논리는 광복이 된 다음에도 계속되어 왔다.

이렇게 우리나라에서의 구석기 연구는 처음부터 잘못된 시대상황 아래에서 이루어진 것이어서, 여기서부터 문제가 비롯되었다. 그렇게 하여 '구석기'에 관한 좀더 적극적인 해석과 이해가 부정의 편견 속에 묻혀, 결국 구석기 학사에서 '잃어버린 시간'이 되었다.

그래서 굴포리유적 조사[2](1963~1964년)와 석장리유적 조사[3](1964~1974년, 1990년, 1992년)가 시작되고, 10년이 지난 뒤에야 구석기문화가 한 시대로 인정되이, 국정교과서의 《국사》 책에 실렸다는 사실은 부정의 논리가 우리 역사 속에 얼마나 뿌리깊게 있었는가를 보여 주는 좋은 예라고 하겠다.[4]

본격적인 구석기유적의 발굴계기가 된 선봉 굴포리유적(1963~1964년)과 공주 석장리유적(1964~1974, 1990, 1992년)은 모두 한데유적이며, 각기 동해안과 중부지방의 금강유역이라는 위치와 성격을 갖고 있다.

그런데 이들 유적은 같은 시기에 우리 손으로 조사되었다는 점말고도, 층위유적이면서도 집터(굴포 1기, 석장리 1지구 1호 집터)유적을 찾아 보고하였다는 점에서 같은 의미를 부여할 수 있으며, 굴포리는 중기·후기구석기문화층이, 석장리는 전기·중기·후기구석기문화층이 있음을 학계에 보고하여 문화발달과정과 전개의 차이를 밝히고 있다.

10년 동안 연차발굴로 조사된 석장리유적에 이어 동굴유적에 대한 관심으로 확대되었는데, 그렇게 하여 찾은 유적이 제천 점말 용굴[5](1973~1980년)이다. 이 유적이 있는 충북 일원의 조선계와 옥천계로 발달된 석회암지대에는 자연동굴이 집중적으로 분포되어 있다.

석회암동굴은 층위가 분명히 구분되고, 동·식물상의 자료들이 잘 보존될 수 있는 조건을 갖추고 있어서, 이 용굴의 발굴계기는 구석기문화에 대한 관심을 석기 중심에서 고동물·고식물 등의 자연환경과 인간의 관계를 연구하는 방향으로 진전되게 하였다. 이 연구가 계속되면서 충북지방의 석회암동굴에 깊은 관심이 모아져, 청원 두루봉동굴[6](1976~1983년)을 비롯하여 단양지방의 상시바위그늘[7](1981년), 금굴[8](1983~1985년), 구낭굴[9](1986년, 1988년) 등의 유적이 발굴되어 학계에 소개되었다.

충주댐이 건설되는 남한강의 수몰지역도 집중적인 조사로, 단양 수양개[10](1983~1985년), 제천 창내[11](1982~1983년), 명오리 큰길가[12](1983~1984년) 등의 한데유적이 발굴되어, 이 지역에는 동굴유적과 한데유적이 어우러져 밀집되어 있음이 밝혀졌다.

발굴로 밝혀진 연구결과는 유적의 밀집성뿐만 아니라, 이미 멸종된 동물화석을 포함한 많은 화석자료들이 출토되어 우리나라는 물론 아시아 구석기 학계에 훌륭한 자료를 제공하고 있다.

또한 이들 유적의 가장 밑층에서부터 전기·중기·후기구석기 등의 문화층들이 층위로 있음이 밝혀지고, 우리나라에서 가장 오래된 전기구석기(단양 금굴) 유물들이 출토되면서 시원(始原)적 성격을 갖게 된다. 그리고 이들 동굴유적에서 거의 사람뼈가 출토되어, 우리 겨레의 뿌리(고인류) 연구에 더할 수 없이 중요한 자료를 제공하고 있어서, 위와 같은 성격과 문화적 특징들은 국가에서 설정한 중원문화(권)의 핵심적인 성격으로 들 수 있을 것이다.

한편 1970년대 후반에 찾게 된 임진강(한탄강)유역의 전곡리유적[13]은 국가 차원에서 조사를 실시하여 여러 기관이 참가하는 대규모의 발굴이 진행되었다. 아슐리안 계통의 훌륭한 주먹도끼가 다량으로 출토되어서 더욱 많은 관심이 집중되었고, 또한 이 유적을 중심으로 하여 '전곡리문화'라는 훌륭한 학문 성과를 얻게 되었다. 이 발굴에 참가한 조사자들의 관심은 전곡리 부근으로 더욱 확대되어, 연천 남계리,[14] 파주 금파리와 주월리[15] 등의 한데유적에서 좋은 석기와 유구를 발굴하는 성과를 얻게 되었다.

1980년대 중반에 전남 곡성 제월리 구석기유적[16]에 대한 보고가 있은 후(1986년), 섬진강에 건설되는 주암댐 수몰지역조사로 순천 곡천유적[17]에서 구석기문화층이 보고되었으며, 순천 덕산리 죽산,[18] 순천 금평,[19] 화순 대전[20] 등과 낙동강의 한 지류인 황강유역의 거창 임불리[21]에서 좀돌날몸돌[細石刃核]을 중심으로 하는 잔석기[細石器]문화가 있음이 확인되었다. 또한 화순 대전유적에서는 완전한 집터까지 발굴되어 학계의 관심을 끌게 되었으며, 이것은 순천 고인돌공원에 이전 복원되었다.[22]

이러한 문화적 성격은 1990년대에 이르러 더욱더 뚜렷이 확인되어, 전남지역에서는 섬진강유역의 곡성 옥과[23](1990년), 순천 죽내리[24](1996년), 순천 월평[25](1995년)과 영산강유역의 광주 산월동[26](1993년), 광주 치평동[27](1996년), 함평 당하산[28](1999년) 등으로 확대되었다. 경남지역에서는 낙동강유역의 해운대 중동·좌동[29] 유적을 비롯하여 밀양댐 수몰지구 문화유적 발굴조사에 의해 밀양 고례리유적[30](1996), 남강댐 수몰지구 문화유적 발굴조사의 일환으로 진주 내촌리유적[31](1997) 등이 발굴됨에 따라 우리나라 남부지방 구석기유적에 대한 연구의 박차를 가하는 계기가 되었다. 이로서 남부지역에 잔석기문화 전통이 넓게 퍼져 있음이 밝혀지고, 이 특징은 일본 규슈지방과도 연결되어 앞으로의 연구가 주목된다.

평화의 댐 건설로 바닥이 드러나면서 찾게 된 양구 상무룡리유적[32](1987~1988년)은 유적 규모의 방대함과 북한강유역에서는 처음 발굴된 점, 북한 구석기유적에 가장 가까운 유적이라는 점에서 크게 주목받게 되었다. 특히 석영을 중심으로 한 중기구석기문화층과 흑요석이 많이 출토된 후기 구석기문화는 앞으로 우리나라 구석기 연구에 크게 기여하게 될 것으로 기대된다.

북한에서는 광복 이후로부터 일련의 학자(도유호 · 한흥수 등)들의 노력으로, 남한의 고고학과는 달리 선사문화 연구에 치중하였음을 알 수 있다. 그러한 연구는 자연스럽게 구석기문화와 유적을 찾게 되었고(굴포리), 그 연구결과는 우리 학계에 많은 문제점을 던져 주었다.

이러한 유적을 발굴한 도유호의 연구가 중단된 1967년 이후에는 한데유적에서 동굴유적으로 연구방향이 바뀐 것으로 생각된다. 평양을 중심으로 하고 있는 상원계 계통의 석회암동굴을 주된 연구대상으로 한 결과는 주로 고동물 · 고인류에 치중되었다. 북한학계에서 얻은 이러한 연구분야의 성과와 업적은 누구도 부인할 수 없는 사실이라고 하겠다.

그러나 초기의 화대 장덕리,[33] 선봉 굴포리에서와 같은 층위에 대한 개념이 동굴유적에서는 무시되었고, 한 유적에서 출토된 각기 다른 층위의 유물을 섞어서 보고하여, 여기에 따른 문제점이 지적되어 왔다.

이러한 연구는 1980년 이후의 승호 만달리동굴[34] 조사를 계기로 층위개념이 다시 제기되게 되었고, 룡곡동굴 조사에서는 종합적인 고고학적 분석이 응용되었다.

북한의 고고학계는 지금까지 주로 고고학연구소를 중심으로 연구활동이 진행되었으나, 룡곡동굴[35]을 계기로 김일성종합대학의 신진학자들이 중심이 되어 연구가 이루어지게 되었다. 자연과학의 여러 분석방법이 동원된 연구결과는 여기에 절대연대측정방법(열형광법)이 적용되어 그 문화사적 위치를 분명히하게 되었다.

이처럼 1970년대 후반부터 현재에 이르기까지 구석기유적 조사는 북한 쪽이 평양 중심의 동굴유적에 집중되어 있다면, 남쪽은 그 대상지역이 전국으로 확대되고, 유적의 성격도 동굴유적(사진 1-1) · 바위그늘(사진 1-2) · 석기제작소(사진 1-3) · 집터(사진 1-4) 등의 조사로 확대되고 있다. 이러한 연구결과로 구석기문화는 우리나라 전 지역에 분포하고 있는 것으로 밝혀졌으며, 또한 그 시대도 전기 · 중기 · 후기에 이르기까지 전 시기에 걸쳐 있음이 확인되었다.

그러나 대부분의 유적들이 국토건설에 따른 조사로 실시되어서 연차사업으로 이어지는 일관된 조사계획이 수립되지 못하고, 사업에 밀려서 유적이 훼손되거나 조사작업이 중단되는 예가 있음은 우리 역사를 위해서 무척 안타까운 일이다.

우리의 구석기문화에 대한 연구가 갖는 의미는 그 시대와 문화의 부정에 대한 긍정의 답이 되는 것이고, 우리 역사의 상한을 신석기시대에서 구석기시대로 올려놓았으며, 우리 학문의 장(場)을 세계문화사로 연결짓는 역할을 하였다는 것이다.

사진 1-1. 동굴 유적(청원 두루봉)

사진 1-2. 바위그늘(단양 상시)

사진 1-3. 석기제작소(단양 수양개)

사진 1-4. 집터 복원
(화순 대전)

2. 연구성과

1) 자연환경

구석기연구에서 당시의 자연환경인 고환경(paleo-environment)을 살펴보는 것은 다른 연구분야에 못지 않게 상당히 중요한 위치를 차지하고 있다.

자연환경의 연구는 크게 식물학적 자료, 고동물학적 자료, 지질학적 자료로 나누어 볼 수 있다.

(1) 식물학적 연구

당시의 식생관계를 알 수 있는 식물학적 자료에는 꽃가루 분석과, 유적에서 출토된 숯·열매의 분석이 있다.

우리나라의 구석기연구에서 꽃가루의 분석연구는 1961~1962년 화대 장덕리[36] 유적에서 맨 처음 실시된 이후, 오늘에 이르기까지 많은 구석기(홍적세)유적에서 있어 왔다.

그 뒤 북한에서는 1967년 조사지역이 밝혀지지 않은 채 강바닥 퇴적층의 자료를 가지고 꽃가루 분석을 시도하여, 중국의 주구점 제1지점과 같은 중기 홍적세의 층으로 추정한 연구결과가 발표되었다.

한편 1960년대의 훌륭한 연구업적이 있음에도 불구하고, 그 다음의 많은 유적조사나 연구에서는 이러한 꽃가루 분석이 시도되지 못하여, 오히려 고환경연구는 후퇴하고 있었다. 그러나 최근 룡곡동굴의 발굴보고에서 다시 꽃가루 분석을 시도하여 주목된다.

룡곡 제1호 동굴의 퇴적층에서 5차에 걸쳐 130여 개의 시료를 채취하여, 3단계의 실험으로 분석하여서 5개의 층위에서 612개의 꽃가루와 홀씨를 확인하였다. 이렇게 한 결과 8·10퇴적층은 아열대성 온대기후, 11·12퇴적층은 한대성 온대기후, 13퇴적층은 전형적 온대기후로 해석하고 있다.[37]

남한 학계에서 1970년대초 공주 석장리유적의 꽃가루 분석 결과는 숯 분석과 땅 갈라짐 현상에 대한 좀더 과학적인 근거자료로 활용되었다.[38]

점말 용굴의 꽃가루 분석[39]은 동굴유적에서는 처음으로 이루어진 것으로, 비교적 많은 꽃가루와 여러 가지의 숯·나뭇잎·열매 등이 검출되어, 고환경의 연구에는 동굴유적이 중요한 위치를 갖는다는 사실을 보여 주고 있다. 남한 학계 또한 이 분야의 연구가 10년 동안 공백기간으로 남게 된다.

많은 멸종짐승 화석과 사람뼈의 발굴로 크게 주목받고 있는 청원 두루봉 동굴유적[40](1976~1983년)의 제2굴에서는 꽃가루 분석을 통한 당시의 기후와 식생의 관계를 밝혀내고, 또한 구석기시대 사람들의 믿음과 의식에 관한 자료로 볼 수 있는 진달래 꽃가루가 7층의 동굴입구 모서리 한 곳에서만 집중적으로 검출되어 주목된다.

이 자료는 진달래가 호산성식물이어서 알칼리성토양인 두루봉 주위에는 자생하지 못하는데, 굴 입구의 한 귀퉁이에서만 집중적으로 검출되고 있는 점 등은 이 꽃을 일부러 이곳에 갖다 놓은 것으로, 두루봉에 살았던 사람들의 계절과 목적을 해석하여 볼 수 있다. 이러한 사실들로 보아 두루봉유적의 당시 사람들은 '꽃을 사랑한 첫 사람들'(The First Flower People)로[41] 해석된다.

꽃가루 분석은 이 유적 이외에도 동굴유적인 단양 금굴[42]과 구낭굴,[43] 한데유적인 전곡리,[44] 수양개,[45] 창내,[46] 상무룡리,[47] 화순 대전,[48] 연천 남계리[49] 등의 유적에서 이루어져, 이제는 홍적세의 자연환경을 이해하고 복원하는 데 꽃가루 분석이 중심적인 자리를 차지하고 있다.

또한 꽃가루 분석 외에도 유적에서 발굴된 숯을 조직검사하여, 당시 기후상태와 식생대를 복원하는 자료를 얻을 수 있는 연구방법이 몇 유적에서 실시되었다.

지금까지 숯을 가지고 분석하여, 수종과 나무의 성장상태가 밝혀진 유적은 석장리,[50] 점말 용굴[51]이며, 그 뒤 약간의 공백기를 거쳐 두루봉 제2굴[52]·새굴·처녀굴[53]의 동굴유적과 단양 수양개,[54] 제천 창내[55]의 한데유적에서 출토된 숯이 분석되었다.

특히 두루봉과 수양개유적에서는 출토된 숯을 통하여 수종(樹種) 확인과 함께, 나이테의 너비를 비교 분석하고, 나무조직에 나타난 특징을 관찰하여 당시 자연환경의 연구와 해석을 시도하였다.

(2) 동물화석 연구

홍적세에 살았던 짐승에 관한 연구는 당시의 자연환경을 밝히는 데 중요하여, 구석기문화를 이해하는 실마리가 되기도 한다.

우리나라에서 구석기시대 동물화석에 대한 연구는 비교적 이른 시기부터 있어 왔다. 그것은 우리의 구석기문화의 연구에서 첫 장인 강안리(동관진)유적부터이다. 강안리유적에서 출토된 동물화석이 홍적세의 유물로 주장된 다음, 거의가 석회암지대의 많은 동굴유적에서 동물화석이 출토되었다. 석회암동굴의 토양은 알칼리성이므로 뼈가 잘 보존될 수 있으며, 지질구성은 상원계나 옥천계 계통의 석회암이 발달된 지역이다.

석회암지대가 위치한 곳은, 북한지역은 주로 평양을 중심으로, 남한은 충북지역
에 밀집되어 있다. 식물상의 연구가 북한에서 먼저 진행된 것과 같이 고동물화석에
대한 연구도 먼저 실시되었다.

지금까지 우리나라의 구석기유적 가운데 동물화석이 찾아진 곳으로는 검은모루
동굴유적과 점말 용굴유적[56]을 비롯하여, 만달리,[57] 룡곡,[58] 두루봉[59] 등 상당히 많
은데, 옛 짐승의 연구에서는 주로 종의 분류와 이에 따른 사멸종의 구분이 되어 있
는 실정이다. 이렇게 분류된 사멸종은 동물화석을 통한 다른 유적과 상대연대측정
에 비교되는 자료로 이용되기도 하였다.[60]

또한 동굴유적에서 발굴된 동물화석의 종(種)을 다룬 논문들도 등장하는데, 점
말 용굴의 사슴과(科)화석,[61] 박쥐화석[62]과 두루봉동굴의 하이에나과화석,[63] 구낭
굴 곰과화석[64]을 다루어서, 각 유적 동물상의 특징과 새로운 분류(동굴 하이에나→
크로쿠타 크로쿠타, 동굴곰→불곰)의 체계를 밝히고 있다.

그리고 발굴된 뼈를 통하여 짐승의 나이와 살았던 계절을 밝혀 구석기시대 사람
들이 사냥을 하였던 계절, 사냥감의 선택기준에 관한 연구로 당시 사회를 복원하는
자료가 되고 있다.[65] 또한 짐승이 죽은 다음에 여러 가지 환경조건에 따라서 일어
나는 변화를 연구하는 분야인 화석환경학(Taphonomy)의 연구방법론이 소개되기
도 하였다.[66] 이 연구방법은 발굴된 뼈를 통하여 그 유물에 어떻게 하여 유적에 있
는가 하는 것을 밝혀내는 것으로, 지질이나 기후에 의한 자연적인 변화, 나무뿌리
나 다른 짐승에 의한 생물학적 변화, 그리고 사람에 의한 변화 등에 따라서 유물을
해석하기도 한다.

(3) 제4기 지질학적 연구

구석기사람들이 살면서 문화를 이룩한 지질시대인 제4기(Quaternary) 지질학에
관한 연구는 1930~1970년대까지는 제주도 서귀포를 중심으로 약간의 연구가 있다
가, 그 이후로는 내륙의 동해안 지역에 대한 제4기층의 연구가 이루어지기 시작하
였다.[67] 한편 내륙의 한강유역에 형성된 하안단구에 대한 층서적 연구로 그 특징들
이 학계에 소개되었다.[68]

이러한 연구로 아직까지 한반도에서는 제4기 동안에 있었던 빙하의 흔적을 발견
하지 못하였고, 또한 위도상으로도 빙하권에서 훨씬 남쪽에 위치하고 있어 빙하주
변(peri-glacial)지역에 있었던 것이 밝혀졌다.[69] 또한 제4기 연구는 제3기~제4기

경계선(Pliocene-Pleistocene Boundary)이 Gauss/Matuyama경계인 대략 2.5MA로 해석하고 있다. 그리고 포항지역의 해안사면에 나타난 단구는 현재의 바다수면보다 +40~+45m에 위치한 것은 제3단구(중기홍적세), +10~+15m단구는 제2단구(후기홍적세), +3m단구는 제1단구(충적세)로 발달되었음이 고지자기와 방사성탄소연대측정으로 증명되고 있다.[70]

위의 연구결과는 구석기유적의 퇴적층위에 적용되어, 양평 병산리,[71] 홍천 하화계리[72]와 화순 대전유적에서 지층의 성격을 밝혀내고 있다.[73] 석장리 조사에서도 제4기 지질학적인 연구가 진행되고 있어서 결과가 기대된다.

많은 연대측정이 이루어졌음에도 문화시기의 해석에 일치를 보지 못하고 있는 전곡리유적의 지질조사는[74] 1983년도부터 시작되어 발굴보고서에 조사단의 의견을 싣고 있다.[75] 그 뒤로도 많은 연구논문들이 발표된 것은, 이 유적이 갖고 있는 제4기 지질학에서의 위치와 절대연대치를 얻을 수 있는 자료들이 있기 때문이다.

그런데 여기에서 중요한 것은 바로 전곡리 일대에서 확인된 화산활동 2회는, 초기의 것이 0.54MY보다 오래되었고, 후의 것은 0.28±0.07MY이며, 그 이후에 지금의 한탄강이 형성된 것으로 밝혀졌다는 점이다.[76] 이러한 점과 함께 후기 화산분출로 된 현무암층의 바로 위에 있는 뻘－모래층의 절대연대(열형광측정법)가 4.5만~4.8만 년 전으로 밝혀졌고,[77] 이 층 위의 붉은 찰흙층(Red Clay, 2.5YR 4/4)과 다시 그 위의 갈색 찰흙층(Reddish Brown Clay, 7.5YR 5/4)이 발달되어 있다는 사실에 주목하여야 할 것이다.

그리고 최근의 조사로 붉은색 찰흙층과 갈색 찰흙층을 층위로 구분 짓는 단계(level)에 2개의 토양쐐기(soil-wedge)가 확인되었다.[78] 이 토양쐐기는 추운 기후에서 발달된다는 점에서, 빙하주변(peri-glacial)지역으로서의 특징과 함께, 앞으로의 연구에서 한반도에 있었던 제4기 동안의 기후변동과 제4기 층서를 서로 대비하면 해석이 가능하여질 것으로 생각된다.

2) 집(터)

구석기시대 사람들이 살며 문화행위를 통하여 만들어 놓은 유적에는 크게 한데유적, 동굴유적, 바위그늘유적, 석기제작소 등이 확인되고 있는데, 지금까지의 연구로 우리나라에서도 이 네 가지 형태의 유적이 찾아지고 있다.

초기에는 한데유적인 선봉 굴포리와 공주 석장리유적이 발견되다가, 그 뒤로 북한의 상원 검은모루와 남한의 점말 용굴, 청원 두루봉 동굴유적이 발굴되어, 동굴을 중심으로 형성된 많은 자료(동·식물상, 사람뼈 등)들이 연구의 대상으로 등장되었다.

이어서 지금까지는 하나의 예에 지나지 않지만, 석회암지대에 발달된 바위그늘(rock-shelter)유적이 단양 상시에서 발굴되어, 다른 구석기유적의 유형으로 이해되고 있다. 한편 한데유적의 형식으로 분류되었지만, 유난히 석기 제작활동이 주요한 특징을 이룬 것으로 밝혀진 단양 수양개유적은 석기제작소로 불러도 좋을 것이다.

그런데 우리나라 구석기유적 가운데 많은 수를 차지한 동굴유적에서 당시 사람들이 어떻게 주거행위를 하고, 그 안에 막을 치며 살았는지는 밝혀내지 못하고 있는 실정이다. 여기에 비하여 한데유적 가운데 당시 사람들이 막집과 같은 집을 세워서 만든 유적이 굴포리 1문화층, 석장리 후기구석기시대 문화층, 창내와 대전유적에서 확인되었다. 이들 유적의 공통된 현상으로는 강이나 내〔川〕를 바라보는 약간 높은 위치에 자리하며, 남쪽에 입구를 둔 점이다.

초기의 발굴과정에서 찾게 된 굴포리 집터(11.5×8m의 긴 네모꼴)는 이에 관한 좀더 과학적이고 고고학적인 연구가 되지 못하였고, 그 뒤에도 이 방면에 관한 연구가 진행되지 못한 아쉬움이 남는다.

석장리유적은 잔잔히 흐르는 금강을 앞으로 두고 7.5×7m 크기의 큰 집터가 찾아졌으며, 기둥구멍이 없이 당김돌을 이용하여 만든 집터로 확인되었다. 집터의 규모로 보아 8~10명이 살며 오리나무를 꺾어다 불을 피우며 생활하였고, 이 숯을 연대측정한 결과 20,830 bp로 밝혀져서 구체적인 절대연대를 얻게 되었다.[79] 이 집자리층에서는 좀돌날몸돌이 발굴되어, 수양개유적의 좀돌날몸돌(16,400 bp)과의 관계가 더 구체적으로 설정될 수 있는 자료를 얻게 된다.

충주댐 수몰지구조사로 발굴된 제천 창내유적은 남한강의 본류와 창내천이 합수되는 위치에 자리잡고 있다. 이 집터는 11개의 기둥구멍으로 보면 5×6m의 모가 죽은 둥근꼴의 집터이며, 집터 안에서 불을 피운 불땐자리가 찾아졌다. 문화층의 두께로 보아 긴 시간을 산 것으로는 보이지 않으며 사냥생활의 중심인 주생활터(base camp)로도 이용된 듯하다.

창내유적에 살던 사람들은 이 집터를 짓는 데 건축공학적인 기술까지도 습득하고 있었던 것으로 해석되며, 이러한 집터는 러시아와 일본에서도 찾아지고 있어 앞으로 연구가 기대된다.[80]

주암댐 수몰지구조사로 발굴된 화순 대전유적은 동복천을 바라보는 제3단구의 붉은색 찰흙층에 모두 24개의 기둥구멍과 출입문이 남쪽으로 있는 모가 죽은 긴 네

모꼴의 집터임이 확인되었다. 집자리층에서 좀돌날몸돌이 찾아져, 석장리 → 수양
개 → 대전으로 이어지는 문화의 흐름을 확인할 수 있게 되었다.

　여기에 세워진 기둥은 찾아진 구멍의 크기로 보아 지름이 약 30cm이며, 깊이 30cm
가 되고 문화층의 두께도 두꺼워서 이 집터에 살던 사람들은 오랜 시간 거주하였던
것으로 짐작된다. 이 집터는 전남 승주 고인돌공원에 복원되어 전시되고 있다.[81]

　이처럼 우리나라 구석기 고고학에서 새로운 연구대상으로 등장되는 집터는 당시
생활문화의 중심지 역할을 하기 때문에, 앞으로 그 연구결과가 기대된다.

3) 연 모

　구석기문화에서 연모의 만듦새와 쓰임새를 이해하기 위한 연구수단으로 이용되
는 과학적인 방법에는 여러 가지가 있는데, 여기에서는 우리나라의 구석기유적에서
출토된 흑요석의 성분분석과 뼈연모와 석기에 대한 전자주사현미경(SEM)분석을 살
펴보고자 한다.

　구석기유적에서 흑요석이 출토된 곳으로는 강안리와 석장리를 비롯하여, 수양
개·창내·전곡리·상무룡리·연천 신답리, 그리고 만달동굴 등 여러 곳이 있다.

　흑요석은 화산활동이 있었던 곳에서만 만들어지기 때문에, 그 자체가 희소성이
많으며, 구석기시대의 사람들에게는 석기를 제작하는 데 날카로운 날이 만들어져
서 당시의 생활문화에 중요한 역할을 하였던 것 같다.

　이것을 통하여 선사시대의 교역관계나 문화의 전파, 이동에 관한 사실을 이해하는
데 큰 도움이 된다. 또 흑요석은 표면에서 물을 빨아들여 막을 이루는 수화(hydration)
현상으로 생긴 녹(patina)의 두께를 가지고, 절대연대측정에도 이용되고 있다.

　흑요석의 성분분석은 중성자를 거쳐서 방사화하여 나타나는 중성자방사화방법
(neutron activation analysis)으로 하여, 흑요석 안에 들어 있는 적은 양의 바륨(Ba),
지르코늄(Zr), 스트론튬(Sr)의 세 가지 원소가 조사되었다.

　이러한 분석결과 석장리와 신답리의 흑요석이 같은 원산지에서 가져왔음이 밝혀
졌으며, 상무룡리와 전곡리의 것은 백두산계통임이 나타났다.[82] 더구나 같은 유적
에서도 여러 곳에서 가져온 사실이 밝혀졌는데, 석장리는 2곳, 수양개와 창내는 3
곳, 중석기시대의 홍천 하화계리는 3곳으로 나타났다.[83] 구석기시대 사람들이 살
림을 꾸리면서 사용한 연모에 가운데 생활의 주된 연모로서 만들어 쓴 석기는 감이
돌이기 때문에 잘 보존된다는 점과 제작수법을 분석할 수 있다는 이점에서, 구석기

문화의 연구에 언제나 주대상이 되어 왔다.

우리나라에서도 1970년대까지 석장리 석기의 연구가, 1980년대부터는 우리나라 최대 한데유적인 전곡리유적 출토 석기연구에 큰 진전이 있었다. 1979~1983년과 1986년에 조사된 전곡리유적은 지표에서 상당히 많은 전기 형식의 주먹도끼를 비롯한 석기들이 채집되었고, 두꺼운 붉은색 찰흙층의 각기 3층·4층·5층에서 석기들이 발굴되어 그에 대한 연구결과가 발표되었다. 그 가운데 석기가 주된 연구대상이 되어서 많은 연구논문이 발표되었다.[84]

지금까지 석기에 대한 연구는 유형과 제작기법에 관하여서 많이 진행되었으나, 쓰임새(use-wear)에 관한 연구는 거의 이루어지지 아니하였다. 그러나 수양개유적 출토 석기 가운데 배모양 석기인 좀돌날몸돌에 대한 전자주사현미경의 관찰·분석 결과, 쓰임새에 의한 긁히고 무디어진 자국이 관찰되어, 단지 몸돌만이 아닌 밀개의 기능으로도 쓰였음이 확인되었다.[85]

그러나 연모의 쓰임새에 대하여는 여러 가지 논란이 있는데, 특히 뼈연모의 구분을 깨진 모양과 잔손질의 규칙성 등 제작수법으로만 연구되었기 때문이다.[86] 이에 이러한 연구방법의 한계를 극복하고자 두루봉유적에서 전자주사현미경으로 뼈연모에 대한 쓰임새를 분석한[87] 이래로, 금굴유적과 점말 용굴에서 분석되었다. 특히 용굴에서는 뼈연모의 제작수법을 찾고, 쓰인 흔적을 밝히기 위하여 현미경의 배율을 달리하여 윤(polish)과 줄자국(striation)을 찾아서, 뼈연모의 쓰임에 대한 새로운 연구의 장을 열어 놓았다.[88]

또한 신석기시대의 유적인 통영 상노대도와 사천 구평리 출토의 뼈에 나타난 자른 자국(cut-marks)의 연구는 당시의 도살행위 규명에 진일보한 연구결과를 학계에 제출하였다.[89] 전자주사현미경의 관찰로는 윤, 줄자국, 이빠짐(edge-damage), 패임(battered), 으스러짐(cracked) 등이 찾아진다.

이렇게 구석기의 연모에 대한 전자주사현미경 관찰은 구석기시대 사람들의 살림살이, 특히 연모의 재질, 대상물의 한 일 등 경제적인 측면을 살펴볼 수 있어 앞으로의 연구가 기대된다.

4) 연 대

구석기유적에서 발굴 조사된 자료를 가지고 유적이 형성된 시기를 결정하는 과정에는 과학적인 연구방법의 하나인 절대연대측정(absolute dating)이 쓰인다.

지금까지 우리나라에서는 여러 구석기유적이 발굴 조사되어 왔지만, 절대연대측정이 된 유적은 몇 곳이 되지 않는 실정이다. 이것은 유적의 형성에 관한 해석과 당시 사람들의 문화배경을 이해하는 데, 큰 어려움을 갖게 하는 것이 사실이다.

이러한 문제점을 극복하고자 여러 과학적인 절대연대측정방법을 소개하기도 하였으며, 북한에서는 전자회전반응(ESR) 연대측정법[90]과 우라늄계열 원소측정법[91]의 이론적 배경을 설명하고 있다.

우리나라의 구석기유적에서 출토된 자료를 매체로 하여 실시된 절대연대측정방법은 방사성탄소(^{14}C)연대측정법을 비롯하여, 우라늄(U/TH/PA)계열 원소측정법, 열형광측정법(TL), 칼륨·아르곤(K/Ar)측정법, 전자회전반응(ESR) 연대측정법, 감마분광측정법(Spectrometry-γ)이 있다.

남한에서 1970년대 원자력연구소에서 방사성탄소연대측정법을 진행하다가 중단된 것에 비해, 북한에서는 그들 자체의 고고학연구소 안에 연대측정실을 만들어서 절대연대를 얻어내고 있는 것은 좋은 대조를 이루고 있다.

이러한 여러 측정방법 가운데, 처음 시도된 측정법은 방사성탄소연대측정법이다. 석장리 제1지구의 표토 밑 380~400cm 되는 층(30,690 bp)과 제1지구 제1호집터(20,830 bp)의 숯을 가지고 하였다. 이 절대연대측정은 우리나라에서 구석기유적이 찾아진 지 40여 년 만에 우리나라의 연구소(당시 한국원자력연구소)에서 처음으로 이루어진 것으로, 우리 구석기연구에 하나의 획을 긋는 중요한 일로 평가될 수 있다.[92]

점말 용굴에서는 V층(갈색 모래찰흙층, 10YR 4/3~3/3)을 우라늄계열 원소측정법(66,000 bp)으로, Ⅵ층(회갈색 찰흙층, 7.5YR 4/6~4/4)은 방사성탄소연대측정법(13,700 bp)으로 연대를 얻게 되어, 이 유적은 두 가지 방법으로 두 연대를 갖게 된 셈이다.[93]

전곡리유적은 칼륨·아르곤측정법으로 하였는데, 퇴적물이 아니고 유적의 바닥에 발달하여 있던 현무암을 가지고 측정하여서(0.27±0.12 MY[94]), 측정된 연대치와 문화층의 해석에 여러 문제점이 제기되었다. 그것은 많은 유물이 출토되는 붉은 찰흙층의 연대측정이 이루어지지 못하고, 그 밑층인 모래층의 열형광측정법으로 얻은 절대연대가 4.6만~4.8만 년 전으로 측정되고 있어서,[95] 발굴보고자들의 다른 견해(전기~후기구석기)와 맞물려서 연대해석에 어려움을 갖게 하고 있다. 최근의 연구로 붉은색 찰흙층의 연대를 17만~21만 년 전으로 보는 견해가 제시되기도 하였다.[96]

〈표 1-1〉절대연대측정방법과 측정된 구석기유적

측정방법	대상유적	측정값	비고
방사성탄소연대측정법	공주 석장리	30,690±3,000 bp	
		20,830±1,880 bp	
	제천 점말 용굴	13,700±700 bp	
	단양 수양개	16,400±600 bp	
우라늄계열 원소측정법	제천 점말 용굴	66,000±30,000~10,000 bp	
	단양 상시바위그늘	30,000±7,000 bp	
	룡곡 동굴	46,100±2,000 bp	
		49,900±2,000 bp	
		71,000±2,000 bp	
열형광측정법	연천 전곡리	46,050±5,430 bp	
		48,200±6,690 bp	
	룡곡 동굴	503,000±10%	
		457,000±10%	
		482,000±10%	
		408,000±10%	
		413,000±10%	
		460,000±10%	
		111,000±1,000 bp	
		82,000±8,000 bp	
	밀전리 동굴	160,000 bp	
	태탄 동굴	후기 홍적세	
칼륨·아르곤 측정법	연천 전곡리	0.3±0.1 MY	
		0.27±0.12 MY	
		0.2±0.1 MY	
		0.28±0.07 MY	
		0.6±0.2 MY	
		0.54±? MY	
전자회전반응 측정법	상원 검은모루	161 KR	
	단양 금굴	185,870 bp	
	단양 금굴	107,410 bp	
	만달리 절골 동굴	943,825±21,802 bp	
감마분광측정법	청원 두루봉 동굴	32,500±2,500 bp	

두루봉유적의 연대측정은 짐승뼈 화석을 가지고 감마분광측정법으로 하였는데, 같이 나온 짐승뼈의 사멸종 관계나 이를 통한 상대적인 비교연대로 보아 상당히 젊은 값이 나와, 물과 같은 동굴안의 퇴적환경에 의하여 심한 영향을 받았던 것으로 여겨진다. 이러한 특정방법의 한계는 같은 층위에서 나온 방해석(calcites)을 측정하여 보면 보완될 수 있을 것으로 기대된다.

상원 룡곡 동굴은 1980~1981년에 발굴된 유적으로 북한의 구석기연구에서 하나의 전환점을 이루는 계기가 되었다. 1980년대 중반을 기점으로 하여 주체사상이 더욱 확립된 분위기에서 구석기연구는 앞시기와는 비교되지 않을 만큼 활발하게 이루어졌다. 이러한 과정에서 등장된 이 유적은 조사 주체가 이전의 고고학연구소에서 김일성종합대학 인류진화발전사연구실로 바뀌고, 유적의 발굴보고에서 석기, 동·식물상, 사람, 퇴적층의 분석 등이 이루어지고 있다.

또한 열형광측정법으로 8층의 연대가 50만~48만 년 전으로, 9층은 46만~40만 년 전으로 발표하면서, 전자회전반응 연대측정이나 칼륨·아르곤측정법으로 점검되기를 기대한다고 서술하였다.[97] 그러나 그 뒤에 한 열형광측정법과 우라늄계열원소측정법으로 4.6만~11만 년 전으로 나타나, 절대연대측정의 방법과 기술상의 문제를 제기하게 되었다.[98]

수양개유적에서 방사성탄소연대측정법으로 밝혀진 연대(16,400 bp)는 후기구석기시대의 문화를 이해하는 데 매우 중요한 구실을 하고 있다. 우리나라를 중간지역으로 중국(下川유적, 2.2만~2.0만 년 전)과 일본 규슈(1.4만~1.2만 년 전)에서 많이 찾아지고 있는 좀돌날몸돌 석기의 제작수법이나 발달과정, 그리고 이동·전파과정을 살펴보는 계기를 마련하였다.[99]

II. 남부지방의 구석기유적(그림 1-1)

남부지방에서 처음으로 구석기유적의 존재 가능성을 보여준 곳으로는 1965년 샘플(L.L.Sample)과 모어(A. Mohr)가 전남 순천 구릉지대에서 찾은 구석기 유물을 들수 있으며, 그 뒤로는 연구·조사가 이루어지지 않고 있다가 1980년대 중반(1986)에 건국대 최무장 교수가 곡성군 제월리를 답사한 뒤 찾은 구석기 유물을 보고하면

〈그림 1-1〉 남부지방의 구석기유적

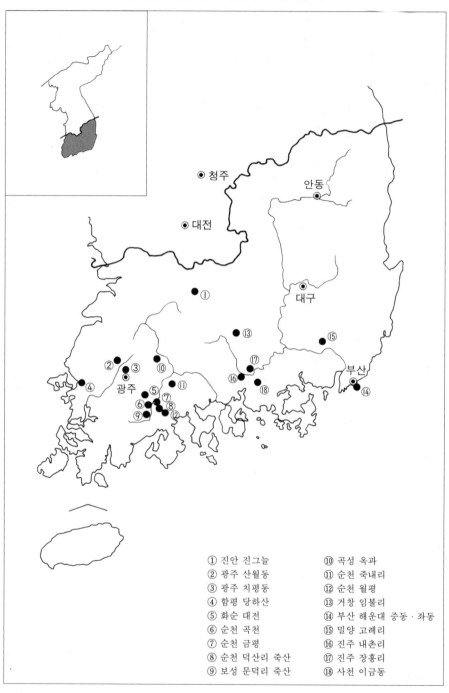

① 진안 진그늘
② 광주 산월동
③ 광주 치평동
④ 함평 당하산
⑤ 화순 대전
⑥ 순천 곡천
⑦ 순천 금평
⑧ 순천 덕산리 죽산
⑨ 보성 문덕리 죽산

⑩ 곡성 옥과
⑪ 순천 죽내리
⑫ 순천 월평
⑬ 거창 임불리
⑭ 부산 해운대 중동·좌동
⑮ 밀양 고례리
⑯ 진주 내촌리
⑰ 진주 장흥리
⑱ 사천 이금동

서부터 다시 이 지역에 발달된 구석기문화의 내용이 좀더 구체적으로 제시되기에
이르렀다.

이즈음 전남에서는 주암댐 수몰지구 문화유적 발굴조사(1986년)가 실시되어 순
천시의 곡천(1987년), 금평(1987년), 죽산(1987년), 화순 대전(1989년) 등의 구석
기유적을 찾았고, 경남지역에서는 합천댐 수몰지구 문화유적 발굴조사(1989년)가
실시되어 거창 임불리(1989년) 구석기유적을 찾아 섬진강유역의 한 지류인 보성강
과 낙동강유역의 한 지류인 황강을 중심으로 한 구석기문화의 성격을 이해하기에
이르렀다.

이후 전남지역에서는 섬진강유역의 곡성 옥과(1990년), 순천 죽내리(1996년), 순
천 월평(1995년)과 영산강유역의 광주 산월동(1993년), 광주 치평동(1996년), 함평
당하산(1999년), 금강유역의 진안 진그늘(2000년) 등으로 확대되었다.

경남지역에서는 낙동강유역의 해운대 중동·좌동유적을 비롯하여 밀양댐 수몰지
구 문화유적 발굴조사에 의해 밀양 고례리유적(1996년), 남강댐 수몰지구 문화유
적 발굴조사의 일환으로 진주 내촌리유적(1997년) 등이 발굴됨에 따라 우리나라
남부지방의 구석기유적에 대한 연구에 박차를 가하는 계기가 되었다.

1. 금강유역

1) 진안 진그늘유적

이 유적은 전북 진안군 정천면 모정리 진그늘마을의 서편에 위치한 한데유적으
로, 용담댐 건설에 따른 문화유적 발굴조사의 일환으로 조선대학교 박물관 팀이
2000년 12월부터 2001년 5월까지 발굴 조사하였다.

유적의 퇴적층위는 기반암 위에 모두 10개의 층위로 구분되는데, 이 가운데 문화
층은 명갈색찰흙층(2문화층)에서 후기구석기시대의 유물이, 그 아래의 적갈색 모
래찰흙층과 제2모난돌층 사이(1문화층)에서 중기구석기시대의 유물이 출토되고
있다(사진 1-5).

후기구석기층에서는 석기제작소, 불땐자리와 함께 유문암·규장암·응회암·석
영 등의 돌감으로 만든 돌날몸돌, 슴베찌르개(사진 1-6), 밀개, 새기개, 긁개 등의
유물이 출토되며, 중기구석기문화층에서는 석영자갈돌로 만들어진 몸돌, 여러면

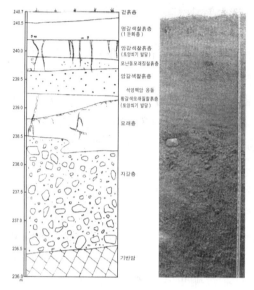

사진 1-5. 진그늘 퇴적층위

사진 1-6. 진그늘 슴베찌르개

석기 등이 출토되었다.

　이 유적은 전북에서 최초로 발굴된 구석기시대 유적으로 후기구석기시대에 돌날
제작이 주류를 이루던 단계에 속하며, 공반된 슴베찌르개와 유적의 입지 등을 고려
하여 사냥캠프와 관련된 석기제작소로 추정되고 있다.

* 조선대학교 박물관, 〈진안 진그늘 구석기시대유적〉(용담댐 수몰지구 내 문화유적발굴조사 현장
  설명회자료), 2000.

2. 영산강유역

1) 광주 산월동유적

이 유적은 광주광역시 광산구 산월동 포산마을에 위치하는 한데유적으로, 영산
강 상류에 세워지는 광주 첨단과학산업단지 조성에 따른 문화유적 발굴조사의 일
환으로 1993년 7월 조선대학교 박물관에 의해 발굴 조사되었다.

광주 산월동유적은 영산강의 상류인 극락강가의 얕은 언덕을 낀 들판지대의 해
발 22m에, 강줄기에서 약 1km쯤 떨어져 있다. 유물은 논바닥 밑의 깊이 5m 아래
재퇴적된 모래층에서 유문암을 돌감으로 하여 만든 긁개를 비롯한 부합유물, 격지
등이 출토되었다.

보고자는 홍적세층에 발달된 토양쐐기 등과의 관계를 들어 15,000년을 상한으로
하는 후기구석기의 늦은 시기로 보고 있다.

* 조선대학교 박물관 · 광주광역시, 《광주 산월 · 뚝뫼 · 포산유적》, 1995
* 이기길, 〈한국 광주 산월동 구석기〉, 《동북아 구석기문화》(한국 국립충북대학교 선사문화연구
  소 · 중국 요령성 문물고고연구소), 1996.

2) 광주 치평동유적

한데유적인 이곳은 광주광역시 서구 치평동의 해발 25m의 구릉성 산지와 평지가
만나는 곳에 위치하며, 영산강의 지류인 극락강과 광주천이 앞뒤에서 에워싸듯이
흐르고 있다.

1996년 5월 상무택지개발공사의 일환으로 조선대학교 박물관 팀이 시굴 조사한 이
유적은 모두 9개의 지층 가운데 구석기시대의 문화층은 8지층인 모난돌 모래질 찰흙
층(1문화층)과 5지층인 회갈색 모래질 찰흙층(2문화층)의 2개 지층이 확인되었다.

이곳에서는 석영맥암 · 규암 등을 이용하여 1문화층에서는 몸돌 · 긁개 등을, 2문
화층에서는 몸돌 · 격지 · 찍개 · 사냥돌 등을 만들었다.

30

토양쐐기에 견주어 2문화층은 후기구석기의 늦은 시기로, 1문화층은 퇴적층의 두께 등을 고려하여 중기구석기에 속할 가능성을 제시하고 있다.

* 이기길과, 《광주 치평동유적―구석기 · 갱신세층 시굴조사 보고서》(조선대학교 박물관 · 광주광역시 도시개발공사), 1997.

3) 함평 장년리 당하산유적

전남 함평군 함평읍 장년리에 위치하고 있는 층위유적인 이 유적은 무안-군산간 서해안고속도로 문화유적 발굴조사의 일환으로 목포대학교 박물관에서 1999~2000년까지 발굴 조사하였다.

이 유적의 층위는 위로부터 표토층, 연갈색 사질토층, 적갈색 점토층, 회색 실트 간층을 포함한 적갈색 점토층으로 구분된다.

주된 문화층인 구석기시대층은 후기구석기와 중기구석기문화층으로 나뉘는데, 후기구석기문화층은 다시 2개의 문화층으로 구분된다. 먼저 후기구석기문화층의 아래층에서는 돌날몸돌과 격지가, 이어 위 문화층에서는 좀돌날몸돌〔細石刃核〕· 돌날·격지 등이 출토되었다.

중기구석기문화층에서는 찍개 · 주먹도끼 · 찌르개 등이 출토되었다(사진 1-7).

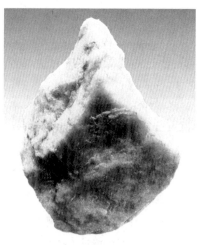

사진 1-7. 당하산 주먹도끼 · 찌르개

이 유적에서는 구석기 · 신석기 · 청동기 · 철기시대까지 네 시기의 유물이 발굴된 층위유적으로 전남지역에서 가장 뚜렷한 표준유적으로 등장될 것으로 여겨진다.

* 최성락 · 이헌종,《함평 장년리 당하산유적》(목포대학교 박물관), 2001.

3. 섬진강유역

1) 순천 곡천유적

이 유적은 전남 순천시 송광면 우산리 곡천마을에 자리하고 있으며, 주암댐 수몰지구 문화유적 발굴조사(1986~1989, 4차례)의 일환으로 충북대학교 박물관이 발굴하였다.

곡천 구석기유적은 모두 3개 지구로 나누어지는데, 1지구에서는 고인돌 아래층에서 중석기 · 구석기문화층이, 2지구에서는 후기구석기문화층이, 3지구에서는 중석기와 구석기문화층이 찾아졌다.

(1) 1지구

1지구(해발 95.00m)는 보성강의 지류인 송광천이 굽어 흐르는 곡천마을의 얕은 구릉에 위치한다. 1986년 제1차 고인돌 발굴조사에서 고인돌 하부구조 아래 홍적 토층에서 구석기문화층이 찾아졌다. 층위는 18개(I ~ XVIII로 나누어지는데, 그 가운데 문화층은 10개로, 문화층 가운데 구석기문화층은 다시 8개로 구분된다.

먼저 중기구석기문화층으로 1~5문화층이 해당되는데, 여기에서는 안팎날 찍개, 자르개, 주먹대패, 긁개 등의 연모가 출토되었고, 후기구석기문화층인 6~8문화층에서는 밀개, 긁개, 자르개, 톱니날, 뚜르개 등의 연모가 출토되었다.

1지구의 식물상 가운데 KOH-ZnCl₂-Acetolysis법으로 한 꽃가루 분석(花粉分析, Pollen analysis)에 의한 분석 결과, 찾아진 꽃가루는 홀씨를 더하여 1,305개이다. 이는 균류포자와 불분명한 꽃가루를 빼고 2강 3아강 15목 15속으로, 나무꽃가루(AP) : 풀꽃가루(NAP) : 균류포자(Fungi) : 불분명한 꽃가루(Unknown Pollen)의 비율은 16 : 17 : 6 : 46 : 12로 나타난다. 후기구석기문화층에서 소나무, 솔송나무(현재는 울릉도에서만 야생) 등의 꽃가루가 찾아져 냉습한 기후였음을 알 수 있으며, 위 문화층인 중석기문화층에서는 소나무 및 따뜻하고 습한지대에 사는 풀꽃가루가 찾아져 당시 기후를 해석하는 데 큰 도움이 된다.

(2) 2지구

곡1지구에서 남서 40도 방향(산능선 방향)으로 61m 떨어진 곳으로 이곳에서는 전형적인 둥근밀개 · 긁개 · 자르개 등의 연모와 망치 등의 공구가 찾아졌다. 곡1지구의 '곡천식 밀개'와 서로 층위(Ⅴㄴ)가 연결되고 있어 이 시기에 밀개가 발달되었음을 살펴볼 수 있다.

(3) 3지구

곡2지구의 북서 70도 방향으로 130m 떨어져 유적 뒤의 매치산이 산줄기가 끝나는 곳의 낮은 구릉지대(해발 101.5~105m)에 위치하고 있다.

유적의 층위는 모두 11지층(Ⅰ~ⅩⅠ)에 문화층은 3개(Ⅲ. Ⅳ. Ⅶ)로, 다시 구석기문화층은 2개(Ⅳ. Ⅶ) 문화층으로 구분된다.

먼저 중기구석기문화층(1문화층)인 Ⅶ층에서는 찍개 · 긁개 · 찌르개 · 주먹대패 등의 연모가, 후기구석기문화층(2문화층)인 Ⅳ층에서는 밀개 · 긁개 · 찌르개 · 좀돌날몸돌(사진 1-8) · 스키모양 격지 등의 연모가 출토되었다.

후기구석기문화층(황갈색 찰흙층)에서 출토된 유물은 밀개 · 긁개 · 찌르개 · 쐐기모양 좀돌날몸돌석기 · 스키모양 격지와 석기 제작행위를 알 수 있는 망치와 몸돌 · 격지 등인데, 특히 좀돌날몸돌석기는 이곳의 문화전통을 가늠하는 기준이 되는데, 이 좀돌날몸돌은 수양개Ⅱb기법에 의해 좀돌날이 산출되었으며, 격지는 너비방향으로 타격면을 형성한 점이 관찰된다.

이 유적의 중기구석기문화층(자갈 섞인 붉은 노란 모래질층)에서는 아슐리안 전통을 받은 무스테리안 형식의 주먹도끼(사진 1-9)와 사냥용 연모인 찌르개 · 찍개, 부엌-조리용 연모인 긁개 · 밀개 등과 석기의 제작행위를 알 수 있게 하는 몸돌 · 격지 · 망치 등이 출토되었다.

섬진강의 지류인 보성강가에서 처음 보고된 우산리 곡천 중기구석기문화층은 전남지방에서 보고하는 첫 예가 되는 중요한 구석기유적으로 이 지역 구석기문화 연구의 체계화에 크게 기여하였다.

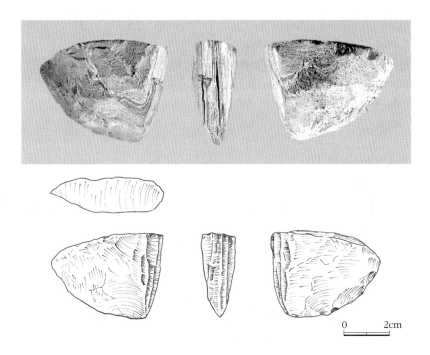

사진 1-8. 곡천 좀돌날몸돌

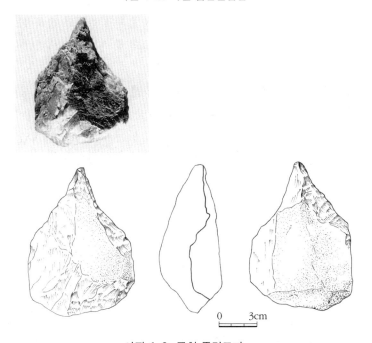

사진 1-9. 곡천 주먹도끼

* 이융조와, 〈우산리 곡천 선사유적〉, 《주암댐 수몰지역 문화유적발굴조사 보고서(Ⅴ) ―구석기 ·
  입석 · 도요지〉, 전남대학교 박물관, 1988.
* 이융조 · 윤용현, 〈전남지역의 구석기문화〉, 《전남문화재》 2, 1989, pp.159~163.
* 이융조 · 윤용현, 〈우산리 곡천 구석기유적〉, 《주암댐 수몰지역 문화유적발굴조사 보고서(Ⅶ) ―
  구석기 · 주거지〉, 전남대학교 박물관, 1990.

2) 화순 대전유적

화순 대전유적의 행정구역은 전남 화순군 남면 사수리 대전 마을에 자리하고 있
으며, 보성강가에 있는 한데유적(open site)으로 1987~1989년까지 3차에 걸친 발
굴로 여러 시기에 걸쳐 있는 복합된 문화층이 있었음이 드러나게 되었다.

유적의 지층구조는 하부로부터 하상자갈돌층(Ⅰ층. 고기하성층), 고운모래층(Ⅱa~c
층), 사면붕적층(Ⅲa~b · Ⅳa~b · Ⅴa~b층) 및 표토층(Ⅵ · Ⅶ층) 등 12개의 지층으로
구분되며, 이 가운데 문화층은 고인돌 문화층(Ⅵ), 중석기문화층(Ⅴb), 후기구석기문
화층(Ⅴa), 중기구석기문화층(Ⅳa) 등 4개로 나누어진다.

꽃가루 형태의 특이성을 이용하여 대전유적의 자연식생을 추정해 보았는데, 이
꽃가루 분석에서 가늠된 꽃가루는 3강 3아강 14목 17과 17속으로 밝혀졌으며, 전체
적으로 소나무과 꽃가루가 많이 나오고 습지식물의 꽃가루가 우세했던 것으로 나
타난다.

후기구석기문화층은 유적의 전반에 걸쳐 넓게 분포되어 있는데, 이 문화층에서
쓰인 석기의 주된 감은 석영맥암과 니암 · 반암을 들 수 있다. 석영맥암은 거의가 유
적의 주위에서 쉽게 구할 수 있는 암질이라 할 수 있는 데 반하여 퇴적암인 니암은
이 유적으로부터 가까이에 위치한 동복리 일대에서 볼 수 있는 암질이다.

이러한 점에서 이곳 대전 후기구석기시대 사람들은 주위에서 쉽게 구할 수 있는
석영맥암을 가지고 석기를 만들었으며, 아울러 정교하게 떼어내기 위한 석기를 만
들고자 할 때에는 동복리 일대에서 니암을 가져다 쓰거나, 동복천 상류로부터 굴러
내려온 니암 또는 반암제 자갈돌을 석기의 감으로 썼다고 해석할 수 있다.

이 층에서는 사냥용 연모인 찌르개 · 사냥돌 · 찍개 · 주먹도끼, 조리용 연모인 긁
개 · 밀개 · 새기개 · 뚜르개 등의 연모가 출토되었으며, 이와 함께 석기의 제작행위를
알 수 있는 모룻돌 · 망치 · 격지가 함께 출토되어 석기를 만들기 위한 석기제작소가
있었음이 밝혀졌다. 아울러 석영맥암 및 셰일질의 석기들이 각기 부합되는 것을 찾

았는데, 이러한 것은 석기 제작의 행위를 뒷받침하여 주는 것이다.

또한 후기구석기시대의 문화층(Ⅴa층)에서 집터의 기둥구멍 24개와, 이 집터 옆에서 2개의 불땐자리 및 강자갈을 간 네모꼴의 구조물이 확인되었다. 대전집터는 생나무휘임형의 집자리로 볼 수 있으며 전체적인 형태는 긴 타원형이다. 남아 있는 집터와 그 유구를 통하여 보면, 매우 큰 집단이 있었다고 생각해 볼 수 있다. 집자리의 크기(약 30m²)로 본 생활공간의 구조로도 빈포드 교수의 일시적인 생활거주보다는, 모비우스의 일상적인 생활거주의 목적으로 지어진 것으로 해석된다.

집자리층에서 유적의 문화성격을 뚜렷이하여 주는 좀돌날몸돌석기가 3점 출토

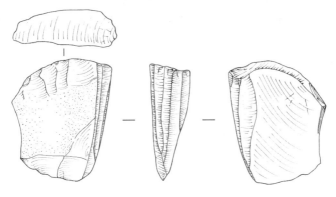

사진 1-10. 대전 좀돌날몸돌

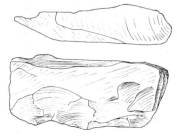

사진 1-11. 대전 좀돌날몸돌

되었다(사진 1-10·1-11). 이 석기는 동북아시아에서 독특하게 출토되는 석기로서, 우리나라에서는 북부지방의 평양 만달리유적에서부터 중부지방의 공주 석장리·단양 수양개를 거쳐 남부지방의 순천 곡천·순천 금평·해운대 중동유적 등에 이르기까지 우리나라 전 지역에서 출토되는 경향을 보인다.

대전유적의 좀돌날몸돌은 수양개 좀돌날몸돌석기의 제작 형식 가운데 Ⅱb·Ⅲa기법과 일본 유베스(湧別)기법, 도케시다(峠下)기법, 중국 후투우량(虎頭梁)의 허타오(He-Tao)기법, 양위안(陽原)기법과 매우 유사하게 제작되어 좀돌날몸돌 전통의 문화교류 및 전파를 알 수 있게 하는 중요한 성격을 갖고 있다고 하겠다.

이러한 좀돌날몸돌석기의 연대가 동북아시아에서는 방사성탄소연대측정으로 20,000~11,000 bp 사이에 속하는 것으로 나타났다. 특히 수양개유적이 약 17,000년 전후한 유적으로 절대연대측정이 나왔음을 감안할 때, 대전유적은 좀돌날몸돌석기의 제작기술과 방법으로 보아, 그보다 조금 늦은 15,000 bp 전후한 유적으로 살펴볼 수 있겠다.

중기구석기문화층은 I층의 고기 하성층위로 퇴적된 11개의 층위 가운데 6번째 층
(IVa, 1문화층)으로 자갈돌과 함께 망간 끼임 현상이 나타난다.

IVa층의 중기구석기층은 주로가 석영맥암을 감으로 사용하였으며, 사암·규암과
아울러 냇가에서 가져온 강자갈돌로 만든 석기들이 보인다. 이 층에서도 석기 제작
행위를 복원할 수 있는 몸돌·망치·부합유물 등이 찾아졌는데, 중기구석기층의 석
기 제작기법을 보면 격지를 떼어내는 데는 주로 던져떼기·부딪쳐떼기 등 직접떼기
를 한 것으로 볼 수 있다.

출토된 연모로는 사냥용 연모인 주먹도끼·주먹찌르개·찍개와 조리용 연모인 긁
개·밀개·새기개를 들 수 있는데, 특히 새기개식 떼기수법으로 만든 새기개도 찾아
져, 대전의 중기에서 후기층으로 새기개의 발달 변화상을 살필 수 있게 되었다.

이 문화층 또한 상대연대의 추정이 가능하다. 그것은 퇴적된 층위의 구성입자 및
구성물질에 나타나는 현상으로 해석할 수 있는데, 뷔름 I/II빙온기로 볼 수 있다.

이러한 문화상은 우산리 곡천유적의 중기구석기문화층과 비슷한 양상을 보이고
있어, 두 유적간의 상호 연관성과 문화의 교류를 어느 정도 살펴볼 수가 있다.

* 이융조·윤용현, 〈화순 대전 후기구석기문화—배모양석기와 집터를 중심으로〉, 《선사와 고대》
  (한국고대학회) 3, 1991.
* 이융조·윤용현, 《화순 대전 구석기시대 집터 복원—고인돌 공원 선사주거지 복원》(충북대학교
  선사문화연구소), 1992.

3) 순천 금평유적

순천시 송광면 신평리 금평부락에 위치한 이 유적은 1986~1989년까지 세 차례
에 걸쳐 주암댐수몰지역 문화유적 발굴조사로 숭실대학교·서울대학교 팀이 발굴
하였다.

발굴을 통하여 출토된 유물은 긁개·밀개·새기개·찌르개·몸돌·격지 등이며, 유
물감의 구성을 보면 석영·니암 등이다. 보고자는 니암의 원산지를 20km 떨어진 동
북리 일대로 추정하고 있다. 이 유적에서는 좀돌날몸돌(4점)과 좀돌날이 출토되었
는데, 좀돌날몸돌 3점은 니암으로 1점은 석영으로 만들어졌다(사진 1-12).

보고자는 유적의 상대연대를 좀돌날몸돌·좀돌날 등을 들어 20,000~10,000 bp
사이로 보고 있으며, 구체적으로 유적의 상한을 15,000 bp에서 13,000 bp 이상으로
올라가기 어려울 것으로 보고 있다.

사진 1-12. 금평 긁개 · 좀돌날몸돌

필자의 견해로는 유적의 층위에서 보이는 토양쐐기(soil-wedge) 구조와 좀돌날
몸돌 유물의 제작기법을 중심으로 하여 볼 때, 15,000 bp 앞뒤의 유적으로 보인다.

＊임병태 · 이선복, 〈신평리 금평 구석기〉, 《주암댐 수몰지역 문화유적발굴조사 보고서(Ⅴ) ㅡ구석
　기 · 입석 · 도요지》(전남대학교 박물관), 1988.
＊이선복 · 강현숙과, 〈신평리 금평 · 덕산리 죽산 후기구석기유적〉, 《주암댐 수몰지역 문화유적발
　굴조사 보고서(Ⅶ) ㅡ구석기 · 주거지》(전남대학교 박물관), 1990.

4) 순천 덕산리 죽산유적

이 유적은 순천시(옛 승주군) 송광면 덕산리 죽산마을에 위치한 한데유적으로,
1987~1989년에 두 차례에 걸쳐 주암댐 수몰지역 문화유적 발굴조사의 일환으로
고려대학교와 서울대학교 팀에 의해 발굴 조사되었다.

유물들은 고인돌 떼의 발굴 조사과정에서 고인돌문화층 아래에 형성된 홍적토층
(황색 찰흙층)에서 출토되었다. 출토된 유물의 감(材料)은 모두 니암으로, 좀돌날
몸돌 · 좀돌날 · 슴베찌르개 · 덜된 연모 · 격지 등이 출토되었다(그림 1-2).

이 가운데 슴베찌르개는 날 부분이 떨어져 슴베와 몸(가운데) 부분 일부만이 남
아 있는데, 수양개유적의 슴베찌르개와 제작기법에서 아주 유사하게 만들어졌음이
살펴져 주목된다.

보고자는 출토된 슴베찌르개를 일본 것과 비교하면서 유적의 상대연대를 12,000~

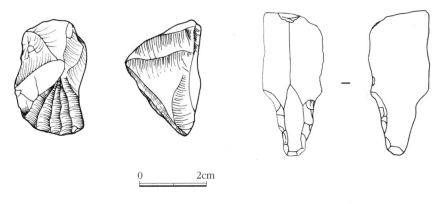

0   2cm

그림 1-2. 순천 죽산 좀돌날몸돌 · 슴베찌르개

13,000 bp 사이로 보고 있으나, 필자 등이 1983년부터 발굴한 단양 수양개의 슴베찌
르개 문화층의 방사성탄소연대측정에 의한 절대연대가 16,400 bp와 18,630 bp 등으
로 나와 비교되며, 이 유적의 연대는 좀돌날몸돌의 제작기법과 토양쐐기구조 등에
비추어 15,000 bp 앞뒤로 보인다.

* 지동식 · 박종국, 〈덕산리 죽산 지석묘〉, 《주암댐 수몰지역 문화유적발굴조사 보고서(Ⅱ)—'87 지
  석묘 1》(전남대학교 박물관), 1988.
* 이선복과, 〈신평리 금평 · 덕산리 죽산 후기구석기유적〉, 《주암댐 수몰지역 문화유적발굴조사 보
  고서(Ⅶ)—구석기 · 주거지》(전남대학교 박물관), 1990b.

5) 보성 문덕 죽산리유적

이 유적은 전남 보성군 문덕면 죽산리에 위치하는 한데유적으로 주암댐 수몰지구
문화유적 발굴조사의 일환으로 이루어진 고인돌 발굴조사(1987 · 1989)로 구석기층
이 보고되어 1990년도에 경희대학교 고고미술사연구소 팀이 발굴 조사하였다.
화순지역의 동복강과 보성에서 흘러 내려오는 보성강과 합수지점에 위치한 이
유적의 층위는 4개로 구분되나 지구별로 각기 다른 양상을 보이고 있어서 명확하
지 못하다. 문화층은 후기구석기의 앞선 시기와 말기 등 2개로 나누어 볼 수 있으나
분명치 않다. 주된 문화층은 Ⅲ층(진한 황적색 흙층)으로 찍개 · 새기개 · 긁개 · 찌르
개 등의 연모가 출토되었다. 특히 석영을 감으로 하는 찍개가 다수 출토되고 있는

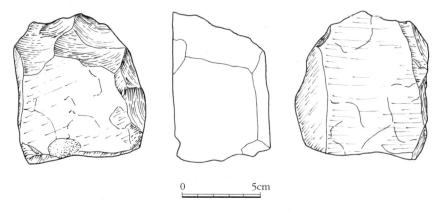

0   5cm

그림 1-3. 보성 죽산리 찍개

점이 이 유적의 특징이며(그림 1-3), 보고자는 이러한 점을 근거로 후기구석기층으로 구분하고 있다.

그러나 공주 석장리·순천 곡천·화순 대전 등의 유적에서는 이러한 유물이 집중적으로 출토되는 층을 중기구석기로 보고 있기 때문에 유적의 상대편년에 큰 차이를 보이고 있으며, 앞으로 최근에 보고된 순천 죽내리유적·함평 당하산유적의 지층 및 출토된 석기와 비교연구가 이루어지면 좀더 뚜렷이 문화의 성격을 밝힐 수 있을 것으로 보인다.

* 황용훈, 〈죽산리 '가' 군 지석묘〉, 《주암댐 수몰지역 문화유적발굴조사 보고서(Ⅲ)—'87지석묘 1》(전남대학교 박물관), 1988.
* 황용훈·신복순, 〈죽산리 '가' 지구 유적〉, 《주암댐 수몰지역 문화유적발굴조사 보고서(Ⅶ)—구석기·주거지》(전남대학교 박물관), 1990.
* 황용훈·신복순, 〈죽산리 구석기유적 발굴조사보고〉, 《보성강·한탄강유역 구석기유적발굴조사보고서》(문화재관리국 문화재연구소), 1994.

6) 곡성 옥과유적

옥과 구석기유적은 전남 곡성군 옥과면 주산리와 입면 송전리 일대의 2유적이 1989년 지표조사에 의해 찾아져 1990년도에 서울대학교 박물관 팀이 발굴하였다.

(1) 옥과 주산리

주산리유적은 옥과면 주산리 부근 일대의 지역으로서, 옥과천의 넓게 발달한 단구면 위에 위치하고 있다.

주산리유적의 발굴 결과 층위는 기반암 위에 5m 정도의 퇴적두께를 보이는데, 밑의 고기하성층(고대 하천 퇴적층)과 위의 사면 붕적토가 퇴적되어 있다.

유물은 주로 사면붕적토의 고토양층을 포함한 그 윗부분에서 출토되고 있는데, 주로 니암제 자갈돌을 감으로 하는 좀돌날몸돌·밀개·톱니날 연모 등이다.

보고자는 특히 출토된 쐐기형 좀돌날몸돌을 일본의 유베스기법으로 분류하고 있지만, 타격면을 옆 방향과 긴 방향에서 베풀고 있는 점에서 수양개의 Ⅱ형식과 Ⅲ형식이 다 함께 쓰인 유물로 해석된다.

보고자는 토양쐐기구조와 망간층(중금속 침전층) 특징 등으로 20,000~10,000 bp 사이로 추정하면서 쐐기형 좀돌날몸돌(주상석핵) 등에 비춰 15,000 bp 앞뒤로 보고 있다.

(2) 옥과 송전리

옥과 송전리유적은 주산리유적에서 옥과천을 따라 하류로 약 4km 떨어진 입면 송전리의 옥과천과 섬진강이 합류하는 지역에 넓게 발달한 하안단구 상면에 위치하고 있다.

송전리의 층위를 살펴보면 퇴적층은 주산리보다 더욱 두터워 하안단구퇴적층은 10m에 이르며, 현재의 하상층에서 불과 5m 내외의 높이에서 고대 하성층의 흔적이 찾아짐에 따라 후기 홍적세 말기에 형성된 퇴적층임을 시사하고 있다.

유물은 퇴적층의 윗면에 발달되어 있는 토양쐐기(보고자는 Crack)구조 위에서 출토되며, 문화층의 두께는 30~50cm에 이른다.

이곳에서 출토된 유물은 주로 니암·반암·석영을 감으로 하는 좀돌날몸돌·스키모양 격지·긁개·밀개·톱니날 연모 등이다. 특히 좀돌날몸돌 및 스키모양 격지(부합)는 수양개유적의 제2형식에 속하는 Ⅱb기법으로 만들어졌으며(사진 1-13), 또한 유적에서 떼어진 스키모양 격지가 출토되어 주목되는데, 이러한 스키모양 격지는 수양개유적에서 부합유물로 여러 점 발견된 바 있다. 이러한 점에서 옥과유적의 좀돌날몸돌은 수양개유적의 것과 비교될 수 있다.

보고자는 유적의 연대를 주산리와 같이 토양쐐기구조와 망간층 중금속 침전층의 특징 등으로 20,000~10,000 bp 사이로 추정하면서 쐐기형 좀돌날몸돌(주상석핵)

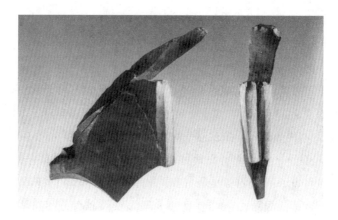

사진 1-13. 옥과 좀돌날몸돌

등에 비춰 15,000 bp 앞뒤로 보고 있다.

* 이선복과,《옥과 구석기유적》(서울대학교 박물관 · 곡성군), 1990.

7) 순천 죽내리유적

순천 죽내리유적은 전남 순천시 황전면 죽내리에 위치한 한데유적으로 순천~남원간 도로 확포장공사로 인한 문화유적 발굴조사의 일환으로 조선대학교 박물관팀에 의해 1996년에 두 차례에 걸쳐 발굴 조사하였다.

이 유적은 모두 9개의 지층으로 구성되어 있으며, 지층에서 구석기·청동기·삼국시대 등 세 시대에 걸쳐 문화층이 확인되었다. 이 가운데 구석기문화층은 6층인 황갈색 모래질 찰흙층(1문화층), 4층인 암갈색 찰흙층(2·3문화층), 2층인 명갈색 찰흙층(4문화층) 등 모두 4개의 문화층으로 형성되어 있음을 알 수 있다(사진 1-14).

먼저 1문화층은 구석기문화층 가운데 가장 넓게 분포되어 있는데, 주로 석영맥암과 응회암을 주된 돌감으로 주먹도끼·찍개(사진 1-15)·주먹자르개·긁개 등의 연모를 만들었으며, 특히 몸돌과 격지가 서로 붙는 부합유물이 출토되어 석기제작소가 있었음을 추정하여 볼 수 있다(사진 1-16).

2문화층에서는 주로 석영맥암과 응회암, 편마암 등 크고 작은 자갈돌을 이용하여 긁개·홈날·격지 등을 만들었음이 밝혀졌다. 3문화층은 2문화층과 얇은 돌층을 경계로 하여 구분되는데, 석영맥암을 돌감으로 하여 격지·홈날 등의 연모를 만

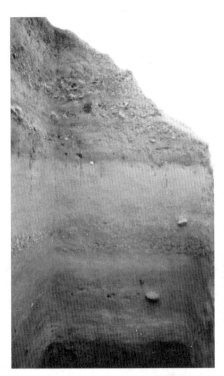

사진 1-15. 죽내리 찍개

사진 1-14. 죽내리 퇴적층위

사진 1-16. 죽내리 붙는 몸돌과 격지

들었다.

4문화층에서는 아래층의 앞선 시기의 문화층과는 달리 유문암·응회암·석영맥암·사암 등 다양한 돌감을 이용하였음이 살펴지며, 모룻돌과 망치·몸돌과 격지·부합유물 등이 출토되어 석기 제작행위가 있었음을 추정하게 한다. 이 층에서는 위의 유물과 함께 돌날·좀돌날·홈날·긁개·찍개·톱니날 등 앞선 시기보다 다양한 연모들이 출토되었다.

보고자는 죽내리유적 구석기층의 절대연대측정을 하지 못하고 지층의 형성과정과 화산재 분석, 공주 석장리와 대전 노은동의 토양쐐기층과 절대연대측정 자료들과 비교하여 유적의 시기를 추정하고 있는데, 1문화층을 마지막 간빙기~6만 5천 년 전, 2문화층은 3만~6만 년 전, 3문화층은 2만~2만 3천 년, 4문화층은 돌날과 좀돌날을 근거로 후기구석기의 늦은 시기인 1만 4천 년경으로 주장하고 있다.

섬진강의 한 지류인 황천천과 봉성천이 만나는 두물머리에 자리하고 있는 이 유적은 주변의 훌륭한 자연환경과 석기를 만드는 데 필요한 돌감을 쉽게 구할 수 있다는 이점으로 이른 시기부터 사람들이 살았음이 밝혀졌다.

* 이기길과, 《순천 죽내리유적》(조선대학교 박물관 · 순천시청 · 익산지방국토관리청), 2000.

8) 순천 월평유적

이 유적은 전남 순천시 월암리 월평마을 뒤편 구릉에 위치한 한데유적으로 조선대학교 박물관 팀의 지표조사(1995) · 발굴조사(2001)로 유적의 성격이 밝혀졌다.

이 유적에서는 2개의 구석기시대 문화층과 3개의 유물 포함층이 조사되었는데, 1문화층(2지층, 명갈색 찰흙층)과 2문화층(3지층, 황갈색 찰흙층)만이 뚜렷하고 나머지 유물 포함층(4~6층)은 불분명하다.

먼저 1문화층에서는 석영맥암 · 산성화산암 등을 돌감으로 좀돌날몸돌 · 좀돌날 · 밀개 · 슴베찌르개, 소형 주먹도끼 등 전형적인 후기구석기시대의 유물이 출토되어, 단양 수양개와 가까이의 화순 대전, 순천 곡천유적과 비교연구가 기대된다.

2문화층은 1문화층에 이어서 퇴적된 지층인데 1문화층과 같이 석영맥암 · 산성화

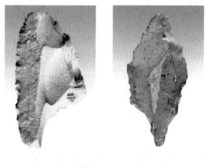

사진 1-17. 월평 긁개 · 슴베찌르개 · 좀돌날몸돌

산암 등을 돌감으로 석기제작소와 함께, 소형 주먹도끼, 여러면석기, 밀개, 슴베찌르개, 긁개 등이 출토되었다(사진 1-17). 특히 갈린 줄자국의 자갈 2점이 함께 드러나 눈길을 끈다.

보고자는 1·2문화층의 석기 구성이 별 차이가 없고 좀돌날을 중심으로 구성되는 점을 들어 후기구석기의 늦은 단계로 보고하고 있다.

* 조선대학교 박물관,《순천 월평유적》(학술발굴지도위원회자료), 2001.
* 순천대학교 박물관·순천시,《순천시의 문화유적(Ⅱ)》, 2000.

4. 낙동강유역

1) 거창 임불리유적

거창 임불리유적은 합천댐 수몰지구 유적발굴조사의 일환으로 부산여자대학교(현 신라대) 박물관 팀이 발굴한 한데유적으로 낙동강 지류인 황강의 강안단구에 위치해 있다.

이 유적에서 출토된 유물로는 좀돌날몸돌과 덜된 연모·스키모양 격지·밀개·외날긁개·좀돌날 등이 있다.

이 유물들을 실제로 살펴본 결과 출토된 좀돌날몸돌은 배모양·네모꼴·세모꼴·쐐기모양으로 구분되는데, 제작수법으로 보면 수양개의 제2형식과 제3형식과 비교되어 주목된다(그림 1-4).

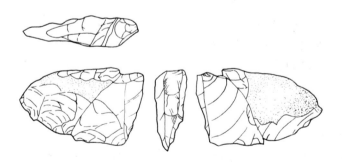

그림 1-4. 임불리 좀돌날몸돌

나카야마(中山淸隆)는 이러한 좀돌날몸돌을 일본 니가타현(新潟縣) 아라야(荒屋)유적에서 볼 수 있는 편평한 몸돌에 가깝지만, 때림면의 다듬기 등으로 볼 때 사이가이(西海)기법의 범주에 들 수 있다고 해석하고 있다. 그러나 전체 출토유물로 보면 규슈와는 차이가 난다고 밝히고 있다.

임불리유적의 좀돌날몸돌은 수양개의 제2형식과 제3형식, 일본의 유베스기법과 홋카이도의 도케시다기법, 중국 후투우량의 허타오(He-Tao)기법·양위안기법에 의해 만들어진 것으로 보인다.

* 中山淸隆,〈韓國 居昌任佛里遺蹟の晚期舊石器についこ〉,《舊石器考古學》39, 1989.
* 이융조·윤용현,〈한국 좀돌날몸돌의 연구〉,《선사문화》(충북대학교 선사문화연구소) 2, 1994.

2) 해운대 중동·좌동유적

부산광역시립박물관이 해운대 신시가지 조성계획에 따른 문화유적조사의 일환으로 1992~1993년에 발굴한 이 유적은 부산시 해운대구 중동·좌동의 낮은 구릉지대에 위치한 바닷가 한데유적이다.

두 유적은 서로 300m쯤 떨어져 있는데, 유적 사이를 흐르는 작은 하천을 경계로 서쪽에 중동유적이, 동쪽에 좌동유적이 자리하고 있다.

(1) 해운대 중동유적

장산에서 남으로 길게 뻗어 내린 해발 47m의 구릉지대에 위치하고 있다. 이곳의 층위는 모두 5개 층으로 이루어져 있으며, 이 가운데 문화층은 Ⅱ층(명갈색 점질토)으로 니암혼펠스를 감으로 하는 좀돌날몸돌·좀돌날·밀개·긁개·뚜르개 등이 토양쐐기구조가 보이는 층의 위에서 출토되었다.

특히 좀돌날몸돌은 배모양과 쐐기모양을 띠고 있는데, 배모양은 긴 방향으로 긴 격지를 떼어내 타격면을 만드는 수양개의 제2형식 Ⅱb기법, 쐐기모양은 옆방향으로 격지를 떼어내 타격면을 만드는 수양개 제3형식 Ⅲa기법에 의해 만들어졌다. 일본 사이가이(西海)기법과 유사한 점이 살펴져 주목된다(사진 1-18·1-19).

이러한 좀돌날몸돌이 부산 해운대에서 발견된 사실은 우리나라와 일본의 좀돌날몸돌 제작기술 비교연구에 크게 기여할 것으로 기대된다.

이 유적은 좀돌날몸돌문화가 발달된 점, 석영제 석기가 거의 출토되지 않는 점을 근거로 유적의 연대를 12,000~15,000 bp로 보고 있다.

사진 1-18. 중동 좀돌날몸돌

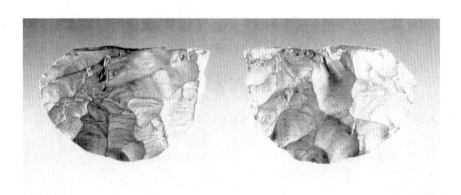

사진 1-19. 중동 좀돌날몸돌

(2) 해운대 좌동유적

해발 44m의 낮은 구릉지대에 위치하고 있는 이 유적의 기반암은 유문암질 응회암이며, 그 위에 모두 7개의 층이 퇴적되어 있다. 이 가운데 문화층은 Ⅱ층(황갈색 찰흙층, 50cm)으로 바로 아래층(Ⅲ층)에는 토양쐐기구조가 형성되어 있다.

이곳에서는 주로 니암혼펠스·석영을 감으로 하는 돌날·밀개(사진 1-20)·긁개류와 석기 제작행위를 살펴볼 수 있는 모룻돌·망치·격지 등이 출토되었다.

중동유적과 달리 좀돌날몸돌·좀돌날 등이 출토되지 않고 좀돌날 제작기술이 보이지 않는 점, 작은 격지석기가 많이 출토되고 있는 점을 좌동유적의 한 특징으로 볼 수 있다.

사진 1-20. 좌동 밀개

보고자는 유적의 연대를 중동보다는 이른 15,000~20,000 bp로 보고 있다.

* 하인수, 〈부산 해운대 신시가지 조성지역 발굴조사 개보〉, 《제36회 전국역사학대회 발표요지》, 1993.
* 하인수, 〈해운대 중동·좌동 구석기문화〉, 《영남지방의 구석기문화》(영남고고학회), 1999.

3) 밀양 고례리유적

밀양 고례리유적은 경남 밀양시 단장면 고례리의 낙동강의 한 지류인 단장천에 위치하고 있는 한데유적으로, 밀양댐 수몰지구내 문화유적지표조사(1993)·정밀시굴조사(1995)·발굴조사(1996)의 일환으로 부산대학교 박물관 팀이 조사하였다.

유적 뒤에는 해발 400~700m의 험준한 재약산이 병풍처럼 놓여져 있으며, 앞에는 밀양강의 한 지류인 단장천이 흐르고 있어서 선사인들이 생활하기에 좋은 여건을 갖추고 있다.

이 유적의 퇴적층은 안산암질 응회암의 기반암 위에 평균 100~150cm의 두께로 쌓여 형성되어 있는데, 구석기층은 Ⅱ층(명갈색 점토층)과 Ⅲ층(명갈색 점토층)으로 모두 후기구석기시대의 문화층으로 구분된다.

위 문화층(Ⅱ층)에서는 대형의 돌날과 이에 상응하는 길이 20cm 이상의 대형 돌
날몸돌이 출토되고 사용에 의해 갈려진 유물이 보여 아래 문화층과 큰 차이를 보인
다. 아래 문화층(Ⅲ층, 30cm)에서는 10cm 미만의 중·소형 돌날과 돌날몸돌, 슴베
찌르개가 출토되고 있다. 그렇지만 이 2개의 문화층에서는 잘 다듬어진 돌날이 모
두 공반되어 같은 돌날격지문화(Blade Industry)로 부를 수 있다.

출토된 석기의 돌감으로는 혼펠스와 안산암이 주류를 이루는데, 유적 주변의 단
장천에서 구하기 쉬운 암질을 선택하였던 것으로 보인다. 출토유물은 돌날·슴베찌
르개·새기개·뚜르개·홈날·긁개 등과 함께 돌날몸돌 부합유물이 다수 찾아져 석
기 제작 복원연구에 큰 기준을 세우고 있다(사진 1-21).

사진 1-21. 고례리 슴베찌르개·돌날·붙는 몸돌과 격지

이 유적은 찌르개형 격지와 전형적인 돌날의 제작, 새로운 형태의 석기 출현, 그리고 후기구석기문화의 전형적인 유물인 밀개류와 좀돌날몸돌이 전혀 출토되지 않는 점이 특징이다.

이 유적 문화층의 토양시료를 갖고 분석한 화산재〔火山灰〕의 존재에 대한 조사로 구석기문화층 가장 아래면의 시료에서 AT(24,000~25,000년 전) 강회층(降灰層)이, 구석기문화층과 바로 접한 가장 위층에서는 K-Ah(6,300년 전)의 강회층이 존재할 가능성이 확인된 것을 예를 들고, AT에 접한 면에서 석기가 가장 많이 출토되는 것에 비추어 이 유적의 연대는 10,000~20,000년 전후에 해당될 것으로 추정하고 있다.

* 서영남, 〈밀양 고례리 구석기유적 발굴조사개요〉, 《통일과 역사교육》, 1998.
* 서영남과, 〈경남 밀양시 고례리유적 후기구석기문화〉, 《영남지방의 구석기문화》(영남고고학회), 1999.

4) 진주 내촌리유적

진주 내촌리유적은 경남 진주시 대평면 내촌리 북동쪽의 구릉지대에 위치하는 한데유적으로, 경상대학교 박물관 팀이 한 남강대 수몰지구 매장문화재 지표조사(1992)에서 찾아져 보고된 바 있으며, 그 뒤 남강댐 수몰지구 문화유적 발굴조사의 일환으로 1997년 한양대학교 박물관 팀이 2~7월까지 조사하였다.

사진 1-22. 내촌리 찍개

이 유적은 덕천강의 한 지류인 당촌천 제2단구상에 자리하는데, 층위는 8개 층으로 최하층에 자갈층과 모래층이, 최상부에 모래층 및 두터운 점토층으로 구성되며 퇴적물의 두께는 지형에 따라 50cm~6m에 이른다.

주된 문화층은 Ⅱ층(명갈색 점토층)으로 석기의 돌감은 주로 석영맥암과 규암제이며, 일부 응회암과 사암 등을 이용하여 찍개(사진 1-22)·긁개와 석기 제작과정을 살펴볼 수 있는 몸돌·격지 등을 만들었다.

이 유적에서는 연대를 비교할 수 있는 아이라 화산재(AT 23,000~25,000년 전)가 적게 검출되었으나, 보고자는 연대설정자료로 사용하기에는 검출된 양이 적다는 점, 돌날이나 돌날석기가 보이지 않는 점, 후기구석기문화처럼 다양한 석재가 나타나지 않는 점, 석기 제작에서 전기~중기의 특성인 직접떼기 제작행위만 관찰된다는 점을 들어 중기구석기 이전으로 올라갈 수 있음을 제시하고 있다.

* 배기동·임영옥,《진주 내촌리 주거지 및 구석기유적》(한양대학교 박물관·문화인류학과), 1999.
* 배기동,〈진주 내촌리 구석기유적과 석기공작〉,《영남지방의 구석기문화》(영남고고학회), 1999.

5) 진주 장흥리유적

진주 장흥리유적은 경남 진주시 집현면 장흥리에 위치하는 한데유적으로, 경남고고학연구소에서 한 진주-집현간 4차선 도로건설구간 내 문화유적 시굴조사(2000년 1~3월)에서 구석기유적으로 보고되었으며, 그 뒤 부산대학교 박물관 팀이 2001년 2~9월까지 발굴 조사하였다.

이 유적은 해발 19m 내외의 고저 차가 없는 평탄지형에 형성되어 있으며, 문화층은 현재까지 조사에 따르면 구석기층, 청동기시대 민무늬토기 포함층, 고대 전답 포함층으로 나누어진다.

주된 문화층인 구석기문화층에서는 이 유적의 시대상을 규정지을 수 있는 좀돌날몸돌과 좀돌날을 비롯하여 찍개, 밀개 등의 석기(사진 1-23)와 불땐자리로 추정되는 불탄돌의 돌무지가 출토되었다.

* 부산대학교 박물관,〈진주-집현간 4차선 도로건설 구간내 장흥리구석기유적〉(현장지도위원회자료), 2001.

사진 1-23. 장흥리 출토유물

6) 사천 이금동유적

사천 이금동유적은 경남 사천시 이금동에 위치하고 있는 한데유적으로, 사천 기능대학 부지조성에 따른 문화유적 발굴조사의 일환으로 1999년 경남고고학연구소 팀이 조사하였다.

조사 결과 구석기시대부터 조선시대에 이르기까지 여러 시대의 다양한 유구와 유물이 확인되었다. 이 유적에서는 구석기시대 유물인 주먹도끼·격지·흑요석 등의 유물이 출토되었으나 문화층을 확인하지 못한 아쉬움이 있다.

＊ 윤호필, 〈사천 이금동유적 발굴조사 개요〉, 《20세기에 대한 역사적 평가》(제42회 전국역사학대회 발표요지), 1999.

이 밖에 지표조사를 통하여 확인된 구석기유적은 다음의 〈표 1-2〉와 같다.

〈표 1-2〉 남부지방의 구석기유적(지표조사유적)

번호	유적 이름	위 치	유적 성격	출토유물	비고
1	보성 동고지	전남 보성군 웅치면 용반리	한데	좀돌날몸돌	
2	보성 용소	전남 보성군 노동면 옥마리	한데	좀돌날몸돌	
3	보성 살내	전남 보성군 미력면 용정리	한데	여러면석기	
4	보성 하천	전남 보성군 겸백면 용산리	한데	밀개, 여러면석기	
5	보성 석평	전남 보성군 겸백면 도안리	한데	홈날+톱니날, 여러면석기	
6	보성 숙호	전남 보성군 노동면 운림리	한데	망치, 찍개	
7	보성 외판	전남 보성군 복내면 동교리	한데	긁개, 톱니날	
8	보성 신기	전남 보성군 문덕면 덕치리	한데	몸돌, 긁개, 찍개	
9	순천 반월	전남 순천시 송광면 월산리	한데	밀개+긁개, 여러면석기	이기길, 〈보성 강유역에서 새로이 찾은 구석기유적 예보〉, 《한국 고고학보》 37, 1997, pp.7~62
10	순천 도롱	전남 순천시 송광면 대곡리	한데	긁개, 주먹도끼	
11	곡성 태평	전남 곡성군 죽곡면 태평리	한데	긁개, 톱니날	
12	장흥 월곡	전남 장흥군 장평면 병동리	한데	긁개, 찍개	
13	장흥 우산	전남 장흥군 장평면 우산리	한데	밀개, 찌르개	
14	장흥 오산	전남 장흥군 장평면 봉림리	한데	돌날	
15	장흥 봉림	전남 장흥군 장평면 봉림리	한데	격지, 톱니날	
16	장흥 금산	전남 장흥군 장평면 제산리	한데	격지, 긁개	
17	장흥 부도리	전남 장흥군 장평면 축내리	한데	홈날	
18	순천 금성	전남 순천시 외서면 금성리	한데	망치, 주먹도끼	
19	순천 장동	전남 순천시 송광면 장안리	한데	몸돌, 톱니날	
20	순천 인덕	전남 순천시 송광면 이읍리	한데	몸돌, 돌날몸돌, 슴베찌르개	
21	곡성 동계	전남 곡성군 죽곡면 동계리	한데	망치돌, 주먹도끼	
22	나주 옥정리 I	전남 나주군 동강면 옥정리	한데	양날찍개, 여러면석기 등	
23	나주 옥정리 II	전남 나주군 동강면 옥정리	한데	양날찍개, 주먹도끼	

24	나주 장동리 용동	전남 나주군 동강면 장동리	한데	몸돌, 주먹찌르개 등	
25	나주 장동리 월감	전남 나주군 동강면 장동리	한데	몸돌, 격지	
26	나주 장동리 월감Ⅱ	전남 나주군 동강면 장동리	한데	몸돌, 격지	
27	나주 장동리 2구	전남 나주군 동강면 장동리	한데	양날찍개, 여러면석기 등	
28	나주 대전리 서정	전남 나주군 동강면 대전리	한데	여러면석기	
29	나주 대전리 상촌	전남 나주군 동강면 대전리	한데	몸돌, 양날찍개	
30	나주 장동리 수문 Ⅰ	전남 나주군 동강면 장동리	한데	양날찍개, 여러면석기 등	
31	나주 장동리 수문 Ⅱ	전남 나주군 동강면 장동리	한데	양날찍개, 여러면석기 등	
32	나주 월량리	전남 나주군 동강면 월량리	한데	양날찍개, 여러면석기 등	
33	나주 진천리	전남 나주군 동강면 진천리	한데	몸돌, 양날찍개 등	
34	나주 곡천리	전남 나주군 동강면 곡천리	한데	양날찍개	
35	나주 화성리 Ⅰ	전남 나주군 공산면 화성리	한데	몸돌, 격지	이헌종, 〈영산강유역 신발견 구석기 유적군〉, 《호남고고학보》 5, 1997, pp.103~147
36	나주 화성리 Ⅱ	전남 나주군 공산면 화성리	한데	양날찍개, 주먹도끼 등	
37	나주 금곡리 Ⅰ	전남 나주군 공산면 금곡리	한데	몸돌, 여러면석기 등	
38	나주 금곡리 Ⅱ	전남 나주군 공산면 금곡리	한데	격지	
39	나주 금곡리 Ⅲ	전남 나주군 공산면 금곡리	한데	몸돌, 양날찍개	
40	나주 상방리	전남 나주군 공산면 상방리	한데	몸돌	
41	나주 복룡리 Ⅰ	전남 나주군 공산면 복룡리	한데	몸돌, 격지 등	
42	나주 복룡리 Ⅱ	전남 나주군 공산면 복룡리	한데	여러면석기	
43	나주 죽동리	전남 나주군 세지면 죽동리	한데	몸돌, 양날찍개 등	
44	나주 내정리	전남 나주군 세지면 내정리	한데	격지	
45	나주 신동리 탑동	전남 나주군 봉황면 신동리	한데	몸돌	
46	나주 신동리 솔안	전남 나주군 산포면 신도리	한데	격지, 양날찍개	
47	나주 신도리 송림	전남 나주군 산포면 신도리	한데	여러면석기, 주먹도끼	
48	나주 등수리 Ⅰ	전남 나주군 산포면 등수리	한데	몸돌, 외날찍개 등	
49	나주 등수리 Ⅱ	전남 나주군 산포면 등수리	한데	양날찍개, 주먹도끼 등	

50	나주 유곡리 버드실	전남 나주군 노안면 유곡리	한데	몸돌, 여러면석기 등	이형우·이영덕,〈익산지역의 구석기유적〉,《호남고고학보》12, 2000, pp.7~46
51	나주 석현동	전남 나주시 석현동	한데	외날찍개	
52	익산 율촌리	전남 익산시 황등면 율촌리	한데	외날찍개	
53	익산 신막	전남 익산시 여산면 신막리	한데	좀돌날몸돌	
54	익산 창평	전북 익산시 왕궁면 창평리 엽동	한데	여러면석기, 찍개	
55	익산 영등동	전북 익산시 영등동	한데	찍개, 긁개	
56	익산 온수리	전북 익산시 왕궁면 온수리	한데	새기개	

Ⅲ. 연구과제

먼저 우리의 구석기시대는 전기에서부터 후기까지 전 시기에 걸쳐 나타나고 있으며, 또한 우리나라 전 지역에 펼쳐 있음이 밝혀지고 있다. 그것은 1980년대 후반의 주암댐 수몰지역조사와 1990년대의 영산강과 낙동강의 지류인 단장천과 남강댐 등에서 확인한 결과, 여러 곳에서 새로이 구석기유적과 문화가 있음이 확인되었기 때문이기도 하다.

이렇듯이 남부지방의 구석기문화는 1980년대 중반 이후 섬진강에 건설되는 주암댐 수몰지역조사로 순천 곡천유적, 순천 덕산리 죽산, 순천 금평, 화순 대전 등과 낙동강의 한 지류인 황강유역의 거창 임불리유적의 조사와 1990년대 섬진강유역의 곡성 옥과, 순천 죽내리, 순천 월평과 영산강유역의 광주 산월동, 광주 치평동, 함평 당하산유적이, 경남지역에서는 낙동강유역의 해운대 중동·좌동유적을 비롯하여 밀양댐 수몰지구 문화유적 발굴조사에 의해 밀양 고례리유적, 남강댐 수몰지구 문화유적 발굴조사로 진주 내촌리유적 등이 발굴됨에 따라 우리나라 구석기문화 연구에 박차를 가하게 되었으며, 아울러 좀돌날몸돌을 중심으로 하는 잔석기문화가 우리나라, 특히 남부지역의 전역에 걸쳐서 있음이 밝혀졌다.

그러나 이러한 성과와는 달리 위에서 보듯 모든 구석기유적의 발굴조사가 연차적인 학술발굴조사가 아닌 구제발굴의 성격을 띠고 있기 때문에 유적의 문화 성격을 밝히는 데 어려움이 따른다. 또한 이러한 상황은 심화된 연구를 진행시키기 어립게 하여 종합보고서의 발간을 더디게 하는 요소로 작용하고 있다. 이러한 점에서 앞으로 체계적인 정식 학술발굴조사가 뒤따라야 할 것으로 생각된다.

남부지방에서 조사된 집터유적은 화순 대전유적 한 곳으로, 당시 집터에 대한 심층적인 규명을 위하여 집터유적에 대한 조사가 하루바삐 이루어져야 할 것이다. 또한 지금까지는 모두 한데유적만이 조사되었는데, 앞으로는 동굴유적을 찾아 발굴하여 남부지방 구석기문화 연구에 풍성함을 보태야 할 것이다.

다음으로 들 수 있는 것이 구석기와 중석기의 연결문제에 대한 심화된 연구의 진행이다. 현재까지 우리나라에서 구석기유적 가운데 발굴되어 보고한 곳은 약 60여 곳에 이르며, 지표조사되어 학계에 발표된 유적까지 합치면 1천여 곳에 이를 것이라는 견해가 제시되고 있다. 이렇게 많은 수의 구석기유적이 보고되었음에도 아직까지 이들과 현재의 우리와 연관성을 완전히 무시하고 있는 실정이다. 이 땅에 살았던 그 많은 구석기인들이 빙하가 끝나면서 모두 다른 지역으로 이동해 갔거나, 적응하지 못하고 절멸되었다는 학설은 이제 더 이상 발붙이기가 어려워졌다.

이러한 시점에서 앞으로는 그들과 그 다음 시기에 나타난 중석기문화 주인공들과 연관관계를 밝히는 노력이 있어야 할 것으로 생각된다. 그러한 노력이 이루어져 구석기인들의 유전인자가 현대의 우리들에게 자연스럽게 이어졌음을 밝혀, 흩어진 우리 민족의 동질성 회복과 유구한 역사의 토대 위에 우리가 서 있음을 깨닫는 데 밑바탕이 되어야 할 것이다.

이러한 노력 위에 앞으로 구석기유적에 대한 조사와 보고서에 남북한의 학자들이 각기의 조사에 공동참여하여 연구결과를 좀더 과학적으로 얻도록 해야 한다.

다음에는 과학적 이론의 수용자세이다. 절대연대를 세우는 방법의 이용문제와 당시 인간의 행위를 밝힐 수 있는 해석방법이 세워져, 당시 사회복원에 기준을 마련할 수 있도록 하여야 할 것이다.

마지막으로 많은 문화유산을 연구 정리하여 학문의 발달에 기여하도록 하여야 할 것이다. 그리하여 북한의 문화유산도 비교전시를 할 수 있게 하며, 상호방문 · 공동학술발표회도 개최하여 문화와 민족의 동질성 회복에 노력하여야 할 것이다.

주

1) 德永重康·森爲三,〈豆滿江沿岸潼關鎭發掘物調査報告〉,《第一次滿蒙學術調査團報告》 2-4, 1939;直良信夫,〈朝鮮潼關鎭發掘舊石器時代의 遺物에 대하여〉,《第一次滿蒙學術調査團報告》 6-3, 1940.

2) 고고학 및 고고학연구소,〈함경북도 웅기군 굴포리 서포항동에서 구석기시대유적 발견〉,《고고민속》 63-2, 1963.

3) 손보기,〈층위를 이룬 석장리 구석기문화〉,《역사학보》 35·36, 1967, pp.1~25;〈석장리의 자갈돌·찍개 문화층〉,《한국사연구》 1, 1968ㄱ, pp.1~62;"Grattoir-burin Carene Discovered at Sokchsng-ni, Korea",《동방학지》 9, 1968ㄴ, pp.125~138;〈석장리의 새기개·밀개문화층〉,《한국사연구》 5, 1970, pp.1~46;〈석장리 후기구석기시대의 주거지〉,《연세논총》 8, 1971, pp.3~20;〈석장리의 전기·중기구석기 문화층〉,《한국사연구》 7, 1972, pp.1~58;〈석장리의 후기구석기시대 집자리〉,《한국사연구》 9, 1973, pp.3~57.

4) 손보기,〈구석기문화〉,《한국사》(국사편찬위원회) 1, 1973, pp.9~46.

5) 손보기,〈점말 용굴 발굴〉,《점말동굴유적 발굴보고》(연세대학교 박물관), 1980.

6) 이융조,《한국의 구석기문화(Ⅱ)》, 탐구당, 1984.

7) 손보기,《상시 1그늘 옛 살림터》, 연세대학교 선사연구실, 1983ㄴ.

8) 손보기,〈단양 도담리 금굴유적 발굴조사 보고〉,《충주댐 수몰지구 문화유적 연장발굴 조사보고서》(충북대학교 박물관 조사보고 제16책), 1985, pp.1~99.

9) 이융조와,《단양 구낭굴 발굴보고(Ⅰ)》, 충북대학교 박물관, 1991.

10) 이융조,〈단양 수양개 구석기유적 발굴조사 보고〉,《충주댐 수몰지구 문화유적 연장발굴 조사보고서》(충북대학교 박물관 조사보고 제16책), 1985, pp.101~252.

11) 박희현,〈제원 창내 후기 구석기문화의 연구〉(연세대 박사학위논문), 1989.

12) 최무장,〈제원 명오리 B지구 유적발굴약보고〉,《'88충주댐 수몰지구 문화유적발굴조사 보고서》(충북대학교 박물관), 1983, pp.31~44.

13) 문화재관리국 문화재연구소,《전곡리》, 1983.

14) 최무장,《연천 남계리 구석기유적》, 문화재연구소, 1991.

15) 이선복,〈임진강유역의 구석기유적의 연대에 대하여〉,《한국고고학보》(한국고고학회) 34, 1996;국립문화재연구소,《금파리구석기유적》, 1999.

16) 최무장,〈전남 곡성군 남면 제월리출토 구석기〉,《인문과학논총》(건국대) 18, 1986, pp.166~188.

17) 이융조와,〈우산리 곡천 선사유적〉,《주암댐 수몰지역 문화유적발굴조사 보고서(Ⅴ)—구석기·입석·도요지》(전남대학교 박물관), 1988, pp.64~124;이융조·윤용현,〈전남지역의 구석기문화〉,《전남문화재》 2, 1989, pp.151~173;이융조·윤용현,〈우산리 곡천 구석기유적〉,《주암댐 수몰지역 문화유적발굴조사 보고서(Ⅷ)—구석기·주거지》(전남대학교 박물관), 1990.

18) 지동식·박종국,〈덕산리 죽산 지석묘〉,《주암댐 수몰지역 문화유적 발굴조사보고서(Ⅱ)—'87 지석묘 1》(전남대학교 박물관), 1988;이선복과,〈신평리 금평·덕산리 죽산 후기구석기유적〉,《주암댐 수몰지역 문화유적 발굴조사보고서(Ⅷ)—구석기·주거지》(전남대학교 박물관), 1990b.

19) 임병태·이선복,〈신평리 금평 구석기〉,《주암댐 수몰지역 문화유적 발굴조사보고서(Ⅴ)—구석

기ㆍ입서ㆍ도요지》(전남대학교 박물관), 1988 ; 이선복과, 〈신평리 금평ㆍ덕산리 죽산 후기구
석기유적〉,《주암댐 수몰지역 문화유적 발굴조사보고서(Ⅷ) ― 구석기ㆍ주거지》(전남대학교 박
물관), 1990.

20) 이융조ㆍ윤용현, 〈화순 대전 후기구석기문화―배모양석기와 집터를 중심으로〉,《선사와 고대》
(한국고대학회) 3, 1991 ; 이융조ㆍ윤용현,《화순 대전 구석기시대 집터 복원》(충북대학교 선사
문화연구소), 1992.

21) 中山淸隆, 〈韓國 居昌任佛里遺蹟の晚期舊石器について〉,《舊石器考古學》39, 1989 ; 이융조ㆍ윤
용현, 〈한국 좀돌날몸돌의 연구〉,《선사문화》(충북대학교 선사문화연구소), 1994.

22) 이융조ㆍ윤용현, 위의 글.

23) 이선복과,《옥과 구석기유적》, 1990.

24) 이기길과,《순천 죽내리유적》(조선대학교 박물관ㆍ순천시청ㆍ익산지방국토관리청), 2000.

25) 조선대학교 박물관,《순천 월평유적》(현장자료설명회자료), 2001 ; 순천대학교 박물관ㆍ순천시,
《순천시의 문화유적(Ⅱ)》, 2000.

26) 조선대학교 박물관ㆍ광주광역시,《광주 산월ㆍ뚝뫼ㆍ포산유적》, 1995 ; 이기길, 〈한국 광주 산월
동 구석기〉,《동북아 구석기문화》(한국 국립충북대학교 선사문화연구소ㆍ중국 요령성문물고고
연구소), 1996.

27) 이기길과,《광주 치평동유적 ― 구석기ㆍ갱신세층 시굴조사 보고서》(조선대학교 박물관ㆍ광주광
역시 도시개발공사), 1997.

28) 최성락ㆍ이헌종,《함평 장년리 당하산유적》(목포대학교 박물관), 2001.

29) 하인수, 〈부산 해운대 신시가지 조성지역 발굴조사 개보〉,《제36회 전국역사학대회발표요지》,
1993, pp.502~510 ; 〈해운대 중동ㆍ좌동 구석기문화〉,《영남지방의 구석기문화》(영남고고학
회), 1999 ; 이융조ㆍ윤용현, 위의 글.

30) 서영남, 〈밀양 고례리 구석기유적 발굴조사개요〉,《통일과 역사교육》(제41회 전국역사학대회 발
표요지), 1998 ; 서영남과, 〈경남 밀양시 고례리유적 후기구석기문화〉,《영남지방의 구석기문화》
(영남고고학회), 1999.

31) 배기동ㆍ임영옥, 1999.《진주 내촌리 주거지 및 구석기유적》(한양대학교 박물관ㆍ문화인류학
과), 1999 ; 배기동, 〈진주 내촌리 구석기유적과 석기공작〉,《영남지방의 구석기문화》(영남고고
학회), 1999.

32) 강원대학교 박물관,《상무룡리》, 1989.

33) 로대영, 〈함북 화대군 털코끼리발굴지에 발달한 니탄층의 포자화분조합〉,《문화유산》62-4,
1962.

34) 김신규와, 〈승호구역 만달리 동굴유적 발굴보고〉,《평양부근동굴유적 발굴보고》(유적발굴보고
14), 과학ㆍ백과사전출판사, 1985 ; 서국태, 〈만달리동굴 유적의 석기에 대하여〉,《조선고고연
구》87-2, 1987 ; 이융조ㆍ윤용현, 앞의 글.

35) 전재헌과,《룡곡동굴유적》, 김일성종합대학출판사, 1986.

36) 로대영, 앞의 글.

37) 류정길, 〈포자 ― 화분〉,《룡곡동굴유적》, 1986 ; 한창균, 〈룡곡동굴유적을 다시 논함〉,《동방학
지》68, 1990, pp.1~32.

38) 손보기, 앞의 글(1973ㄱ, 1973ㄴ).

39) 손보기, 〈한국 구석기시대의 자연—특히 점말동굴의 지층별 꽃가루분석과 기후의 추정〉, 《한불연구》 1, 1974ㄴ, pp.9~31.

40) 이융조, 〈청원 두루봉 제2굴 구석기사회 복원의 한 연구〉, 《한국사연구》 42, 1983ㄱ, pp.1~36 ; 《한국의 구석기문화(Ⅱ)》, 탐구당, 1984.

41) 이 말은 솔레키(R. S. Solecki)가 샤니다르동굴(이라크)을 연구하여 종합 보고한 *Shanidar : the First Flower People*(Alfred Knopf Co., 1971)에서 처음 쓴 말이다. 그런데 샤니다르에 살았던 사람들의 연대는 두루봉사람들보다 늦은 4만~5만년밖에 되지 못하여서, 그 말을 빌려 쓴 것이다.〔이융조, 위의 책(1983, 1984)〕

42) 손보기, 앞의 글(1985).

43) 이융조와, 앞의 글(1991).

44) 장남기, 〈유적의 생물환경조사〉, 《전곡리》(문화재연구소), 1983.

45) 이융조, 〈단양 수양개 후기 구석기시대의 자연환경연구(Ⅰ)〉, 《우인김용덕박사정년기념 사학논총》, 1988ㄴ, pp.7~44.

46) 박문숙, 〈한국 후기 홍적세의 자연환경 연구〉(충북대 석사학위논문), 1986 ; 박희현, 앞의 책(1989).

47) 이융조, 〈상무룡리 구석기유적의 꽃가루분석〉, 《상무룡리》, 1989ㄴ, pp.759~780.

48) 윤용현, 〈화순 대전 구석기문화의 연구〉(청주대 석사학위논문), 1990.

49) 이융조와, 〈남계리유적의 꽃가루분석을 통한 자연환경〉, 《연천 남계리 구석기유적》(문화재연구소), 1991, pp.28~41.

50) 손보기, 〈석장리 후기 구석기시대 집자리〉, 《한국사연구》 9, 1973ㄱ, pp.3~57.

51) 손보기, 앞의 글(1974).

52) 이융조, 〈한국 구석기시대 자연환경연구〉, 《한국사연구》 38, 1983ㄴ, pp.1~49.

53) 이융조, 〈청원 두루봉 새굴·처녀굴의 자연환경 연구〉, 《손보기박사정년기념 고고인류학논총》, 지식산업사, 1988ㄱ, pp.29~68.

54) 이융조, 앞의 글(1988ㄴ).

55) 박희현, 앞의 책(1989).

56) 손보기, 앞의 책(1980).

57) 김신규와, 앞의 글(1985).

58) 전재헌과, 앞의 책(1986).

59) 이융조, 앞의 책(1984).

60) 박희현, 〈동물상과 식물상〉, 《한국사론》(국사편찬위원회) 12, 1983, pp.91~186 ; 손보기, "Paleoenvironment of Middle and Upper Pleistocene, Korea", *The Evolution of East Asian Environment*, Univ. of Hong Kong 2, 1984ㄱ, pp.877~893 ; 이융조, 〈한국 구석기시대의 동물상〉, 《한국고고학보》 19, 1986ㄴ, pp.19~62 ; 김신규, 〈우리나라 구석기시대 포유동물상〉, 《조선고고연구》 2, 1986, pp.2~5.

61) 최삼용, 〈점말 용굴 사슴과(科) 화석 연구〉(연세대 석사학위논문), 1984.

62) 한창균, 〈점말 용굴 퇴적의 제4기 박쥐화석〉, 《고문화》 33, 1988, pp.3~21.

63) 이융조 · 박선주, 〈청원 두루봉 처녀굴에서 발굴된 하이에나과 화석연구〉, 《고고미술사론》(충북 대학교 고고미술사학과) 1, 1990, pp.7~32.

64) 이융조 · 박선주, 〈단양 구낭굴출토 곰화석 연구〉, 《박물관기요》 8, 1992ㄱ, pp.33~68.

65) 손보기, 《두루봉 9굴 살림터》(연세대학교 선사연구실), 1983ㄱ ; 《상시 1그늘 옛 살림터》(연세대 학교 선사연구실), 1983ㄴ ; 이융조, 앞의 글(1983ㄱ) ; 앞의 책(1984).

66) 조태섭, 〈화석환경학이란 무엇인가〉, 《박물관기요》 5, 1989, pp.133~148.

67) 이동영, "Quarternary Deposite in the Coastal Fringe of the Korean Peninsula"(벨지움 브뤼셀자유대 학 박사학위논문), 1985 ; 〈한반도의 제4기 지층의 층서적 고찰〉, 《제4기 학회지》 1, 1987, pp.3~ 20 ; 이동영 · 김주용, Geological Excursion for Quaternary Terrace Deposite and Their Stratigraphy along the East Coast of the Korean Peninsula(한국자원연구소), 1990 ; "Review on the Quaternary Stratigraphy of the Korean Peninsula", *Korea. China Quaternary—Prehistory Symposium*, 1992ㄱ, pp.69~99 ; 《한강유역과 동해안지역의 제4기 지층 및 구석기유적지 답사》(한국자원연구소), 1992ㄴ.

68) 이동영과, 《한강유역의 제4기 지질조사 연구》(한국자원연구소), 1992.

69) 이동영, 〈한국 동해안 지역의 제4기 지층발달과 층서적 고찰〉, 《박물관기요》(단국대학교 중앙박 물관) 8, 1992.

70) 이동영, 앞의 글(1985) ; 김주용, 앞의 글(1990) ; 이동영 · 김주용, 앞의 글(1990).

71) 이동영, 〈유적의 지형과 지질〉, 《양평 병산리 유적》(단국대학교 중앙박물관), 1992, pp.11~16.

72) 이동영과, 〈홍천 하화계리유적의 지형 및 지질〉, 《중앙고속도로 건설구간내 문화유적 발굴조사 보고서》, 1992, pp.245~260.

73) 이융조 · 윤용현, 앞의 책(1992).

74) 이대성과, 〈추가령열곡의 지구조적 해석〉, 《지질학회지》 19-1, 1983, pp.19~38.

75) 이상만, 〈유적의 지질학적조사〉, 《전곡리》(문화재연구소), 1983, pp.531~561 ; 이선복, 〈유적의 지질고고학적 성격〉, 같은 책, pp.577~585.

76) 이동영, 앞의 글(1992).

77) 이선복, 《동북아시아 구석기연구》, 서울대학교출판부, 1989.

78) 배기동, 《전곡리—1986년도 발굴조사보고서》(서울대학교 고고인류학총간 제15책), 1989ㄱ.

79) 손보기, 〈석장리 후기 구석기시대 집자리〉, 《한국사연구》 9, 1973ㄱ, pp.3~57.

80) 박희현, 앞의 책(1989) ; 〈창내의 후기 구석기시대 막집의 구조와 복원〉, 《박물관기요》 6, 1990, pp.5~28 ; 〈창내유적의 구석기문화〉, 《동아시아의 구석기문화》(문화재연구소), 1992, pp.123~ 133.

81) 윤용현, 앞의 글(1990) ; 이융조 · 윤용현, 앞의 책(1992ㄱ).

82) 손보기, 〈상무룡리에서 발견된 흑요석의 고향에 대하여〉, 《상무룡리》(강원대학교 박물관 · 강원 도), 1989, pp.781~796.

83) 이동영과, 앞의 글(1992).

84) 김원용 · 정영화, 〈전곡리 아슐리안 양면 핵석기 문화 예보〉, 《진단학보》 46 · 47, 1979, pp.7~ 47 ; 김원용과, 《한국구석기문화연구》, 한국정신문화연구원, 1981 ; 김원용과, 《전곡리 — 유적발 굴조사보고서》, 문화재관리국 문화재연구소, 1983 ; 배기동, 〈전곡리 출토 주먹도끼류 석기의 성

격에 대하여〉,《고문화》22, 1983, pp.1~23.

85) 이융조, 〈단양 수양개 구석기유적 발굴조사보고〉,《충주댐 수몰지구 문화유적 연장발굴조사보고 서》, 1985, pp.101~252 ; 〈단양 수양개 배모양석기의 연구〉,《고문화》35, 1989ㄱ, pp.3~77.

86) 정영화, 〈회고와 전망(1973-1975) : 구석기시대〉,《역사학보》72, 1976ㄱ, pp.142~148 ; 황용훈, 〈회고와 전망(1976-1978) : 구석기시대〉,《역사학보》84, 1979ㄱ, pp.594~598 ; 김원용과,《한국 구석기문화연구》, 한국정신문화연구원, 1981 ; 이융조, 〈한국 구석기문화에서의 두루봉문화〉, 《역사학보》109, 1986ㄱ, pp.203~234 ; 손보기 · 한창균, 〈점말동굴유적〉,《박물관기요》(단국대 학교 중앙박물관) 5, 1989, pp.149~172.

87) 박영철, 〈두루봉 2굴 출토 뼈연모의 전자현미경 관찰〉,《한국의 구석기문화(Ⅱ)》(이융조 지음), 탐구당, 1984, pp.161~171, 356~367.

88) 손보기, "Bone tools of Yonggul Cave at Chommal, Korea", *The Palaeoenvirment of the East Asia from Mid-Tertiary and Pleistocene Period*, Univ. of Hong Kong 2, 1988, pp.1124~1185.

89) 최삼용, 〈상노대도 유적의 동물뼈화석에 나타난 자른 자국〉,《손보기박사정년기념 고고인류학논 총》, 1988, pp.227~274 ; 최삼용 · 한창균, 〈우리나라 신석기시대 짐승잡이의 예〉,《박물관기요》 2, 1986, pp.15~36 ; 한창균 · 최삼용, 〈젖먹이 짐승뼈에 나타난 자른 자국의 관찰과 분석〉,《사 천 구평리유적》(단국대학교 중앙박물관), 1993, pp.59~94.

90) 김교경, 〈전자스핀공명 년대측정방법에 대하여〉,《조선고고연구》2, 1987ㄱ, pp.46~48.

91) 김교경, 〈핵분렬 흔적법에 의한 절대년대측정의 몇가지 문제〉,《조선고고연구》4, 1987ㄴ, pp.30~35.

92) 손보기, 앞의 글(1973ㄱ).

93) 손보기, 앞의 글(1980) ; 손보기 · 한창균, 앞의 글(1989).

94) 高楡昌弘, 〈현무암(암석) 연대측정〉,《전곡리》(문화재연구소), 1983, pp.586~588.

95) 이선복, 앞의 책(1989).

96) 배기동, 앞의 글(1989).

97) 전재헌, 〈열형광법에 의한 퇴적층의 나이결정〉,《룡곡동굴유적》(김일성종합대학출판사), 1986, pp.164~169.

98) 또한 같이 출토된 사람뼈 화석으로 본 해석으로 슬기슬기사람(장우진, 1989)과 동 · 식물상, 석기 의 분류로 중기 · 후기구석기문화로 주장하고 있다(한창균, 1990ㄴ : 1992).

99) 이융조, 앞의 글(1989 : 1990) ; 이융조 · 윤용현, 〈한국 좀돌날몸돌의 연구 — 수양개수법과의 비 교를 중심으로〉,《선사문화》(충북대학교 선사문화연구소) 2, 1994, pp.133~229.

제2장 남부지방의 중석기문화

중석기시대는 지금부터 약 1만 2천년 전 마지막 빙기가 물러가고 새로운 후빙기가 시작될 무렵부터 약 8천년경을 전후하여 전세계적으로 기후가 따뜻해질 때까지를 포함한다. 이때의 자연환경은 현재의 기후에 많이 가까워져서 추위가 물러가고 따뜻한 기후가 도래하는 시기로, 이때부터 인간들에게 많은 변화를 가져다주게 된다.

이들이 새로 고안한 연모로 잔석기를 들 수 있는데, 세모꼴·사다리꼴·둥근꼴 등 여러 형태를 가지며, 크기는 3cm 미만의 작은 석기이다. 이러한 잔석기는 하나하나로서의 기능보다는 여럿이 합쳐져서 기능을 발휘하게 되는 조합식 도구를 뜻한다.

남부지방에서 중석기시대 유적으로 보고된 것으로는 순천 곡천유적(1지구 9문화층과 3지구 3문화층)과 화순 대전유적(제3문화층)을 들 수 있다.

1. 순천 곡천유적

이 유적은 전남 순천시 송광면 우산리 곡천마을에 자리하고 있으며, 주암댐 수몰지구 문화유적 발굴조사(1986~1989, 4차례)의 일환으로 충북대학교 박물관 팀이 발굴하였다.

곡천 구석기유적은 모두 3개 지구로 나누어지는데, 중석기문화층이 발굴된 곳은 1지구의 9문화층과 3지구의 3문화층을 들 수 있다.

1) 1지구

1지구(해발 95.00m)는 보성강의 지류인 송광천이 굽어 흐르는 곡천마을의 얕은 구릉에 위치한다. 1986년도의 제1차 고인돌 발굴조사에서 고인돌 하부구조 아래의 홍적토층에서 중석기문화층이 구석기문화층과 함께 찾아졌다.

중석기문화층은 9문화층(Ⅳ층)으로, 여기에서는 꽂개·찌르개 등 조합식 도구가 찾아졌다.

2) 3지구

곡2지구의 북서 70도 방향으로 130m 떨어져 유적 뒤의 매치산이 산줄기가 끝나는 곳의 낮은 구릉지대(해발 101.5～105m)에 위치하고 있다.

중석기문화층은 3문화층(Ⅲ층)으로, 여기에서도 1지구의 9문화층과 같이 꽂개·찌르개·새기개 등의 조합식 도구가 찾아졌다.

* 이융조와, 〈우산리 곡천 선사유적〉, 《주암댐 수몰지역 문화유적발굴조사 보고서(Ⅴ)—구석기·立石·도요지》(전남대학교 박물관), 1988.
* 이융조·윤용현, 〈우산리 곡천 구석기유적〉, 《주암댐 수몰지역 문화유적발굴조사 보고서(Ⅶ)—구석기·주거지》(전남대학교 박물관), 1990.

3) 화순 대전유적

화순 대전유적은 전남 화순군 남면 사수리 대전 마을에 자리하고 있으며, 보성강가에 있는 한데유적(open site)으로 1987～1989년까지 3차에 걸친 발굴로 여러 시기에 걸쳐 있는 복합된 문화층이 있었음이 드러나게 되었다.

유적의 지층구조는 하부로부터 12개의 지층으로 구분되며, 이 가운데 문화층은 고인돌문화층(Ⅵ), 중석기문화층(Ⅴb), 후기구석기문화층(Ⅴa), 중기구석기문화층(Ⅳa) 등 4개로 나누어진다.

이 유적의 중석기문화층(Ⅴb)은 1989년에 찾아졌다. 이 층에서 찾아진 대표적인 유물은 니암제 격지 및 찌르개와 석영제의 새기개, 미늘의 역할을 하는 꽂개 등 조합식 도구로 사용할 수 있는 석기이다.

* 이융조·윤용현, 《화순 대전 구석기시대 집터 복원—고인돌 공원 선사주거지 복원》(충북대학교 선사문화연구소), 1992.

　우리나라 고고학계에서는 그동안 중석기시대를 공백으로 여겨왔다. 특히 국정교과서인《국사》또는《한국사》조차도 구석기시대가 끝난 1만 2천년부터 신석기시대가 시작되는 8천년까지 약 4천년간을 우리나라에는 인간이 살지 않는 무인지대로 서술하거나 중석기시대를 얼버무리면서 구석기시대에 이어 곧바로 신석기시대를 다루곤 하였다.

　이러한 점과는 달리 중국·일본 등 우리나라의 주변지역에서는 뚜렷한 중석기문화에 대한 적극적인 해석의 제시와 연구결과의 발표로 중석기시대를 수용하는 추세에 있다.

　이러한 때에 중부지방의 공주 석장리와 단양 금굴에 이어 남부지방의 순천 곡천유적과 화순 대전유적에서 비록 5cm 내외의 얇은 문화층이기는 하나 중석기시대의 문화적 특징을 나타내는 석기가 출토되어 중석기문화의 존재가 뚜렷해졌으며, 중석기문화 연구에 큰 전환점이 될 것으로 기대되었다.

　또한 1990년대 이후에 중부지방의 홍천 하화계리유적과 공주 석장리 최상층에서 뚜렷한 중석기시대의 유물이 찾아져 우리나라 중석기시대의 존재에 대한 가능성에 한발 다가서게 되었다.

　이어 제주도 북제주군 고산리유적에서 가장 이른 시기의 신석기문화층에서 구석기시대의 제작기법으로 만든 좀돌날몸돌과 뗀화살촉 등이 토기와 함께 찾아져 이 유적이 구석기와 신석기를 이어줄 중석기시대의 열쇠를 준 유적으로 큰 기대를 모으고 있다.

제3장 신석기문화

I. 연구경향과 성과

1. 연구경향

한국 고고학의 역사는 1900년대 초 일본인의 한반도 진출을 계기로 시작된 것으로 본다면 거의 100년에 이른다. 그러나 1945년까지는 일본인들이 연구를 독점하고 있었고, 해방 이후에야 한국인들이 유적을 조사하고 연구하였다.

신석기시대에 대한 체계적인 학술조사도 초기에는 일본인들의 손으로 이루어졌는데, 1916년 평안남·북도·황해도·경기도에 대한 지표조사 및 황해 용연리유적에 대한 발굴보고가 처음이었다.[1] 그 뒤 1925년 서해안지역의 서울 암사동유적, 1930년 남해안지역의 부산 동삼동유적, 1932년 동북해안지역의 유판유적 등이 발굴 조사되어, 이를 통해 한반도 전역에 걸친 신석기시대의 윤곽을 희미하게나마 알게 되었다. 이러한 조사는 석기시대라는 포괄적 개념 속에 신석기와 청동기시대의 민무늬토기·간석기를 포함하는 것이었다.

이것은 식민통치를 합리화하기 위해 만들어진 이론에 대한 증거를 제공하는 데 이용되었을 뿐 빗살무늬토기와 민무늬토기의 선후를 밝히지 못하였고, 시베리아에서의 문화전파만을 주장하는 계통론에 매이게 하는 한계를 가진다.

해방 이후 남북이 분단되면서 신석기시대에 대한 연구는 새로운 국면을 맞게 된다. 북한에서의 연구는 유물사관에 대한 증거자료의 축적이라는 차원에서 비교적 활발하게 이루어져 일찍 시작된 데 반하여, 남한에서는 자본주의적 경제성장에 치중한 나머지 다소 늦어졌으나 경제발전에 따른 다양한 연구기관이나 인력 충원을 가능하게 하여 지속적인 성장을 하게 된다.

해방 후 남북한의 신석기시대 연구에서 특히 주목할 점은 먼저 신석기시대에 대한 자료와 지식의 폭이 크게 넓어졌다는 점이다. 1930년대까지 20여 개소에 지나지 않던 신석기시대 유적은 1984년도에 138개소가 알려졌고,[2] 1995년도에는 400여 곳이 넘는 유적이 보고되고 있다.[3] 이렇게 풍부해진 유적을 통해 층위관계의 파악과 함께 새로운 유물에 대한 분석이 가능하여졌고, 방사성탄소연대값 등 새로운 지식과 정보를 축적해 나갈 수 있게 되었다. 이러한 자료와 지식의 증대로 해방 직후 기원전 2000년 정도에 한정되어 있었던 신석기시대의 상한연대가 지금은 적어도 기원전 6000년까지는 올라갈 수 있게 되었고, 기원전 10000년까지 고신석기시대를 설정할 수 있는 가능성이 제기되는 등[4] 신석기시대 문화사적 편년에도 큰 변화를 가져왔다.

그리고 연구경향과 연구주제에서도 매우 다양화되고 있는데, 초창기의 신석기문화 연구에서 토기나 전파경로 등 한정된 연구주제만을 다루어 온 것에 비하여 근래에 와서는 좀더 다양한 연구주제를 다루게 되었다. 즉 옛 환경의 복원, 자연이나 인공유물에 대한 자연과학적인 분석, 식량획득 기술과 경제의 형태, 연모제작 기술의 복원, 유적의 입지분석, 교역, 의례, 원시신앙 등과 같은 다양한 주제들도 다루게 된다.

또 신석기시대에 대한 개념이 확대되어 전반적인 인식체계가 변화하고 있다. 해방 직후까지도 청동기시대라고 인정되는 민무늬토기문화와 신석기시대에 속하는 빗살무늬토기문화를 통틀어 석기시대라고 하는 애매한 개념으로 인식하여 그 선후관계에 대한 구분조차도 뚜렷하지 못하였다. 그러나 이후 구석기와 청동기시대에 속하는 유적들이 속속 발굴 조사됨에 따라, 전체 선사시대 편년에서 신석기시대의 시간적인 위치가 잡혀가게 되고, 구석기시대와 신석기시대 사이에 중석기시대의 설정도 주장하게 되었다. 더욱이 최근에는 새로운 신석기시대의 농경자료들이 속속 발굴되면서 우리나라도 농경과 토기, 간석기를 갖춘 보편적인 발전과정을 따른 것으로 이해되기 시작하였으며, 연구도 농경에 비중을 크게 두고 있는 모습이다.

어쨌든 한국의 신석기시대는 홍적세 이후 최고의 토기군 출현부터 금속기 사용이전까지 주로 물고기잡이와 사냥·채집과 농경에 의한 식량공급을 배경으로 전개된 토기문화를 포괄하는 개념으로 쓰이고 있다.[5]

이러한 우리나라의 신석기시대에 대한 연구는 남부지방의 경우 1930년에 부산 동삼동 조개더미유적이 발견 조사됨으로써 일찍이 시작되었다고 할 수 있다. 그러나

1960년대까지는 한국고고학 조사가 모든 분야에서 그렇듯이 거의 이루어지지 못하다가 1963년 동삼동유적이 재발굴됨을 계기로 다시 확산되기 시작되었다(사진 3-1).

1964년에 김해 농소리유적이 발굴되고, 1966년에는 부산 다대포, 울주 신암리유적이 조사되었으며, 1967년 사천 구평리 조개더미, 흑산도 조개더미유적의 발굴 조사, 1972년의 부산 금곡동 율리 조개더미유적 조사에 이르기까지 간헐적으로 이루어진다.

남부지방에서 본격적으로 신석기문화가 연구되기 시작한 것은 1978년 김해 수가리 조개더미와 통영 상노대도 조개더미의 발굴부터라고 할 수 있다. 특히 수가리 조개더미유적의 층위발굴은 남부 해안지방의 토기 편년과 문화 내용을 어느 정도 체계화할 수 있게 되었다. 층위에 따른 토기상을 통하여 가장 이른 시기에는 편평 밑의 덧무늬토기를 사용하다가, 이후 눌러찍은무늬토기, 굵은 빗살무늬토기, 겹입술토기들이 각 시기별로 중심을 이루고 있음이 밝혀진 것이다.

남부지방 신석기문화에 대한 연구가 다시 활기를 띠게 된 것은 1980년대 말 이후인데, 통영 상노대도 조개더미의 보고서가 발간되고, 통영 상노대도 산등 조개더미, 김해 북정 조개더미, 부산 범방 조개더미, 통영 연대도 조개더미, 여천 돌산 송도 조개더미 등 많은 새로운 유적이 발굴되면서부터이다. 이로서 남해안지역의 신석기문화는 낙동강하구뿐만 아니라 남해안 일대가 전체적으로 신석기시대의 생활터전이었음을 확인하였다. 이들 유적에서는 거의 신석기시대 전 시기에 걸친 유물들이 출토되고 있고, 유적 상호간 문화내용에도 공통성이 보여 남해안 일대의 신석기유적들이 바다를 생활터전으로 안정된 정착생활을 영위하였음을 알게 한다. 또

사진 3-1. 조개더미(동삼동)

한 바다를 통한 빠른 문화교류로 넓은 지역에 걸쳐 비슷한 문화를 공유하였음도 확인시켜 주는데, 제주도 신석기시대 유적 출토 토기가 남해안지역과 유사하며, 남해안식 토기들이 서쪽으로 군산 앞바다, 동쪽으로는 강원도 동해안에서도 출토되는 점으로도 뒷받침된다.

그러나 이러한 연구는 낙동강 하구를 중심으로 해안에 위치한 유적에 집중되었다는 한계를 가진다. 이는 1980년대 중반 이후 합천댐 수몰지구에서 합천 봉계리, 거창 임불리유적 등의 발굴로 남부 내륙지역에서도 신석기유적이 분포하고 있음이 밝혀지면서 극복되었다. 1990년대 초반에는 김천 송죽리, 청도 오진리유적 등이 발굴되면서 남강유역과 황강·보성강유역 등 남부 내륙지방의 깊숙한 곳에도 신석기유적이 존재함이 확인되었다.

이를 종합할 때 남부지방의 신석기시대에 대한 연구는 어느 정도 수준에 올랐다고 인정되는데, 여기에 새로운 문제가 제기된 것이 1995년의 제주 고산리유적의 발굴 조사에서부터이다. 이 고산리유적에서는 6,500여 점의 석기와 토기편이 수습되었는데, 이 가운데에는 육지에서 보기 어려운 삼각형 모양의 돌화살촉 400여 점과 무늬가 없는 갈색토기편 50여 점이 포함되어 있다(사진 3-2). 이 유물들은 한결같

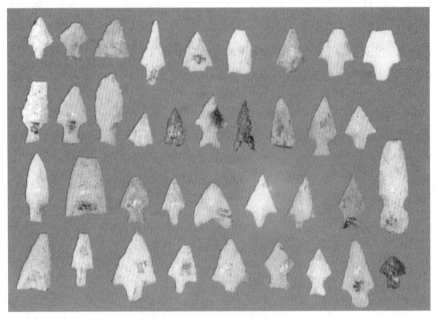

사진 3-2. 화살촉(고산리)

이 기카이(鬼界) 아카호야 화산재층 아래에서 출토되고 있다. 고산리 돌화살촉이나 토기와 흡사한 유물이 나오는 일본 에히메현(愛媛縣) 상흑암(上黑岩) 6층의 방사성탄소연대값이 10,085 bp인 점을 감안하면 B.C. 10000~6000년 사이의 유적으로 평가된다. 이를 근거로 '고신석기' 단계를 새로이 설정하자는 논의가 전개된 것이다.[6]

이에 대하여는 좀더 심도 있는 연구가 뒤따라야 할 것이고, 중석기와의 관련 문제, 지역적 성격 등 많은 과제를 던진 것으로 평가된다.

2. 연구성과

우리나라 신석기시대의 유적은 400여 군데에 이르고 있으나,[7] 이 가운데 발굴 조사를 거쳐 유적의 성격이 확실히 밝혀진 곳은 50군데 정도밖에 안 된다. 이런 가운데서도 근래에 남해안 도서 지방의 조개더미유적들에 대한 발굴 조사가 비교적 많이 이루어져, 이 지역 신석기문화의 성격이 어느 정도 밝혀지게 되었다. 또 1980년대 중반 이후 합천댐 수몰지역조사를 계기로 남부 내륙지방에서도 신석기유적이 확인되어 연구의 양적 질적 범위가 크게 확대되고 있다.

1) 집(터)

우리나라에서 가장 오래된 집터는 동굴이나 한데의 구석기시대 유적에서 발견되고 있으나 정착생활의 증거로서 집터가 확실하게 나타나고 있는 것은 신석기시대부터이다. 이 시대의 집터는 움집이 대부분인데, 일부 바닥에 돌을 편 돌깐집터, 그리고 자연적으로 형성된 동굴과 바위그늘을 생활공간으로 사용한 예가 알려져 있다.

움집은 평면형태가 둥글거나 네 모서리를 줄인 네모꼴이 주류이나 후기에 이르면 네모꼴이나 긴 네모꼴로 바뀐다. 지름 또는 한 변의 길이가 6m 내외이고, 깊이 60cm 정도의 구덩이를 판 후, 바닥은 대부분 진흙을 깔고 굳게 다졌고, 그 중앙부에 돌 또는 진흙으로 테를 둘러 불땐자리를 만들었으며, 그 주변에 기둥을 세우고 지붕을 덮었다. 이들 움집은 대개 큰 강이나 바닷가의 낮은 언덕에 위치하고 있는 것이 대부분이나 암사동·미사리유적과 같이 강이나 바닷가의 모래땅에서 발견되기도 한다.

내표적인 움집으로는 압록강유역의 중강 토성리유적,[8] 두만강유역의 웅기 서포항,[9] 무산 범의구석유적,[10] 대동강유역의 운천 궁산리,[11] 봉산 지탑리,[12] 평양 남경,[13] 평양 금탄리,[14] 용천 용연리유적,[15] 한강유역의 서울 암사동,[16] 하남 미사리,[17] 파주 옥석리유적[18] 등이 있으며, 그 외에 동해안가인 양양 오산리유적,[19] 중부내륙의 청원 쌍청리유적[20] 등이 있다. 남부지방에서는 여천 돌산 송도와 합천 봉계리, 진주 상촌리(사진 3-3), 거창 임불리, 산청 소남리, 김천 송죽리유적에서 조사되었다.

이러한 것으로 볼 때 신석기시대 사람들은 집터 어깨선까지 서까래를 내려 박아 덮은 원추형을 만들어 살았고, 한쪽에 출입구 시설을 두어 드나들었던 것은 분명해 보인다. 일정한 범위에 돌을 깔아 만든 신석기시대의 돌깐집터는 춘천 내평리[21]와 강화 삼거리,[22] 평양 청호리유적 등에서 발견되고 있다. 이들은 움집에서 지상가옥으로 바뀌는 과도기의 집터로 생각되는데, 이 가운데 내평리와 삼거리의 경우는 일반적인 살림집이 아니라 특수한 경우에만 이용되었던 시설물로 보는 견해도 있다.[23]

인공이나 자연적으로 형성된 동굴이나 바위그늘을 이용한 집터도 확인되고 있는데, 의주 미송리, 춘천 교동, 단양 상시바위그늘, 단양 금굴유적 등이 대표적이다. 남해안지역에서도 바위그늘 집터로 제주 북촌리유적과 부산의 금곡동 율리, 청도 오진리유적 등이 발굴 조사되었다.

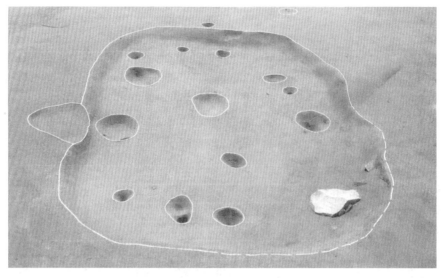

사진 3-3. 집터(상촌리)

북촌리유적은 '고두기언덕'의 함몰지 동북쪽 아래에 위치하는데, 절벽 아래가 움푹 꺼져 들어가 형성되었다. 집터의 입구너비는 11m, 입구에서 안쪽까지의 길이는 3m, 바닥에서 천장까지의 높이는 2m, 면적은 30m² 정도이며, 입구는 정남쪽으로 트여 있다. 그 면적이 넓지 않기 때문에 짧은 기간 동안의 특수용 주거지로 이용되었던 것으로 추정된다.

신석기 후기의 집터인 금곡동 율리 바위그늘은 크기가 2.6×2.3m 정도로서 약 6m² 가량 된다. 한 가족이 살았던 것으로 보이며, 활동은 주로 바위그늘 바깥에서 이루어졌을 것으로 해석된다. 그 안에서 시기를 달리하여 이용된 불땐자리가 나오는 것으로 보아 여러 번에 걸쳐 사용된 것으로 보인다.

청도 오진리유적의 바위그늘 규모는 높이 2.5×너비 15.5×깊이 3.5m이며, 집터는 신석기 중기에서 말기에 해당하는 2층에 형성되었다. 이곳에서는 겹입술토기와 퇴화새김무늬 등의 빗살무늬토기와 돌도끼·격지 등의 석기가 출토된다(사진 3-4).

이러한 신석기시대 집터는 1980~1990년대에 들어서면서 전국적으로 고루 분포되어 있음이 확인되며, 송도유적의 경우처럼 조개더미에서 집터가 조사되는 등 다양한 조사자료의 발굴과 연구가 진행되었다.

사진 3-4. 바위그늘(오진리)

2) 무 덤

신석기시대의 무덤은 지금까지 알려진 것은 춘천 교동 동굴,[24] 시흥 시도,[25] 웅기 용수동,[26] 경성 지경동,[27] 회령 봉의리유적 정도였으나, 근래에 와서 남부지방에서 집중적으로 조사되면서 그 내용이 밝혀지기 시작하였다.

얕게 구덩이를 파고 그 안에 시신을 안치한 후 그 위에 돌을 덮은 돌무지무덤과, 흙을 덮은 움무덤, 두벌묻기한 집단무덤이 조사되었다. 돌무지무덤으로는 통영의 연대도와 욕지도, 금곡동 율리유적에서, 움무덤에는 통영 상노대도의 산등유적과 부산 범방유적에서 각각 확인되었으며, 두벌묻기한 집단무덤은 울진 후포리유적 하나뿐이다.

연대도유적은 남해안지방에서 지금까지 알려진 가장 큰 집단무덤으로, 11호까지 보고되었는데, 대부분 바다를 바라보도록 서쪽으로 누워 있다. 무덤은 적당한 크기로 움을 파서 굽혀묻기나 펴묻기를 하고 껴묻거리를 넣은 다음 그 위에 잔돌이나 흙, 조가비로 덮고 다시 큰돌을 덮어주는 방법이 많이 쓰였다. 6호처럼 돌널무덤을 가진 경우도 있고 2호 무덤처럼 어머니와 신생아를 함께 묻은 것도 있는데, 껴묻거리 등으로 보아 대체로 남해안 신석기 전기에서 중기 초에 걸치는 무덤으로 여겨진다.

욕지도유적에서는 2기의 무덤이 확인되었는데 머리가 바다를 바라보도록 서쪽을 향하고 있다. 2호 무덤에는 두 사람이 묻혀 있는데 어른 남자의 귀뼈는 잠수 때문에 변형되어 있었다.[28] 여러 가지 토기와 석기, 동물뼈가 출토되었으며, 신석기 중기의 유적으로 보인다.

금곡동 율리의 무덤은 바위그늘의 바깥 부분에 4개의 돌무지 시설로 폭이 넓고 잘 쌓은 것(2기)과 폭이 좁고 상태가 엉성한 것이 있다. 껴묻거리는 살림터의 것과 비슷하며 신석기시대 후기의 유적으로 보인다.

상노대도 산등유적에서는 조가비층 위에 동쪽을 향해 펴묻은 13~15세 정도의 여자 뼈가 나왔는데 왼쪽 팔에는 3개의 팔찌를 차고 있었다. 남부지방의 무덤들이 바다가 잘 내려다보이는 곳에 자리잡고 있지만 산등유적의 경우는 특히 좋은 장소에 위치한다. 시기는 신석기 중기 무렵으로 여겨진다(사진 3-5).

범방유적의 무덤은 묘광이 뚜렷하게 확인되지 않고, 출토된 인골의 상태가 불량하나 두개골은 비교적 원형을 유지하고 있다. 젖니〔幼齒〕가 빠지지 않은 10세 안팎의 여성으로 다리를 X자로 하여 묻은 점이 특이하다. 껴묻거리로는 뼈연모와 연옥제 목걸이가 나왔다.

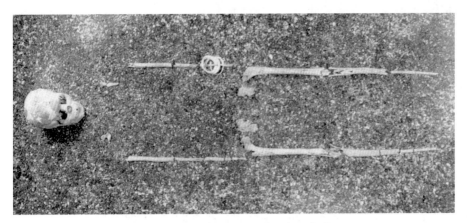

사진 3-5. 조개더미 무덤(상노대도 산등)

사진 3-6. 독무덤(상촌리 14호 집터 A호)

 이들 무덤들은 대부분 바로펴묻기를 하였으나 굽혀묻기를 한 것도 보이며, 특히 주인공이 바라보는 방향을 바다 쪽으로 향하게 한 것이 대부분이다. 껴묻거리는 그 다지 특별한 것은 없으나 새로 만들어 넣은 것이 있어 흥미롭다. 신석기시대의 무 덤들은 무덤을 쓰는 방식이 정형화되지는 못했으나 대부분 특별한 장소에 쓰고 있 는 점이 주목된다.

 그 밖에 남부지방의 무덤 가운데 특이한 것으로는 울진 후포리의 집단무덤과 진 주 상촌리의 독무덤이 있다.

 상촌리의 독무덤은 14호 집터의 어깨선 안쪽에서 2기가 확인되었는데 삼각형모 음무늬를 가진 토기 안에서 사람뼈가 출토되었다(사진 3-6). 이것은 중국이나 일본의 경우처럼 신석기시대부터 확인되는 독무덤의 전통으로 문화와 전통의 교류관계를 연구하는 데 중요한 자료가 될 것으로 보인다. 또 후포리유적에서 조사된 두벌묻기한 집단무덤은 다른 지방에서도 존재하였을 가능성이 매우 높고, 화장 또한 행하여졌을 가능성이 연대도나 산등유적에서 확인된다.

무덤에서 나온 사람뼈로 우리나라 신석기시대의 주인공에 대한 논의가 전개되어야 하는데 아직 많지 않으며, 조각으로 출토되거나 부스러진 경우가 많아 아쉬움을 남긴다.

3) 조개더미

조개더미는 선사시대의 인류가 식량으로 채집한 조개를 먹은 후 그 껍데기를 버려서 쌓인 것으로, 이 안에는 조가비 외에도 당시 사람들이 잡아먹은 동물 또는 물고기의 뼈 등과 함께 실생활에서 사용하던 토기·석기·뼈연모들도 버려져 있다.

조개더미의 주변에서는 웅기 서포항과 운천 궁산유적에서처럼 조개더미를 남긴 사람들의 집터가 찾아지기도 하고, 통영 상노대도와 욕지도, 연대도유적같이 무덤유구가 대규모로 조사되기도 한다. 이는 조개더미 안에서 출토된 다양한 내용물과 함께 선사시대의 문화와 자연환경을 종합적으로 연구하는 데 가장 중요한 자료가 된다.

조개더미는 약 1만 년 전인 신석기시대부터 만들어진 것으로 파악된다. 당시의 홍적세 빙하기의 추운 기후가 충적세의 따뜻한 기후로 바뀌어 높은 산이나 양극지방에 쌓여 있던 눈이나 얼음이 녹아 바다로 흘러들어 현재와 같은 해안선을 이루게 된다. 이 가운데 바다와 강이 만나는 지점에는 파도가 낮고 깊이가 얕은 지역이 형성되고 플랑크톤이 다량으로 서식하여 이를 먹고사는 조개류가 번식하기에 좋은 환경이 된다. 따라서 신석기시대의 주민들은 조개를 비롯한 해산물을 채취하기 위해 바다라는 미지의 환경에 진출하게 되는데, 조개더미가 바로 이러한 사실을 알려주는 기념물이다.

우리나라의 얕은 해안지역에는 많은 신석기시대의 조개더미가 분포되어 있다. 특히 밀물·썰물의 차이가 심하고 강물이 바닷물로 흘러드는 지역이 자연스럽게 분포되어 있는 남해안과 서해안은 조개 서식에 적합한 환경을 이루고 있기 때문에 동해안지역보다 조개더미의 분포가 밀집되어 있다.

이 시대의 조개더미는 대부분 바닷조개로 이루어져 있으나, 민물조개로 형성된 것도 있고, 두 가지가 섞인 것도 있다. 이처럼 조개더미가 다양한 것은 해안선의 변화 연구에 중요한 자료가 되는데, 조개더미가 분포한 위치를 현재 지형과 비교해 당시의 해안선을 밝히기도 하고 지형과 자연환경을 복원하기도 한다.

조개더미의 규모에서 나타나는 다양한 차이는 그 주변에서 살았던 무리의 크기와 살았던 기간에 따라 결정된다. 신석기시대의 조개더미에는 사계절의 자원을 활용하여 정착생활을 해 나간 부산 동삼동·통영 상노대도유적(사진 3-7)과 이와 비슷한 환경에 있던 통영 욕지도·연대도·여천 송도유적같이 거의 천 년 동안에 걸쳐 형성된 것이 있다. 반면 김해 농소리·부산 영선동 등과 같이 짧은 시기에 형성된 것도 있고, 정착생활이 이루어지지 않고 계절적으로 잠시 머무르던 김해 수가리, 북정, 사천 구평리, 부산 율리유적 등도 있어, 분포면적, 총체적 상황 등을 통해 당시 살았던 사람의 규모와 기간을 파악해 볼 수 있다.[29]

4) 토기와 연모

(1) 토 기

우리나라 신석기문화의 특징은 빗살무늬토기로 대표된다. 물론 최근 제주도 고산리에서 빗살무늬토기가 성행하기 이전의 무늬 없는 갈색토기편이 출토되어 유일하게 '고신석기'를 대변하는 유적으로 대두되고 있다. 이 유일한 예와 덧무늬토기

사진 3-7. 조개더미(상노대도 산등)

를 제외하고는 모두 빗살무늬 계통의 토기류이다.

토기는 만들기 쉬운 반면 구운 온도가 높지 않아 잘 깨지는 특성이 있는데, 유적 발굴에서 출토되는 유물의 80퍼센트 이상이 토기이다. 또 토기에는 주민집단의 전통성이 가장 잘 반영되어 있기 때문에 문화의 지역상을 밝히는 데 가장 적합한 자료이다.

남해안지방의 신석기시대 유적에서 출토되는 토기들은 대부분 공통성을 갖고 있다. 즉 무늬 없는 갈색토기로부터 시작되어 덧무늬토기→찍은무늬(압인문, 압날문, 자돌문)토기→태선식빗살무늬토기→겹입술토기로 변천되어 가고 있다. 또 신석기시대 전 시기를 통하여 무늬없는토기가 같이 만들어지고 있는 점도 남해안지방 토기의 특징이다. 무늬가 있는 경우에도 입술 가까이만 무늬가 주로 베풀어지기에 무늬가 많지 않은 것 또한 신석기 토기의 특징 가운데 하나가 될 것이다.

무늬 없는 갈색토기는 제주도 고산리유적에서만 유일하게 50여 점 출토되었는데, 모두 민무늬로 토기를 빚을 때 짚을 넣은 흔적이 보인다. 이들이 출토되는 층은 한결같이 기카이(鬼界) 아카호야화산층 아래인데, 이 층은 B.C. 6800~6300년의 화산폭발로 생긴 것으로 8,000 bp에서 12,000 bp 사이의 것으로 판단된다. 결국 이 토기의 발견은 '고신석기'시대의 설정 가능성의 문제를 제기하는 것이어서 매우 중요하다.

덧무늬토기는 우리나라 신석기시대의 가장 이른 토기로 여겨지는데, 토기의 겉면에 진흙 띠를 말아 붙이거나 손끝으로 토기 표면을 눌러 돋움으로써 돌을 띠를 만들어 여러 형태의 무늬를 베푼 토기를 말한다. 보통 돌을 띠의 폭이 1cm 정도에 이르는 덧무늬토기와 폭이 2~5cm 정도의 돌을무늬토기로 구분된다. 덧무늬토기가 베풀어진 토기들은 그다지 크지 않으며, 대개 편평밑을 가지고 있다. 이들 토기들은 모두 찰흙질로 빚어졌으며, 여기에 토기가 잘 빚어지도록 주위의 화산암 편들을 깨어 보강재로 집어넣기도 하였다. 무늬는 몸통이나 아가리 주변에만 새겨져 있으며 단순한 줄무늬에서 점차 기하학적인 복잡한 무늬로 변해 간다. 밑바닥도 처음에는 납작한 것에서 점차 둥근 것으로 변해 간다(사진 3-8).

빗살무늬토기는 토기의 겉면에 빗 같은 무늬새기개로 찍거나 그어서 만든 점·선·원 등의 기하학적인 무늬를 베푼 토기이다. 이 토기는 신석기시대 말기까지 계속 제작 사용된 토기로, 지역이나 시기 차에 따라 그릇의 모양이 다르기도 하고 무늬를 베푼 공간과 내용에 차이가 있어 우리나라 신석기문화의 지역구분이나 편년을 하는 데 절대적인 자료가 된다. 남부지방에서 제일 먼저 나오는 빗살무늬토기로

사진 3-8. 덧무늬토기(영선동)

는 '목도기' 토기라고 불리는 손톱무늬와 가는 빗살무늬를 새긴 토기가 있는데, 이 들은 덧무늬토기와 같이 출토된다.

그 다음 단계에 나타나는 토기로 찍은무늬토기가 있다. 이 토기는 '부산기' 토기라고도 하는데, 덧무늬토기 시기 다음에 나타난다. 이 토기는 입술 및 그 가까운 부분에 미세한 생선뼈무늬나 빗금무늬 등을 찍은 것이 대표적이며, 문살무늬 등이 찍힌 것도 나오고 있다. 이 찍은무늬토기에는 목이나 손잡이 · 귀때〔注口〕 등이 달리기도 한다(사진 3-9). 대개 둥근밑의 작은 바리나 목단지류가 많으며, 입술 자체에 금을 새긴 골아가리토기도 나오기 시작한다. 이 시기에 해당하는 방사성탄소연대값으로는 동삼동 부산기의 4,945 bp, 상노대도 5층의 6,430 bp, 송도의 5,440 · 5,430 bp, 연대도의 6,090 · 6,010 bp 등이 있다. 대체로 기원전 4000년 전후가 될 것으로 보인다.

태선식 빗살무늬토기는 문살무늬 · 빗금무늬 · 선모음무늬 · 생선뼈무늬 등이 주로 새겨지는데, 대개 무늬를 굵고 힘있게 새겨서 태선문이라 불린다. 이 시기는 '두도기'라고도 하는데 신석기 중기에 해당한다. 무늬는 토기의 입술 가까운 데서 점차 밑으로 내려가지만, 중기의 늦은 시기로 가면 다시 입술 가까운 윗부분에만 무늬가 베풀어지는 쪽으로 회귀하여 토기에 무늬를 많이 베풀지 않는 남해안 토기의 특징이 살아 있다. 토기 밑은 거의 둥근뾰족밑으로 바뀌며, 드물게 작은 그릇에 편평밑이 만들어진다. 이 태선문토기는 남해안의 거의 전 유적에서 출토되는데, 이 시기부터는 한강유역이나 일본의 규슈지방과의 문화교류가 있었음을 짐작할 수 있다.

사진 3-9. 두귀달린토기(상촌리)

이 시기에 해당하는 방사성탄소연대값은 김해 수가리 조개더미유적에서 많이 얻어
졌는데 4,510 · 4,490 · 4,430 · 4,380 · 4,290 bp 등이 나와 대략 기원전 3000년을 전
후할 것으로 보인다.

　남해안 신석기 후기인 '영도기'의 특징적인 토기는 겹입술토기이다. 이 토기는
입술을 겹으로 덧대어 만들었으며(이중구연), 예외 없이 둥근밑을 가졌다. 무늬는
퇴화된 빗금무늬가 주종을 이루지만 늦은 시기에 가면 그마저 생략되어 민무늬로
되는 경향을 보여 준다. 겹입술토기는 남해안에서 발굴된 모든 유적에서 출토되고
있으며, 사천 구평리, 부산 율리, 김해 농소리 등에서는 겹입술토기만의 층으로 이
루어진 단순유적들도 나타난다. 또 이 시기에는 조가비를 비짐으로 쓴 단단하고 검
은토기들이 많이 나오고 있다. 어떻든 이 시기에는 여러 형태와 용도의 그릇들이
다양하게 만들어지고 있고 가락바퀴도 출토된다. 겹입술토기의 실제 연대는 수가
리 3문화층, 율리, 상노대도 2층, 동삼동 영도기 등의 방사성탄소연대값으로 볼 때
기원전 1500년 무렵에 해당된다(사진 3-10).

　이러한 신석기시대 토기들에 대한 연구는 무늬와 생김새의 변화에 대한 관심과
함께 실제 쓰임새와 제작기법에 대한 관심도 높아졌다. 토기의 실제 쓰임새는 저장
용기와 식기로서의 용도만이 아니라, 준비·조리용인 화식기(火食器)나 액체저장
용기로서의 기능도 가졌던 것으로 해석하고 있다.

　그리고 토기의 제작에 관해서도 무늬새기개뿐만이 아니라 '긍개', '못가새' 등

사진 3-10. 겹입술토기

여러 도구가 사용되었으며, 날씨가 맑고 기온이 따스한 늦여름에서 초가을에 숙련된 기술자에 의해 만들어졌음도 확인되고 있다.[30]

(2) 석 기

신석기시대가 구석기시대보다 발전되는 기술적인 요인의 하나는 석기를 제작할 때 갈아서 만드는 수법이 등장한 것이다. 그러나 신석기시대의 석기에도 간석기와 함께 뗀석기가 많이 사용되었으며, 또한 석기의 격지를 떼어서 다듬은 후 날 부분만 간석기들도 제작되었다.

동북지방과 중서부지방에서는 비교적 간석기의 비율이 많은 반면 남부지방에서는 뗀석기가 압도적으로 많은 것도 우리나라 신석기시대 문화의 지역적인 특징이다.

석기는 종류에 따라 물고기잡이용·사냥용·농경용·일상생활용으로 구분한다. 이러한 쓰임새의 차이에 따라 도끼는 섬록암 등 단단한 재질의 돌로, 화살촉은 점판암 등 쪼개지기 쉬운 재질의 돌로, 숫돌은 편암·사암 등 잘 갈리는 성질의 돌로 만드는 등 재질을 구분할 뿐만 아니라 그 모양도 효율을 높일 수 있도록 용도에 따라 달리 만들고 있어 당시 사람들의 지혜를 보여 주고 있다(사진 3-11).

남부지방의 석기의 암질은 이 지역에서 구하기 쉬운 유문암·규장암·안산암 등이나 접촉변성암인 혼펠스가 많다. 늦은 시기로 가면 화산암인 흑요석제 석기가 많이 출토된다.

사진 3-11. 석기제작소(송죽리)

　남부지방 이른 시기의 석기는 찌르개·화살촉 등 사냥용 석기와, 찍개·밀개·긁개 등 조리 및 일반생활용구, 그리고 바닷가 살림살이에 맞게 작살·묶음낚시·그물추·찔개살 등이 출토되는 것이 특징이다. 특이한 것으로는 통영 상노대도와 부산 동삼동에서 나온 흑요석으로 만든 돌톱모양의 석기가 있다. 크기가 5cm 미만이며, 나무나 뼈의 옆면과 끝부분에 홈을 파고 끼워 넣어 만든 묶음작살로 여겨지고 있다. 이러한 도구들은 일본의 서북규슈에서도 출토되고 있는데, 이들은 다랑어·상어·돌고래류와 같이 피부가 단단하고 매끄러운 것을 잡는 데 사용하면 효과가 좋다고 한다.

　신석기 중기 무렵이 되면 뗀석기의 비율은 줄어드나 석기가 다양해져서 뗀돌도끼·자귀·화살촉 등도 출현하게 된다. 제작수법으로 보자면 석기가 커지면서 잔손질이 줄어드는 경향이 있다. 간석기는 이른 시기보다 늘어나지만 여전히 그 비중은 작은 편이다. 도끼·끌·대팻날 등은 날 부분만 간 것이 대부분이며, 숫돌·갈돌·갈판·공이 등이 주류를 이룬다(사진 3-12 · 3-13).

　늦은 시기로 가면 이러한 사암제 갈이용구들이 남부지방의 모든 유적에서 자주 등장하여 농경과의 관계를 추정할 수 있다.

　남부지방에서 사용한 석기의 유형을 요약하면 많은 양의 뗀석기와 약간의 간석기가 사용되었다고 할 수 있다. 예상보다 많은 뗀석기가 사용되며, 간석기가 발달할수록 뗀석기를 그다지 공들여 만들지 않게 되는 자연스러운 현상을 보여 주고 있다.

사진 3-12. 갈돌 · 갈판(송죽리)　　　사진 3-13. 돌도끼(후포리)

(3) 뼈연모

동물의 뼈를 잘라 갈아 만든 뼈연모는 우리나라 전역에 분포되어 있는 조개더미 유적에서 대부분 출토되어 석기와 함께 신석기시대의 연장으로 중요한 부분을 차지했음을 알 수 있다. 이들은 석기와 마찬가지로 사냥·물고기잡이 및 일상생활용구로 쓰였는데, 석기보다는 섬세한 연모, 즉 찌르개·바늘·송곳·작살 등에 주로 쓰였다(사진 3-14).

그런데 남부지방의 경우 신석기시대의 아주 이른 시기에는 고기잡이 도구가 나타나지 않으며, 찍은무늬토기가 나타나는 전기부터 낚시 등이 나타나는 것으로 보아, 초기에는 바다자원에 대한 이용도가 낮았으나 전기 이후부터는 바다에 의존하는 살림이 발달하는 것으로 보인다.

남해안지방에서 나오는 낚시로는 곧은낚시와 묶음낚시가 있다. 곧은낚시는 동삼동에서 다량으로 나왔으며 욕지도에서도 1점 나온 바 있다. 묶음낚시의 바늘 부분은 동삼동·상노대도·범방·송도·욕지도·농소리·연대도·구평리 등 남해안의 거의 모든 유적에서 나오고 있다.

뼈연모의 대부분을 차지하는 생활용구는 돌보다는 뼈로 만들어 사용하는 것이 효용적인 바늘·송곳·찔개살·삿바늘·찌르개·긁개 등은 물론 낫에 이르기까지 뼈연모의 용도가 넓게 나타나고 있다. 이 가운데 수량이 가장 많은 것이 찌르개이다. 수가리에서 나온 찌르개는 사슴 등의 사지뼈를 잘라 끝을 갈아 만든 것으로 짐승의

사진 3-14. 뼈작살(동삼동)

해체나 조리용으로도 사용하였을 것으로 생각되며, 몇 개씩 결합하여 묶음식 찔개
살을 만들어 썼다고 보는 견해도 있어 신석기시대의 고기잡이 도구는 현재 우리가
파악하고 있는 것보다 훨씬 많은 양이 될 것으로 보인다.

(4) 예술과 신앙

신석기시대의 남부지방은 농경이 경제의 한 부분을 차지하지만 농경보다 물고기
잡이·사냥에 대한 비중이 큰 생활을 영위했으므로 이에 따르는 의례 등이 그들 의
식 가운데서 중요한 부분을 차지하였을 것이다. 따라서 신석기시대를 주술적 신앙
사회라고 부르기도 한다. 이들의 신앙적 대상은 천재지변에서 오는 자연환경의 공
포에 대한 정신적 안정을 구하는 것에서부터 풍요와 다산을 기원하는 주술적 축원
에 이르기까지 다양하다. 항상 신앙과 주술은 어떤 조형물을 제작하는 과정에서 예
술이 탄생되기 때문에 원시사회에서 신앙과 예술은 불가분의 관계로 파악되어야만
한다.

남해안지방에서 출토된 신석기시대 유물 가운데 예술품이라고 부를 수 있는 것
으로는 부산 동삼동에서 가리비 조가비 표면에 두 눈과 입을 상징적으로 판 얼굴,
통영 욕지도에서는 흙을 빚어 구운 멧돼지, 울산 신암리에서는 인물 토우, 부산 율

사진 3-15. 여인상(신암리)　　　　사진 3-16. 여인상(수가리)

리에서는 흙으로 빚은 자안패모양의 조각이 각각 출토되었다.

　멧돼지 형체 조각품은 당시 인간생활과 가장 밀접한 것을 표현한 것으로 토테미즘의 가능성을 엿볼 수 있다. 신암리에서 출토된 인물 토우는 앉아 있는 모습인데, 머리와 사지가 없고 몸통만 남아 있다. 허리가 잘록한 외에도 가슴에 젖가슴을 표현한 돌기가 붙어 있어 여성상이 분명하다(사진 3-15 · 3-16). 율리의 것도 여성을 상징한다. 이와 같이 토우 가운데 여성이 많은 점은 당시에 여성이 중시되었음을 생각할 수 있으며, 특히 여성상에도 젖가슴과 궁둥이를 과장해 표현한 것은 다산과 풍요를 기원했던 것에서 기인함을 알 수 있다. 이러한 배경에 의해 신석기시대는 여권사회, 모계주의사회였음을 추정할 수 있다. 그리고 동삼동에서 나온 사람얼굴모양의 조각품은, 현재에도 원주민들이 종교적인 행위에 가면을 쓰는 것으로 보아 신앙적인 의식에 사용된 것이 아닌가 생각된다.[31]

　조가비나 돌로 만든 팔찌는 전국 각지에서 출토되고 있으며 가장 흔한 치레걸이이다. 남부지방의 조개더미유적에서는 거의 빠짐없이 출토되는데, 최근 조개더미유적의 무덤에서 껴묻거리로 다량 출토되기도 하였다.

　이러한 신석기시대의 조각품이나 치레걸이 등은 말 그대로 치레걸이나 호신부, 껴묻거리 등으로 쓰이거나 어떤 기원이나 관념을 나타내기 위하여 만들어졌을 것이다. 그러나 이 시기의 예술품에 대하여는 거의 알지 못하기에 앞으로 많은 연구가 계속되어야 할 것이다.

5) 생업경제

(1) 물고기잡이

강가나 바닷가에 터를 잡고 생활한 신석기시대 사람들은 수산자원에도 눈을 돌리기 시작하여 물고기잡이라는 생산기술을 적극적으로 개발하였다. 조개더미유적에서는 대구·농어·돔류(참돔·검은돔·하스돔·감성돔·붉돔 등)·다랑어·숭어·고등어·가오리·양놀래기·명태·청어·방어·가자미·상어·관어·가오리·졸복 등 수십 종이 넘는 고기류가 발견되었다.

유적별로 보면 동삼동에서는 상어·참돔·다랑어·방어·대구·숭어가 주로 잡혔는데, 특히 하층의 목도기에 물고기뼈의 출토량이 많다. 목도기에는 상어가 가장 많이 출토되고, 이어 참돔과 대구가 그 뒤를 잇고 있는 반면, 두도기에는 참돔이 가장 많이 잡히고 다음이 상어·다랑어이고, 상층의 영도기에는 다랑어가 주로 검출되어 시기별로 잡히는 물고기의 종류가 변화하였음을 보여 준다.

상노대도에서는 참돔·졸복·농어·양놀래기가 주종을 이루고 있으면서 상층으로 갈수록 물고기 종류가 증가하며, 연대도에서도 참돔이 가장 많이 잡히고 있다. 가까운 바다에 위치한 수가리는 물고기뼈의 출토량이 적은데, 대구·농어·가오리·어름돔·졸복이 소량 출토되고 있을 뿐이다.

민물고기도 강안유적에서 출토되는 그물추의 존재로 보아 당연히 잡혔을 것이나 유적에서 검출된 예가 아직 없다.

이 시대의 고기잡이 기술은 작살이나 창·찔개살 같은 도구로 찔러서 잡는 찌르기(刺突)어법, 화살을 쏘아 잡는 활(弓矢)어법, 낚시를 이용한 낚시(釣)어법, 그물로 포획하는 그물(網)어법 등으로 구분할 수 있는데, 이는 출토유물로도 확인된다[32](사진 3-17).

유적에서 출토되는 물고기잡이 연모로는 그물·낚시추·낚시바늘·작살 등이 다양하게 발견되고 있는데, 이들은 모두 물고기의 서식습성과 어획법에 맞추어 사용하였음을 확인할 수 있다. 대구는 겨울철에 리만해류와 함께 연해주 연안에서 한반도 남부지방으로 남하하는 이 지방의 대표적인 고기이다. 조개더미에서 발견되는 독특한 형태의 묶음식 낚시바늘도 그 크기로 보아 대구잡이용이었을 가능성이 많다. 그리고 작은 농어 같은 것은 초여름부터 초가을 사이에 특별히 설치한 독살 등에 들어온 것을 잡았을 것이고, 그 외에 흙이나 돌로써 제방을 쌓아 밀물 때 들어온 고기를 썰물 때에 그 안에서 잡는 방법과 또는 정치망과 통발을 결합시킨 것과 같

사진 3-17. 묶음식 낚시바늘(범방)

은 시설을 만들어 대구나 청어를 잡았을 가능성도 있다.

한편 조개류도 중요한 식량공급원이었다. 동삼동 조개더미에서만 무려 42종의 조개류가 채집되었으며, 상노대도에서 43종, 구평리에서 32종 등 유적마다 수십 종이 넘는 조개류가 보고되고 있다. 이는 현재 남해안에서 잡히는 먹을 수 있는 조개류의 전부라고 해도 과언이 아니다.

이러한 조개더미에서 출토되는 조개들은 유적의 입지조건에 따라 종류에서 차이를 보인다. 썰물 때 노출되는 조간대에 서식하는 조개류로는 굴·가무락조개·백합·바지락·우렁이·갯고둥·눈알고둥·꼬막·소라 등이 있으며, 조간대나 먼바다의 비교적 깊은 곳에 서식하고 있는 조개류인 홍합·전복·피뿔고둥이·키조개·뚜박조개 등이 채집되고 있다. 후자는 잠수에 의해서만 채취가 가능한데, 욕지도 돌무지무덤 2호에 묻힌 장년기의 남성과 연대도 집단무덤에 묻힌 성년 여성의 머리뼈에서 관측되는 외이도골종(外耳道骨腫)이 잠수작업과 연관된 것으로 보기도 한다.

조개더미에서는 놀라울 정도로 큰 굴이 채집되기도 하고, 또 층위에 따라 굴의 종류나 크기가 약간씩 다르게 나타나는데, 이는 채취지역이 달랐음을 말해 주는 것으로, 아마 상당히 먼거리까지 돌아다니면서 새로운 굴 서식지를 찾았던 모양이다.

신석기시대 사람들은 잘 번식된 풍부한 조개류의 혜택을 많이 받으면서 생활하였고, 이를 찾아 해안선을 따라 퍼져 나갔으며, 항해술의 발달과 함께 도서지방과 일본으로 진출하는 것도 가능했으리라 짐작된다.

(2) 사냥생활

신석기 사람들은 물고기잡이 위주의 생활을 해 왔지만 뭍짐승이나 바다짐승, 날짐승에 대한 사냥도 해야 하였다. 그것은 겨울철에 마른 물고기와 짐승고기를 식량으로 할 수 있고, 모피류를 이용할 수 있으며 동물뼈로써 갖가지 연장을 만들 수 있기 때문이다.

신석기시대 동굴유적이나 조개더미에서 출토된 동물뼈를 보면 당시에 잡힌 젖먹이짐승 20여 종이 알려져 있다. 이 가운데 사슴과동물과 멧돼지가 차지하는 비중이 압도적으로 높다.

남부지방의 조개더미에서 발견되는 동물은 사슴·노루·멧돼지·돼지·너구리·오소리·고라니 등이 있는데, 이 가운데 사슴은 우리나라에 상당히 많았던 모양이며, 시대가 내려가면서 더욱 느는 경향을 보이고 있다. 사슴은 시베리아 민족들에게는 특별한 의미를 가지고 있기 때문에 단순한 식용 이외에 희생용으로 쓰였을 가능성이 많으며, 또 사슴의 앞다리뼈는 특히 단단하여 화살촉이나 낚시바늘의 재료로 적합하므로 실제 많이 사용되었고, 주요한 교역품의 하나로 취급되었을 가능성이 많다.

멧돼지도 사슴과 함께 많이 출토되는 뼈인데, 몸집이 커서 좋은 식량공급원이었을 것이다. 동북지방에서 많이 잡히는 노루는 구평리유적에서 소량 확인되었으며, 복작노루라고 불리는 고라니는 동삼동유적에서 사슴 다음으로 많이 잡혔다. 사슴은 동삼동·상노대도·수가리·구평리·연대도 등 대부분의 남해안 조개더미에서 출토되었으며 식량원으로 가장 많은 비중을 차지하고 있음이 확인되었다. 이들 동물의 사냥에는 여러 가지 틀·함정·창 따위도 쓰였겠지만, 독 화살촉의 사용도 추측되고, 또 동삼동과 상노대도 등에서 개뼈가 출토되는 것으로 보아 개가 이때 이미 식용 및 사냥용으로 이용되었을 것이다.

신석기 사람들은 바닷짐승에도 눈을 돌리고 있다. 동삼동에서는 고래와 바다사자가 사슴 등의 뭍짐승보다 많이 잡히고 있으며(사진 3-18), 상노대도유적에서도 고래·바다사자·물개가 차지하는 비중이 크다.

이들 바닷짐승, 특히 고래와 돌고래는 해변으로 떠밀려 온 것을 잡았을 것으로 보고 있으나, 바닷짐승뼈의 비중, 대형 작살의 존재, 한·일의 교류에서 추론되는 배의 존재 등으로 미루어 본다면 먼바다에서 잡았을 가능성도 배제할 수 없다.

이러한 짐승들 이외에 날짐승도 당연히 사냥의 대상이었다. 동삼동 조개더미에서는 14종류의 새 뼈가 출토되었는데, 꿩도 있지만 주로 오리·갈매기와 같은 물새이다. 특히 물고기가 풍부한 수역에 있는 동삼동과 같은 유적이나 먼바다의 조개더

사진 3-18. 고래뼈 출토모습(동삼동)

미에서 새뼈가 많이 출토된다.

이러한 신석기시대의 사냥생활도 오랜 기간 계속되면서 부분적으로 변해간 것으로 추정된다. 즉 동삼동 조개더미의 경우, 아래층에서는 동물의 뼈가 거의 없었으나, 위층으로 가면서 점차 사냥을 병행하게 되고, 나아가서는 더 큰 비중을 두는 생활로 변화해 갔음을 말해 주고 있다.[33]

(3) 식물채집생활

남해안지방에 살던 신석기 사람들은, 사냥·물고기잡이 활동과 함께 다양한 식물채집활동을 병행했을 것이며, 갈수록 이 채집활동은 점차 남성 위주의 사냥·물고기잡이에 비해 여성 위주로 활동이 가능하므로 그 편리성은 더 컸을 것으로 보인다.

식물채집은 나무나 식물의 뿌리와 과일, 나무열매 등을 대상으로 했는데, 특히 오랫동안 보존이 가능한 견과류의 비중이 높았을 것으로 추정된다. 견과류는 호도·밤·상수리·나무열매·도토리 등이 있으며, 이 가운데 남해안 주변의 야산에 자생하는 나무가 많아 그 열매를 쉽게 채집할 수 있는 상수리나 도토리 등이 중요한 식량원의 하나였을 것이다(사진 3-19).

도토리는 칼로리와 영양가가 곡류 못지않게 높으나 대부분은 탄닌에서 나오는 떫은 맛을 제거하기 위한 특수처리가 필요하며, 우리나라에서는 전통적으로 가열처리와 물우리기가 이용되어 왔다. 신석기시대 유적에서는 많은 갈돌·갈판이 발견되

사진 3-19. 도토리(상촌리)

고 있기에 물우리기로 도토리를 가루로 만들어 가루와 녹말을 이용하는 분식(粉食)이 가능하였을 것이나, 빗살무늬토기 전 단계인 상노대도 1·2문화층, 동삼동 하층 등에서는 출토되지 않는다. 따라서 분식보다는 밥이나 떡처럼 입식(粒食)이 먼저 이용되었을 가능성이 높다. 봉계리유적에서는 도토리 열매가 모두 불땐자리 주변에서 토기와 함께 같이 나오고 있어 오히려 입식의 가능성을 높여 준다.

도토리 이외의 나무열매로 봉계리유적에서 호두, 살구와 보리수과 열매가 검출되기도 하였다.

이 밖에도 토란·마·칡 등의 야생식물들도 과소평가되어서는 안 되며, 각종 채소용 나물류, 구황식물 등이 신석기시대 식료로 이용되었을 가능성이 있으나, 고고학적으로 구체적인 자료의 제시가 곤란하다.

(4) 농경생할

이상의 물고기잡이·사냥·식물채집활동과 함께 확실하지는 않지만 초보적인 농경의 존재도 생각해 볼 수 있다.

현재까지 확인된 신석기시대의 재배곡물은 황해 지탑리와 마산리, 평양 남경 등의 조가 있으며, 김포 가현리와 일산 성저리·가와지의 쌀이 있다. 이들은 대체로 신석기시대 중기 이후에 해당되는 연대를 보이고, 중서부지방에 집중되어 있음이 확인된다.

남부지방에서의 신석기시대 농경 관련자료는 1980년에 신석기 후기 벼농사의 존재 가능성의 문제를 제기한 영산강유역의 꽃가루 분석 결과가 있다. 이는 당시로서는 획기적인 일이었으며, 이를 계기로 경기도 우도 조개더미에서 인디카(*Indica sa*)로 추정되는 볍씨자국의 확인되었고, 그 뒤 김포와 일산의 토탄층에서 볍씨의 발굴이라는 결과를 이끌었다. 1995년 김해 농소리 조개더미에서 출토된 말기 빗살무늬토기에서 벼의 식물규소체(plant-opal)를 검출하기도 하였는데[34](사진 3-20), 볍씨와 토기가 검출된 연대와 층위에 대하여 다른 견해도 제시되어 앞으로의 연구가 요구된다.

우리나라의 신석기시대 농경에 대한 지금까지의 견해로는 신석기유적에서 출토된 유물의 조합에서 농경도구의 수가 적어 농경이 전체 생계에서 차지하는 비중이 크지 않다는 견해가 지배적이다. 이는 특히 남부지방에서 더욱 심하게 나타나는데, 일본의 조몽시대와의 비교에서 일본과 마찬가지로 여전히 사냥·채집경제의 연속선에서 파악하려는 경향 때문이다.

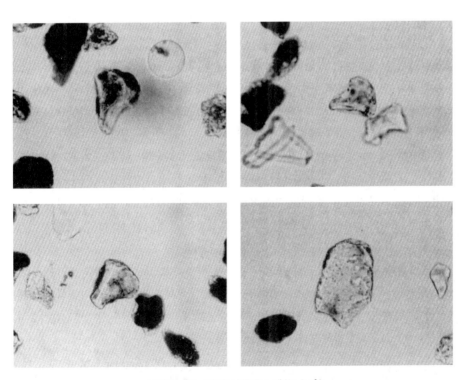

사진 3-20. 벼의 식물규소체(농소리)

이는 더 많은 자료의 축적과 연구결과를 기다려 신중을 기해야 할 것이나, 농경구의 분석, 과학적 방법의 동원 등 적극적인 노력이 있어야 할 것으로 생각된다. 즉 동삼동 조개더미유적에서 돌도끼류 가운데에 괭이나 보습과 같이 농구로 사용할 수 있는 석기들이 있고, 또 구멍은 뚫려 있지 않지만 청동기시대의 반달모양 돌칼과 같은 형태의 반달모양 석기가 보이며, 곡물의 탈곡에서 제분용으로 쓰인 말안장 모양의 갈돌이 출토된 바 있다. 이들은 개간·경작·수확·가공이라고 하는 일관된 노동체계, 즉 초기 농경과 관련되는 돌연장으로도 볼 수 있을 것이다.

또 청동기시대에 해당하는 진주 대평리 어은지구나 옥방지구, 상촌리지구, 산청 묵곡지구 등에서 확인된 2천여 평이 넘는 밭들을 본다면, 신석기시대의 농경규모도 그렇게 원시적이지만은 않았을 것으로 짐작된다. 더욱이 벼농사의 증거들이 발견되고 있는 시점에서, 밭농사가 벼농사보다 먼저 시행되었다고 가정한다면 신석기시대의 농경 문제는 결코 소홀히 다룰 수 없는 문제이다. 계속적인 관심과 연구가 이루어져야 할 것이다.

6) 연 대

우리나라 신석기시대의 연대는 상대연대와 절대연대의 상호 비교에서 얻어진다. 상대연대의 결정은 고고학적 자료의 선후관계를 밝히는 것으로 층위의 순서가 기준이 되는 층서학, 그리고 토기나 석기를 비롯한 유물의 형식비교를 바탕으로 연구되는 형식학적 방법 등에 의해 이루어지고 있다.

남부지방 토기는 다른 지방과는 달리 덧무늬토기에서 빗살무늬토기로 발전되었는데, 빗살무늬토기의 무늬에도 찍은무늬·손톱무늬·굵은빗금무늬 계통의 선모음무늬 등 중·서부지방과 동·북부지방의 토기에 보이지 않는 문양이 베풀어져 있어 지역적인 특성이 잘 나타나고 있다. 또한 이 지역의 특징적인 토기로 붉은칠토기가 빗살무늬토기와 동반되기도 한다.

이렇게 남부지방에서 지역적 특성을 강하게 반영하고 있는 남한유형토기는 일찍이 동삼동 조개더미를 비롯하여 신암리·영선동 등에서 알려졌으며, 최근의 상노대도·연대도·송도 등 많은 조개더미유적의 발굴로 유적 상호간의 상대편년 및 층서적 관계가 어느 정도 밝혀졌다.

이는 동삼동 조개더미유적을 발굴하여 드러난 층위관계를 기준으로 한 것인데, 남한유형토기를 조도기·목도기·부산기·두도기·영도기의 5기로 구분한 것이다.

남부지방의 가장 이른 시기인 제Ⅰ기의 조도기에서는 무늬없는토기와 덧무늬토기가, 그 다음 제Ⅱ기인 목도기에서는 손톱무늬토기가 각각 주체를 점하고 있다. 제Ⅲ기인 부산기에 이르러서 비로소 찍은무늬토기가 출현하며 덧무늬토기는 수적으로 격감된다. 제Ⅳ기인 두도기에는 태선식빗살무늬가 성행한다. 제Ⅴ기인 영도기에 이르면 문양은 퇴화하며 입술부 주위에 국한되어 시문된 민무늬토기가 상당수 차지하게 되고 새로이 겹입술토기가 출현한다.

이러한 구분은 수가리유적에서 제시된 층위에 의한 구분이 중요하게 반영된 것인데, 동삼동의 것과 대비시켜보면 수가리Ⅰ기 및 Ⅱ기는 동삼동 제Ⅳ기에, 그리고 수가리 Ⅲ기는 동삼동 제Ⅴ기에 해당한다고 볼 수 있다. 이렇듯 수가리의 조사 결과도 동삼동 조개더미의 편년 안에서 크게 벗어나지 않음을 알 수 있다.

이상과 같이 토기를 통해 살펴본 상대연대는 시기의 선후관계는 밝힐 수 있으나 연대를 분명히 하는 데에는 방사성탄소연대값 등에 의한 절대연대의 도움이 필요하다. 남부지방에서는 동삼동 조개더미를 비롯하여 수가리·율리·상노대도·연대도·송도·봉계리유적 등에서 측정된 방사성탄소연대값이 있다.

덧무늬토기가 출토되는 층의 방사성탄소연대값이 동삼동 목도기의 경우 6,066 bp이고, 상노대도 최하층이 6,622 bp, 연대도가 6,090 bp, 송도 조개더미 제4층이 5,830 bp이다.

찍은무늬토기가 출토되는 동삼동 조개더미 부산기가 5,093 bp이며, 태선식빗살무늬토기가 출토되는 수가리 조개더미 5층이 4,510 bp이다. 겹입술토기가 출토되는 봉계리유적이 4,060 bp, 율리 조개더미가 3,687 bp, 수가리 조개더미 1층이 3,390 bp, 대흑산도 조개더미가 3,522 bp로 나와 동삼동 조개더미의 층서관계에 근거한 남부지방의 토기변천상은 절대연대상의 근거와 대비하여 볼 때도 타당성을 갖는다고 하겠다.

여기에 최근 조사된 제주 고산리유적의 연대를 고신석기(B.C. 10000~6000년)로 보는 것을 감안한다면, 남부지방의 신석기시대는 기원전 10000년에서 기원전 1000년까지 존속했던 것으로 이해된다.

II. 신석기시대 유적(그림 3-1)

1. 집(터)

1) 제주 북촌리유적

제주도 북제주군 조천읍 북촌리에 있는 바위그늘유적으로 1986년 제주대학교 박물관 팀이 발굴하였다. 바위그늘의 방향은 정남향이고, 규모는 길이 11m, 폭 3m, 높이 2m이며 면적은 약 30m²다. 유적의 퇴적층은 표토층 밑에 4개 층이 퇴적되어 있었는데, 최하층인 5층에서 신석기시대의 유물이 원상태로 출토되었다.

유물은 빗살무늬토기가 가장 많고 뼈연모와 석기가 적게 출토되었으며, 탄화된 개산초 열매도 특이하게 채집되었다. 빗살무늬는 주로 입술부 아래에 2~4열의 점줄을 눌러찍는 기법으로 시문한 눌러찍은 점줄무늬토기이고 겹입술토기도 꽤 출토되었다. 그 외에 문살무늬·짧은빗금무늬·조개껍질로 찍은 고기뼈무늬 등이 약간 보인다. 이 유적의 토기에 나타나는 공통적인 특징은 토기 안팎을 조가비나 다른 도구로 긁어서 손질한 흔적이 남아 있다는 것이다(사진 3-21).

사진 3-21. 북촌리유적

〈그림 3-1〉 남부지방의 신석기유적

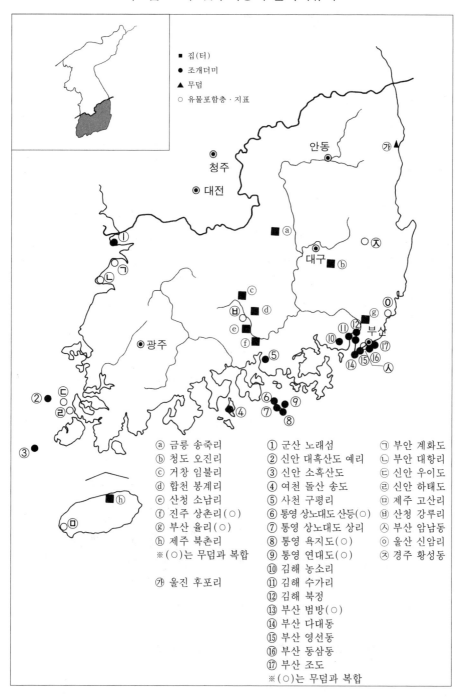

■ 집(터)
● 조개더미
▲ 무덤
○ 유물포함층·지표

청주
안동
대전
대구
광주
부산

ⓐ 금릉 송죽리
ⓑ 청도 오진리
ⓒ 거창 임불리
ⓓ 합천 봉계리
ⓔ 산청 소남리
ⓕ 진주 상촌리(○)
ⓖ 부산 율리(○)
ⓗ 제주 북촌리
※ (○)는 무덤과 복합

㉮ 울진 후포리

① 군산 노래섬
② 신안 대흑산도 예리
③ 신안 소흑산도
④ 여천 돌산 송도
⑤ 사천 구평리
⑥ 통영 상노대도 산등(○)
⑦ 통영 상노대도 상리
⑧ 통영 욕지도(○)
⑨ 통영 연대도(○)
⑩ 김해 농소리
⑪ 김해 수가리
⑫ 김해 북정
⑬ 부산 범방(○)
⑭ 부산 다대동
⑮ 부산 영선동
⑯ 부산 동삼동
⑰ 부산 조도
※ (○)는 무덤과 복합

㉠ 부안 계화도
㉡ 부안 대항리
㉢ 신안 우이도
㉣ 신안 하태도
㉤ 제주 고산리
㉥ 산청 강루리
㉦ 부산 암남동
㉧ 울산 신암리
㉨ 경주 황성동

이 유적은 출토유물과 유저 최하층 출토 조가비에서 얻어진 방사성탄소연대 (2,920 bp)로 보아 신석기시대 후기에서 말기에 속하는 것으로 증명된다.

* 이청규, 《북촌리유적》(제주대학교 박물관), 1988.

2) 부산 율리유적

조개더미가 있는 구포에서 북쪽으로 3km 정도 떨어진 부산광역시 금곡동 율리 (栗里)마을 뒤 골짜기 입구에 위치한 작은 바위그늘이자 조개더미이며, 무덤이 발견된 특이한 유적이다. 이 유적은 약 2~2.5m 높이의 병풍처럼 둘러쳐진 바위의 입구에 깊이 2.8m, 높이 약 2m 정도의 바위그늘을 의지해서 만들어진 집터와 바위그늘을 중심으로 약 9m×8m 범위에 걸쳐 조개더미가 있는 복합유적이다(사진 3-22).

부산대학교 박물관 팀이 발굴한(1972. 12~1973. 1) 이 유적의 바위그늘 내부에서는 서로 층위가 다른 불땐자리 3기, 외부 동쪽에는 무덤으로 보이는 둥근 돌무지 유구 4기가 발견되었다.

출토유물은 토기·석기·장신구 등이며 그 양은 많지 않았다. 토기는 붉은간토기 2점, 무늬없는토기 1점 외에는 모두가 빗살무늬토기이다. 토기의 모양은 V자 또는 U자형의 깊은 바리모양이 대부분이고, 그 밖에 단지모양토기 몇 점과 납작바닥토

사진 3-22. 율리유적

기도 1점 있었다.

깊은 바리모양토기는 곧은아가리와 겹아가리의 두 종류가 있는데, 곧은아가리가 많았으며, 무늬 없는 것이 대부분이다.

석기는 갈아서 만든 도끼·화살촉·끌·바퀴날도끼와 숫돌이 있었으며, 그 밖에 곱돌제〔滑石製〕로 만든 타원형 판(板)도 출토되었다.

이들 유물은 붉은간토기 등 후기의 것도 있지만 신석기시대 말기의 것이 주류를 이루고 있으며, 방사성탄소연대값도 3,580 bp로 나타나 일치한다. 또 편평밑토기·간돌끌·화살촉 등 청동기시대의 것도 보인다.

이 조개더미는 낙동강 하류에 위치하는 겹아가리토기의 표지적인 유적으로, 그 규모로 보아 바위그늘을 이용한 일시거주유적으로 추정되며, 부산지방에서 신석기문화와 청동기문화가 단절 없이 연결되는 증거를 보여 주는 중요한 유적이라고 생각된다.

* 부산대학교 박물관,《금곡동 율리패총》, 1980.

3) 진주 상촌리유적

경남 진주시 대평면 상촌리유적은 1996~1997년 동아대학교 박물관 팀이 남강댐수몰지역조사의 일환으로 발굴한 곳으로, 댐 상류에 굽이치는 강안 배후의 충적대지 위에 위치하며, 표토층 아래 청동기시대층과 신석기층이 중복해서 분포하고 있다.

이 유적은 모두 6개의 지구로 구분되는데, 이 가운데 1차조사가 이루어졌던 4~6지구 신석기층에서는 모두 15기의 집터와 타원형의 적석유구, 환호, 돌상자모양 유구가 확인되었다.

집터의 평면형태는 긴 네모꼴이 기본이며 긴 축은 남-북향을 한 것이 많고, 그 중앙에는 특별한 시설이 없는 불땐자리를 배치하고 있다. 집터 내부에서는 전면에 무늬를 새긴 토기와 붉은칠토기, 날 부분만 간 돌도끼와 갈돌, 숫돌, 보습모양 뒤지개, 돌창, 화살촉 등이 출토되었다. 이 가운데 붉은칠토기는 상노대도 산등조개더미 최하층이나 김해 수가리 조개더미에서 출토된 것들과 밀접한 관계를 가지는 것으로 보이는데, 청동기시대 고인돌과 돌널무덤에서 출토되는 것과 비슷하여, 이 전통이 신석기시대부터 이어져오고 있음이 주목된다.

석기는 제3호 집터에서 포개진 채 출토된 뗀돌창(6점)과 보습모양의 돌연모와 화살촉의 출토는 이 시기의 문화 특징으로 볼 수 있다.

2기가 확인된 적석유구 가운데 하나는 조리용으로 사용되었을 것으로 보이나, 다른 하나는 대형(5×4.5m)으로 제사유구가 아닌가 해석된다. 조사지역의 남쪽 부분에서 확인된 환호는 바닥면에서 봉계리식 토기와 겹입술토기가 출토되어 신석기시대 후기에 조성된 것으로 추정된다(사진 3-23).

돌상자모양 유구는 한 면에 2매씩 모두 8매의 판석을 이용하여 긴 네모꼴로 조립하였는데 돌널의 구조와 비슷하나 무덤이라기보다는 불땐자리로 보인다.

이 유적에서는 당시의 매장풍습을 알 수 있는 2기의 독무덤이 제14호 집터 안에서 확인되어 주목되는데, 이것은 지금까지 단순히 움무덤를 사용했을 것으로 여기던 신석기시대 무덤 연구에 중요한 자료를 제공하고 있다(사진 3-24).

2차조사로 확인된 1~3지구에서는 신석기시대 후기 단계의 집터(3기)와 저장구덩으로 보이는 100여 개의 작은 움 유구, 여러 기의 야외 불땐자리 등이 조사되었다. 이 불땐자리의 남쪽으로 같은 시기의 집터유적이 분포하고 있는데, 이처럼 공동생활공간과 주거공간이 분리되어 있는 현상은 봉계리유적의 경우와 매우 유사하다.

* 동아대학교 박물관, 〈상촌리 신석기유적〉, 《남강선사유적》(남강유적발굴조사단), 1998.

4) 산청 소남리유적

경남 산청군 단성면 소남리유적은 남강댐 수몰지역에 대한 구제발굴조사의 일환

사진 3-23. 상촌리 환호

사진 3-24. 상촌리 독무덤(14호 집터 B호)

사진 3-25. 소남리 빗살무늬토기

으로 신라대학교 가야문화재연구소 팀이 1995~1999년 3차에 걸쳐 발굴하였다. 이 유적은 삼한시대·청동기시대·신석기시대의 집터가 있는 중층의 마을유적이 확인 되어 주목되는 곳이다. 이곳에서는 모두 275기의 유구가 확인되었는데, 대부분 삼 한시대와 청동기시대의 유구이며, 신석기시대의 유구는 집터 2기와 적석유구 1기, 적석 2기뿐이다.

　층위적으로는 삼한시대 집터층의 밑에서 청동기시대의 집터와 민무늬토기, 신석 기시대의 집터와 빗살무늬토기가 순차적으로 거의 전 지역에서 출토되고 있다(사 진 3-25). 신석기시대의 제사유구나 무덤으로 추측되는 적석유구는 다음 단계인 청 동기시대로 이행하는 문화내용을 밝힐 수 있는 중요한 유적이다.

* 신라대학교 가야문화재연구소, 〈산청 소남리유적(1, 2차)〉, 《남강선사유적》(남강유적발굴조사 단), 1998.

5) 거창 임불리유적

　경남 거창군 남상면 임불리의 황강가에 형성된 충적대지의 돌출부에 위치하는 포함층 유적인데, 1987~1988년에 부산여자대학교(현 신라대학교) 박물관 팀이 발 굴하였다. 이 유적에서는 신석기시대 집터 4기, 움 유구 3기가 조사되었다.

　집터의 평면형태는 긴 타원형과 모죽인 네모꼴 등 두 종류로 길이가 2~3.9m 정

사진 3-26. 임불리 빗살무늬토기

도의 소형이며, 움 유구는 대체로 규모가 작은 것들로 옥외시설물의 일종으로 추정된다.

토기로는 덧무늬토기·빗살무늬토기·민무늬토기 등이 출토되었고, 석기로는 잔석기류와 뗀석기 및 간석기가 출토되었다. 덧무늬토기는 가운데 불땐자리가 있는 둥근꼴의 움 유구에서 붉은칠토기와 함께 출토되었는데, 경남 내륙지방에서는 최초의 예로서 주목된다. 빗살무늬토기는 봉계리유적의 것과 비슷하다(사진 3-26).

* 안춘배, 〈거창 임불리선사주거지 조사개보〉, 《영남고고학》 6, 1989.

6) 합천 봉계리유적

경남 합천군 봉계리 오림마을을 지나는 황강유역에 있었던 대규모 마을유적으로 동아대학교 박물관 팀이 1987~1988년에 발굴하였다.

여기에서는 신석기시대 집터 13기와 청동기시대 집터 3기 등이 조사되었다. 층위는 표토층 밑에 2개의 황색 사질토층과 그 사이에 있는 제2층인 흑갈색 사질토층 및 최하층인 자갈층으로 되어 있다. 이 가운데 두께 20cm 정도의 제3층에서 신석기시대의 유물이 집중적으로 출토되고 있다.

신석기시대 집터의 평면형태는 모두 둥근꼴이며 지름은 4미터 안팎이다. 내부시설로는 출입구를 돌출시켜 별도로 시설한 것과 바닥의 중앙이나 한쪽으로 치우쳐 불땐자리를 갖춘 것이 있다. 그 밖에 생토면을 그대로 사용하고 있으나 많이 다져 단단해진 집터 안팎의 바닥면을 오목하게 파서 만든 저장구덩도 있다.

유물은 빗살무늬토기 외에 뗀석기 및 간석기와 약간의 자연유물이 출토되었다. 빗살무늬토기는 깊은 바리모양 또는 바리모양 토기가 대부분이며, 입술의 형태는 곧은입·겹입술 등이 있는데, 바라진 것이 대부분이다. 석기는 뗀격지석기가 대부분이며 몸돌석기와 부분 간석기도 약간 보인다.

자연유물로는 제9호 집터의 저장구덩에서 출토된 탄화된 도토리와 호도는 당시의 식생활연구와 방사성탄소연대(4,060 bp)측정의 시료를 제공하고 있다.

이 유적에서는 집터와 함께 겹입술토기 등 다양한 유물이 출토되어, 남부내륙지방의 신석기문화를 연구하는 데 기준이 되고 있다.

*심봉근,《합천 봉계리선사유적》(동아대학교 박물관), 1989.

7) 청도 오진리유적

이 유적은 운문댐공사로 부산대학교 박물관 팀이 1993년에 발굴한 바위그늘유적 (높이 2.5m, 너비 15.5m)으로 경북 청도군 운문면 오진리의 운문천가에 있다.

퇴적층은 4개 층으로 1층에서는 신석기 말기의 겹입술토기, 청동기시대의 민무늬토기, 통일신라시대의 찍은무늬토기 등이 출토되었고, 2층에서는 겹입술토기와 퇴화새김무늬 등의 빗살무늬토기와 돌도끼·격지 등의 석기가 나왔으며, 이 층에서 집터를 찾았다. 3층에서는 덧무늬·눌러찍은무늬·굵은새김무늬 토기 등 시기 차이가 있는 토기들과 함께 돌도끼·돌그물추가 많이 출토되었다.

4층에서는 무늬와 끝손질 수법 면에서 위층과 뚜렷이 구별되는 '오진리식 토기'가 출토되는데, 우리나라에서 아직 출토된 예가 없고 덧무늬토기보다 앞서는 신석기시대 조기(早期) 토기 가운데 하나일 것으로 보여 매우 주목된다.

그 밖에 1층에서는 불땐자리 2기가 설치된 움집 1기가 확인되었다.

이 유적에서는 신석기시대의 조기에서 말기까지 전 시기의 유물이 모두 출토되고 있다. 특히 최하층인 4층에서 조잡한 무늬의 빗살무늬토기(오진리식 토기)가 출토되는데, 이 토기는 우리나라의 신석기토기 가운데 가장 오래된 것일 가능성이 많아 주목된다(사진 3-27).

경북 내륙지방에 위치하는 작은 규모의 유적이지만 토기 등 유물의 성격이 남해

사진 3-27. 오진리 '오진리식' 토기

안지방의 그것과 비슷하여 두 지역의 교류관계를 연구하는 데 중요한 자료가 된다.

* 정징원, 〈청도 오진리유적출토 즐문토기〉, 《제2회 태평양국제회의 발표요지》, 1994.
* 부산대학교 박물관 외, 《청도 오진리 암음유적》(운문댐수몰지역유적조사단), 1994.

8) 금릉 송죽리유적

신석기에서 청동기시대의 생활유적으로 경북 김천시 구성면 송죽리 고목마을에 위치한다. 1991~1992년에 계명대학교 박물관 팀이 발굴한 신석기시대 유구로는 집터와 불땐자리·토기가마터·석기제작소 등이 있고, 유물은 빗살무늬토기·화살촉·돌도끼·보습·갈돌·어망추 등이 출토되었다(사진 3-28).

큰 모죽인 긴 네모꼴 집터 9기와 작은 둥근꼴 집터 1기 등 모두 10기가 확인되었는데, 집터의 내부 중앙에는 네모꼴의 불땐자리가 있었다. 둥근꼴 또는 긴 둥근꼴의 저장구덩이 집터의 안팎에 설치되어 있었는데 긴 축 방향은 집터와 같았다. 집터의 바깥에서 모두 15기가 조사된 불땐자리는 땅을 둥글게 파내고 납작한 냇돌을 깔거나 둘레에 돌을 돌린 둥근꼴로 지름은 약 1m 정도이다.

집터에서 약간 떨어진 북쪽에서 확인된 시설은 토기가마터로 보이는데, 평면(지름 4.5~3.0m, 깊이 0.2~0.3m)은 둥근꼴이다.

지름 5m 정도의 석기제작소는 가운데에 받침돌과 깨어진 커다란 혼펠스 원석

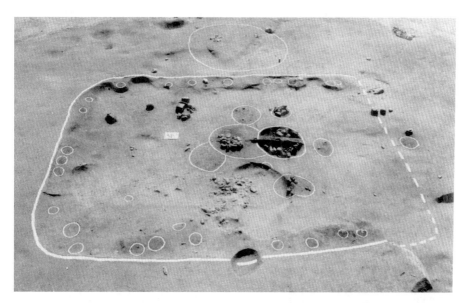

사진 3-28. 송죽리 집터(7호)와 빗살무늬토기

이 있고 주변에는 미완성 석기와 수백 점의 크고 작은 격지가 흩어져 있다.

토기의 형태는 바리와 단지모양이 많고 특이한 모양의 토기도 있다. 바리모양 토기는 깊은 바리와 바리 2종류인데, 뾰족밑이 많고 편평밑도 있으며, 드물기는 하지만 대형의 붉은칠토기도 있다. 단지모양 토기는 긴 목과 짧은 목 및 귀가 달린 두귀단지가 있는데, 대부분 둥근밑이지만 일부 편평밑도 있으며 크기는 작은 편이다.

무늬만들개로 긋거나 찍은 무늬는 마름모꼴선모음무늬·밀집횡선문·물결무늬·'지'(之)자문·꿰맨무늬 등이 단독 또는 복합시문되었다.

남부지방의 신석기시대 전기에서 후기에 걸친 이 유적은 경북 내륙지방에서 발견된 가장 큰 규모의 생활유적으로, 내륙적인 특징을 보이는 동시에 남해안지방과도 밀접한 관련이 있음을 보여 주고 있다.

* 계명대학교 박물관,《금릉 송죽리유적 특별전도록》, 1994.

2. 무 덤

1) 울진 후포리유적

이 유적은 경북 울진군 평해읍 후포리의 등대산에 위치하며 1983년 국립경주박물관 팀이 발굴 조사하였다.

바닷가에 있는 산꼭대기의 자연 구덩이(동서 4.5m×남북 3.5m)를 이용한 집단무덤으로, 두벌묻기한 사람뼈를 한곳에 모으고 그 위를 돌도끼로 덮은 것처럼 보인다. 사람뼈는 아래에서 위로 점진적으로 매장이 이루어진 것 같은데 최소한 40명 이상이었을 것으로 추정된다.

유물로는 돌도끼 180점과 대롱옥 2점이 출토되었는데, 돌도끼는 전면을 곱게 갈아서 만든 60cm 정도 크기가 주를 이룬다.

토기가 출토되지 않아 유적의 연대를 정확하게 알 수 없으나 발굴자들은 신석기시대의 후기에 해당할 것으로 추정하고 있다.

이 유적은 우리나라에서는 처음 확인된 신석기시대의 두벌묻기 풍습을 알려주는 집단유적으로 매우 귀중한 자료로 평가된다(사진 3-29).

사진 3-29. 후포리 무덤

* 국립경주박물관,《울진 후포리유적》, 1991.

2) 통영 연대도유적(사적 제335호)

이 유적은 경남 통영시 산양면 연대도의 동북쪽 바닷가에 위치하며, 1988~1989년까지 국립진주박물관 팀이 3차례 조사하였다. 이곳에서는 신석기시대 무덤구조를 알려주는 돌무지 시설이 11호까지 보고되었다. 묻힌 사람은 대부분 바다를 바라보도록 서쪽으로 누워 있는데, 적당한 크기로 움을 파서 굽혀묻기나 바로펴묻기를 하고 껴묻거리를 넣은 다음 그 위에 잔돌이나 흙 또는 조가비로 덮고 다시 큰 돌을 덮어주는 방법이 많이 쓰였다.

2호 무덤은 어머니와 신생아의 합장으로 보아 아이를 낳다가 죽은 것으로 보이며, 6호 무덤은 돌널무덤 비슷한 구조에 무덤가의 돌들은 불에 탄 흔적을 가지고 있다. 7호 무덤은 특별히 만든 듯한 덧무늬토기가 껴묻거리로 쓰여 다른 무덤의 주인공들과는 신분 차이를 나타내는 듯하다. 한 개의 무덤 안에서 여러 사람의 뼈가 나와 집단무덤도 있음을 알려주며, 오른쪽 팔에 조가비팔찌가 채워진 주검과 발목에 동물이빨로 만든 발찌가 채워진 채로 발굴된 것도 있다(사진 3-30).

이러한 사람뼈는 신석기시대 사람들의 체질연구에 도움을 주며, 여러 사람의 귓

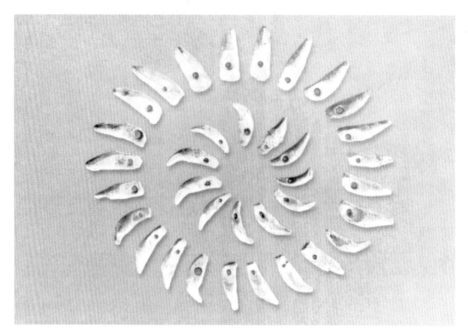

사진 3-30. 연대도 출토 발찌

속 소라뼈가 물렁뼈에 의해 반쯤 닳혀진 채 발굴된 것은 바다 밑까지 내려가서 어물을 잡는 삶을 살았던 것으로 생각된다.

꺼묻거리나 덧무늬토기가 출토되는 층에서의 방사성탄소연대측정값이 6,090 bp로 나타나는 것 등으로 보아 남해안 신석기 전기에서 중기 초에 걸치는 무덤으로 여겨지고 있다.

* 한영희 · 임학종, 〈연대도조개더미 단애부(Ⅱ)〉, 《한국고고학보》 26, 1992.
* 국립진주박물관, 《연대도》Ⅰ, 1993.

3) 통영 욕지도유적

경남 통영군 욕지면 동항리에 있는 조개더미유적으로 1988년 국립진주박물관 팀이 발굴 조사하였다. 이 유적에서는 3기의 움무덤이 확인되었는데, 묻힌 사람의 머리 방향은 바다를 바라보도록 서쪽을 향하게 하였다. 2호 무덤에서는 연대도와는 달리 남성에게서 외이도골종이 확인되는데, 이는 남녀 구별 없이 모두 깊은 바다에

잠수를 하여 해산물을 채취하였다는 증거가 된다.

이곳에서는 여러 가지 토기와 석기, 동물 뼈가 출토되었는데 층위와 토기 등으로 판단할 때 신석기 중기 무렵의 유적으로 여겨진다.

* 국립진주박물관, 《욕지도》, 1989.

4) 통영 산등유적

경남 통영군 욕지면 상노대도 산등유적은 1988년 부산수산대학(현 부경대학교) 박물관 팀이 조사한 조개더미유적이다. 순조가비층(4층)에서 확인된 무덤에서는 동쪽에 머리를 둔 13~15세쯤의 펴 묻은 여자뼈가 나왔는데 왼쪽팔에 팔찌 3개를 차고 있었다.

남부지방의 무덤들이 바다가 잘 내려다보이는 곳에 자리잡고 있지만 산등유적의 경우는 특히 무덤 쓰기에 절묘하다고 생각될 만큼 특별한 느낌을 주는 곳에 위치한다.

6층 굴껍질의 방사성탄소연대값이 4,770 bp, 4,360 bp로 나타나고 있어 신석기 중기 이후에 조성된 것으로 여겨진다.

* 부산수산대학 박물관, 《산등패총》, 1989.

5) 부산 범방유적(부산광역시기념물 제44호)

부산광역시 강서구 범방동의 낙동강 하류에 위치하는 조개더미유적으로 1991년 부산광역시립박물관 팀이 발굴 조사하였다(사진 3-31).

이 유적의 무덤은 묘광이 뚜렷하게 확인되지 않아 움무덤으로 추정되고, 출토된 사람뼈의 보존상태가 나쁜 편이나 머리뼈는 비교적 원형을 유지하고 있었다. 다리를 X자 형으로 하여 묻은 점이 특이하며, 젖니〔幼齒〕가 빠지기 전인 10세 전후의 여성으로 보인다. 껴묻거리로는 뼈연모 1점과 연옥제 목걸이 1점이 출토되었다.

* 부산시립박물관, 《범방패총》Ⅰ, 1993.

사진 3-31. 범방 조개더미 퇴적층위

6) 부산 율리유적

부산광역시 금곡동 율리에 위치하는 유적으로 1972~1973년 부산대학교 박물관 팀이 발굴 조사하였다.

무덤은 바위그늘의 바깥 동쪽 부분에 4개의 돌무지 시설로 이루어져 있는데, 돌무지는 폭이 넓고 잘 쌓은 것(2기)과 폭이 좁고 쌓은 상태가 엉성한 것이 있다. 껴묻거리는 살림터의 것과 비슷하다.

무덤을 쓰는 방식이 정형화되지는 못했으나 다른 신석기시대의 무덤처럼 특별한 장소에 쓰고 있는 점이 주목된다.

* 부산대학교 박물관,《금곡동 율리패총》, 1980.

7) 진주 상촌리유적

이 유적은 경남 진주시 대평면 상촌리에 위치하며, 1996~1997년 동아대학교 박물관 팀이 남강댐수몰지역조사의 일환으로 발굴하였다.

이곳에서는 제14호 집터의 어깨선 내에서 특이하게 2기의 독무덤이 확인되었다. 그 가운데 하나는 거의 완형에 가까운 삼각선모음무늬토기로 수직으로 꽂힌 채 출토되었는데, 밑부분에는 구멍을 뚫어 토기편으로 메우고 내부에서는 사람뼈로 추정되는 뼛조각들이 발견되었다. 그리고 그 인근에서 사람뼈가 포함된 또 하나의 옹관이 출토되었으나 파손이 심하다.

이것은 중국이나 일본의 경우처럼 신석기시대부터 확인되는 독무덤의 전통으로 문화교류관계를 연구하는 데 중요한 자료이다.

* 동아대학교 박물관, 〈상촌리 신석기유적〉, 《남강선사문화》(남강유적발굴조사단), 1998.

3. 조개더미

1) 군산 노래섬유적

군장국가공단조성공사에 따른 구제발굴로 1994년 원광대학교 팀이 조사하였다. 전북 군산시 오식도동 노래섬〔歌島〕에 있는 이 유적은 금강 하구유역에 위치하여 전북지역의 신석기문화 양상을 살피는 데 매우 중요한 곳이다.

이곳 노래섬에서는 6개소(가~바지구)의 조개더미가 조사되었는데, '다'지구 한 곳을 제외한 모든 조개더미에서 빗살무늬토기가 출토된다(사진 3-32). 이 가운데 남해안계 전기와 만기 토기, 서해안계의 후기 양식 토기가 확인된 '가'지구 조개더

사진 3-32. 노래섬 빗살무늬토기

미가 기준을 이룬다.

'가'지구는 3개의 퇴적층으로 구분되는데, Ⅲ층은 남해안 전기 양식 토기와 빗금무늬토기가 주를 이루며, Ⅱ층은 Ⅲ층과 Ⅰ층의 유물이 섞여 있고, Ⅰ층은 서해안 계통의 고기뼈무늬와 짧은빗금무늬, 무늬없는토기 등이 출토된다. 이들은 남해안 전기 양식의 토기가 출토되는 Ⅲ층과 서해안 후기 양식의 토기가 나오는 Ⅰ·Ⅱ층으로 크게 구분할 수 있는데, Ⅲ층에서 얻어진 방사성탄소연대값(4,541 bp, 5,046 bp, 4,976 bp) 등에서도 이러한 사실을 뒷받침할 수 있다.

* 이영덕,〈노래섬 '가'지구패총 출토 즐문토기〉,《선사와 고대》(한국고대학회) 13, 1999.

2) 신안 대흑산도 예리유적

전남 신안군 흑산면 대흑산도 예리 대목마을 동북쪽에 있는 조개더미유적으로 국립박물관 고고학조사반이 처음 발견하였을 때(1954년), 남북 방향으로 약 15m에 이르는 조가비층이 드러나 있었다. 1967년 서울대학교 박물관 팀이 발굴하였고, 목포대학교 박물관 팀이 조사할 때(1987년) 유적 가운데 대부분이 훼손되었음을 확인하였다.

이 유적은 5개의 퇴적층으로 이루어져 있는데, 이 가운데 신석기시대의 유물은 Ⅱ층과 Ⅲ-a층, Ⅲ-b층에서 출토되었다.

유물은 빗살무늬토기·붉은칠토기·무늬없는토기와 석기가 출토되었다. 빗살무늬토기의 바탕흙은 운모나 석영알이 섞인 모래질이 일반적이며, 무늬는 짧은점줄무늬, 퇴화짧은빗금무늬 등이 보이는데, 입술부 주변 일부에만 무늬를 새겼고 그 수법은 조잡한 편이다. 밑은 거의 둥근 바닥이며, 아가리는 곧은입 또는 겹입술이 대부분이다. 석기류는 뗀석기 및 일부 날을 간 돌도끼와 비교적 거칠게 만든 찍개·긁개 등이 있다. 그리고 흙 그물추도 출토되었다.

덧무늬토기가 없고 빗살무늬·삼각선모음무늬가 보이며, 겹입술이 있는 점으로 보아 이 유적은 신석기시대 중기부터 후기에 걸치는 것으로 생각된다.

* 김원용·임효재,《남해도서고고학》(서울대학교 동아문화연구소), 1968.

3) 신안 소흑산도유적

이 유적은 전남 신안군 흑산면 소흑산도의 북쪽 끝 경사면에 형성된 조개더미로
그 범위는 20×10m 정도이고, 유물포함층의 두께는 약 2m이다. 시굴 결과 적어도
4개의 문화층(부식토, 순조가비, 혼토조가비, 흑갈색토층)이 있음을 알 수 있었다.

유물은 주로 부식토층에서 발견되었는데 다양한 종류의 토기류, 석기류, 뼈연모
등이 있다. 토기의 바탕흙은 모래알이 약간 섞인 점토이며, 무늬는 덧무늬·빗금무
늬·눌러찍은무늬 등과 무늬없는토기가 있고, 밑바닥은 둥근 것과 납작한 것이 있
다. 그 밖에 간 돌도끼와 뼈바늘(길이 9.5cm)이 출토되었다. 덧무늬토기는 1979년
조사시 5층에서 발견되어 층위상 가장 아래에서 나온 것으로 알려졌다.

이 조개더미의 연대는 덧무늬토기와 입술부 찍은무늬를 넣은 빗살무늬토기 조각이
나왔고, 겹입술토기가 없는 점 등에서 전기와 중기에 걸치는 유적이라고 생각된다.

* 김원용·임효재, 《남해도서고고학》(서울대학교 동아문화연구소), 1968.
* 이기길, 〈전남의 신석기문화—연구현황과 전망〉, 《선사와 고대》(한국고대학회) 7, 1996.

4) 여천 돌산 송도유적

전남 여천군 돌산읍 송도 북쪽해안의 표고 2~10m 내외의 낮은 언덕지대에 있는
조개더미인데, 1989~1990년 두 차례에 걸쳐 국립광주박물관 팀이 발굴하였다. 유
적의 범위는 35×30m 정도이며, 크게 5개의 퇴적층으로 이루어져 있다. 조가비층
의 두께는 50~120cm 정도이며 유구 및 유물은 III층·IV층에서 확인되었다.

III층은 다시 3개 층으로 세분된다. 맨 위의 III-a층은 덧무늬토기·빗살무늬토기
(굵은, 가는)·무늬없는토기와 골아가리토기·붉은칠토기도 있다. III-b층은 비문화
층이고, III-c층은 굵은 빗살무늬토기가 새로이 등장하고 이음식 낚시바늘·흙구
슬·가락바퀴도 있으며, IV층 유물인 덧무늬토기 등이 계속되고 있다. 최하층인 IV
층에서는 덧무늬토기·붉은칠토기·무늬없는토기 등의 토기류와 밀개·찍개·간돌
도끼 등의 석기류가 출토되었다.

그 밖에 이 유적에서는 찌르개·예새·낚시바늘 등의 뼈연모, 조가비팔찌 등의 장
신구(사진 3-33), 멧돼지·사슴뼈 등의 동물뼈와 19종의 조개껍질 등 다양한 유물
이 나왔다.

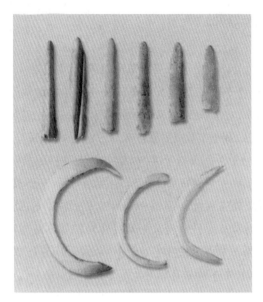

사진 3-33. 송도 무늬새기개 · 조개팔찌

Ⅲ-a층에서는 바닥에 진흙을 깔고 다진 2채의 둥근꼴 집터가 확인되었는데, 1호 집터는 지름 약 460cm, 2호 집터는 지름 약 540cm 크기로 가운데 불땐자리가 있다.

이 유적의 연대는 Ⅳ층 · Ⅲ-c층의 덧무늬토기와 방사성탄소연대값(Ⅲ-c층 : 5,440 bp, Ⅳ층 : 5,430 bp)으로 미루어 신석기시대 전기 중엽으로 보이며 하한연대는 신석기 말기로 제시되었다.

* 국립광주박물관,《돌산 송도》Ⅰ, 1989.
* 국립광주박물관,《돌산 송도》Ⅱ, 1990.

5) 부산 동삼동유적(사적 제266호)

부산광역시 영도구 동삼동에 있는 이 유적은 1930년과 1932년에 일본인 요코야마(橫山將三郎)와 오이카와(及川民次郎)가, 1963~1964년에는 미국인 모어(A. Mohr)와 샘플(L. L. Sample)이, 1969~1971년까지는 국립중앙박물관 조사팀이 3차에 걸쳐 발굴조사하고, 1999년 부산박물관에서도 조개더미 정화지역 발굴조사를 실시하였다. 이 조개더미는 규모가 크고, 여러 시기에 걸친 문화층이 겹쳐 있어 우리나라 남해안지방의 신석기문화 연구에 매우 중요한 유적이다(사진 3-34).

이 유적의 층위는 1~8층(표토층, 조가비층, 흑갈색부식토층, 암갈색혼토조가비층, 흑갈색혼토조가비층, 흑색부식토층, 흑갈색혼토조가비층, 생토층)의 총 8개로 퇴적되어 있고, 이들은 5개의 문화층으로 구별될 수 있다.

가장 오래된 Ⅰ문화층(7층, 조도기)은 편평밑의 덧무늬토기가 대부분이며, 석기로는 찍개가 출토되었다.

Ⅱ문화층(6층, 목도기)은 덧무늬토기와 두립문토기, 가는 빗살무늬토기 등이 출토되었다.

Ⅲ문화층(5층, 부산기)은 굵은 빗살무늬토기가 주류를 이루며 덧무늬토기와 영선동식토기가 포함되어 있다. 석기 및 뼈연모로는 묶음식 낚시, 숫돌, 찍개, 자갈돌 긁개, 날 부분만 간 돌도끼, 뼈 바늘 등이 출토되었다.

Ⅳ문화층(4층·3층, 두도기)은 굵은 빗살무늬토기가 주로 출토되며, 퇴화빗살무늬토기, 봉계리식토기 등이 나오고 있다. 이 시기에는 덧무늬토기가 없어지고, 굵은빗살무늬계토기가 크게 유행하다가 점차 변질되는 특징을 보여 준다. 석기와 뼈연모로는 이음식낚시, 긁개, 숫돌, 흑요석제 화살촉, 간돌도끼, 뗀돌도끼, 뼈바늘 등이 출토되었다.

마지막인 Ⅴ문화층(2층, 영도기)은 층서적으로 가장 안정되어 있으며 겹입술토기가 주류를 이룬다. 무늬없는토기가 다수를 차지하며 석기는 긁개·팽이·갈판·흑요석제 석기 등이 출토되었다.

이 밖에 각 층에서는 찌르개를 비롯한 여러 종류의 뼈연모와 조가비팔찌·조가비얼굴 등이 출토되었다.

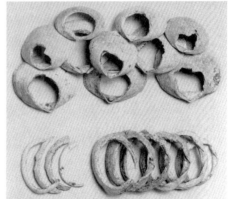

사진 3-34. 동삼동 찍은무늬토기 · 조가비팔찌

유구로는 불땐자리와 무덤으로 보이는 돌쌓음 시설이 발견되었으며, 1999년 부산박물관의 발굴조사시 조개더미 주변에서 집터와 독무덤이 확인되었고, 조·기장이 출토되기도 하였다.

이 조개더미에서는 40여 종의 조개류와 상어·참치·돔 등의 물고기, 호랑이·멧돼지·사슴·고래 등의 동물뼈 등이 많이 출토되었는데, 특히 개의 머리뼈도 확인되어 그들의 경제활동과 당시의 자연환경을 복원하는 데 중요한 자료가 되고 있다.

이 유적은 방사성탄소연대값을 통해 7,500년 전부터 3,500년 전까지 약 4천 년 동안 형성된 것인데, 이는 우리나라의 남해안지방 신석기시대 거의 전 기간에 걸친 것으로 이 지역의 신석기문화의 내용 전부를 포함하고 있다고 하겠다.

또 동삼동 조개더미는 남해안지방 및 인접지방과의 문화교류 관계를 잘 보여 줄 뿐만 아니라, 일본의 조몽계 토기와 일본산 흑요석제 석기의 출토를 통해 당시 일본지역과의 교류관계까지도 알려주는 중요한 유적이라 하겠다.

* Sample, L. L., "Tongsamdong : A Contribution to Korea Neolithic Culture History", *Artic Anthropology*, ⅩⅠ-2, 1974.
* 김원룡, 〈동삼동패총의 위치와 연대〉,《영남대 문리대학보》 8 · 9 · 10, 1977.
* 하인수,《동삼동 패총전시관 전시도록》, 부산박물관, 2002.

6) 부산 조도유적

부산광역시 영도구 동삼동 하리에 있는 조도(아치섬)의 낮은 대지에 위치하며, 1973년 국립박물관 팀에 의해 긴급 발굴되었다. 이곳에 지금은 한국해양대학의 본부건물이 자리하고 있어 유적의 모습은 찾아볼 수 없다.

유적은 2지구로 나누어지는데, 제1지구는 철기시대 조개더미이며 제2지구는 신석기시대의 빗살무늬토기가 출토된다.

제2지구는 조개더미의 범위가 좁고 출토된 빗살무늬토기의 양도 적으나(12점) 토기의 무늬로 보아 부산 영선동, 다대포, 암남동 유적 출토 토기들과 관련이 깊은 것으로 생각된다.

* 국립중앙박물관,《조도패총》(국립박물관 고적조사보고 제9책), 1976.

7) 부산 영선동유적

부산광역시 영도구 영선동 일대에 위치하는 조개더미로, 일제강점기인 1930년을 전후하여 요코야마(橫山將三郎)와 아리미쓰(有光教一)에 의해 발굴되었다.

이 조개더미는 신석기시대 유적 위에 철기시대 유적이 한곳에 겹쳐져 있던 것으로 추정되는데, 순조가비층의 두께는 50~30cm 정도로 많은 양의 토기와 돌도끼·찌르개·조가비 팔찌 및 굴을 포함한 10여 종의 조개류와 바다표범·말뼈 등이 출토되었다.

토기는 무늬 없는 것도 약간 있지만 눌러 찍은 빗살무늬가 주를 이루며, 무늬는 덧무늬·눌러찍은무늬로 귀때가 달리고 아가리 주변에 흙타래를 N자모양으로 이어 붙인 깊은 사발모양의 덧무늬토기가 특이하다(보물 제597호). 이들 토기에는 동삼동과 같이 아가리 위를 톱니바퀴와 물결모양으로 만든 것이 있는데, 이는 일본 조몽토기에서도 확인할 수 있다.

영선동 조개더미는 대체로 동삼동 조개더미의 Ⅲ문화층과 비슷한 시기의 어느 한정된 기간 동안만 존속했던 유적으로 추정된다.

* 有光教一,《朝鮮櫛目文土器の硏究》, 1962.

8) 부산 다대동유적

부산광역시 사하구 다대동의 다대포해수욕장 몰운대 입구에 위치하는 이 유적은 1966년 부산대학교 박물관 팀이 발굴 조사하였다.

층위는 4개 층으로 이루어져 있으며 이 가운데 문화층은 2층(가야시대)·3층(신석기시대)로 영선동의 경우처럼 서로 다른 2개의 문화층이 겹쳐 있다.

유물은 덧무늬·빗살무늬·붉은간토기 등의 토기류와 가락바퀴·흑요석기·돌망치·갈돌 등이 출토되었다.

토기의 무늬는 몸통까지만 베풀어져 있는데 동삼동 조개더미와 마찬가지로 짧은 빗금무늬와 고기뼈모양무늬가 복합된 것이 특징이며, 출토유물의 성격으로 보아 이 유적의 중심연대는 남부지방의 신석기문화 중기에 해당하며 동삼동 조개더미의 Ⅳ문화층 단계와 비교된다.

* 김용기, 〈다대포패총 발굴보고〉,《부대사학》 2, 1971.

9) 부산 범방유적(부산광역시 기념물 제44호)

부산광역시 강서구 범방동 일대에 있는 조개더미유적으로 1991년 부산광역시립박물관 팀이 발굴 조사하였다.

확인된 층위는 모두 24개로 그 가운데 문화층은 크게 3개로 구분된다. 제1문화층은 덧무늬토기가 주를 이루는 신석기시대 전기의 층으로, 묶음식 낚시, 돌도끼 등의 석기류와 물고기뼈가 많이 출토되었고, 제2문화층은 전형적인 남해안식 굵은빗살무늬토기가 주축을 이루는 신석기시대 중기의 문화층으로 출토유물은 그다지 많지 않다. 제3문화층은 겹입술토기와 짧은빗금무늬토기가 주류를 이루는 신석기시대 후기의 문화층이다.

이 조개더미에서 조사된 유구는 무덤 1기, 둥근꼴 불땐자리 1기, 둥근꼴 돌무지유구 7기 등이다. 무덤은 제Ⅰ문화층의 상부에서 확인되었는데 움무덤으로 추정되며, 10세 안팎의 여자로 보이는 사람뼈가 출토되었다.

둥근꼴 불땐자리와 돌무지유구는 지름 40~60cm 정도이며, 조가비층 위나 주변 가까운 곳에 만들어졌는데 배치상태 등으로 보아 물고기·조개·동물 등을 요리하기 위한 야외 조리시설물로 추정된다.

* 부산시립박물관,《범방패총》Ⅰ, 1993.

10) 사천 구평리유적

경남 사천시 서포면 구평리에 있는 조개더미유적으로, 1967년에 단국대학교 박물관 팀이 발굴하였다. 4개의 퇴적층 가운데 1층에서 가장 많은 유물이 출토되었는데 퇴화빗살무늬·겹입술·고배형토기, 격지·숫돌·끌 등의 석기, 뼈낚시·뼈바늘·조가비팔찌 등이 출토되었다.

자연유물로는 사슴과와 멧돼지·새·물고기뼈 등이 나왔으며, 조개는 32종이 확인되었다. 이 가운데 굴이 95퍼센트 이상을 차지한다. 특히 홍합·투박조개·피조개·소라·비단가리비 등의 조합은 동삼동유적 등의 해안에서 흔히 보던 것이다.

이 조개더미는 출토유물의 특징으로 보아 남해안의 신석기시대 후기에 해당하며 그 성격은 부산의 율리, 암남동, 김해 농소리 조개더미 등과 같은 것으로 추정된다.

* 정영호, 〈사천 구평리패총 발굴조사개요〉, 《고고미술》 85, 1967.
* 정영호와, 《사천 구평리유적》(단국대학교 중앙박물관), 1993.

11) 김해 농소리유적

경남 김해시 주촌면 농소리 마을 일대에 형성되어 있는 유적으로 1964년 부산대학교 박물관 팀이 발굴하였다.

층위는 4개로 구분되고 유물은 Ⅲ·Ⅳ층에서 출토되고 있으나 층위에 따른 시대적인 차이가 거의 없는 단일문화상을 보여 형성시기가 같은 것으로 추정되며, 퇴적층의 두께에 비해 유물의 양은 빈약하다.

무늬가 없는 둥근밑의 토기와 겹입술토기, 퇴화된 짧은빗금무늬토기 외에 뗀돌도끼·숫돌·갈돌과 뼈바늘 등이 출토되었다.

퇴화된 빗살무늬토기의 마지막 모습을 잘 보여 주는 유적으로 신석기시대 후기로 편년된다.

* 김용기, 〈농소리패총 발굴조사보고〉, 《부산대 논문집》 6, 1965.

12) 김해 수가리유적

김해평야의 남쪽인 경남 김해군 장유면 수가리 가동마을에 위치하고 있는 조개더미유적으로, 고속도로공사를 하던 중인 1978~1979년에 부산대학교 박물관 팀이 발굴 조사하였다.

층위는 표토층 밑에 6개로 이루어져 있는데, 각 3개의 순조가비층과 부식토층이 교대로 퇴적되어 있고 그 두께는 115~205cm 정도이다.

이 유적은 빗살무늬토기의 변화를 통해 3개의 문화층으로 구분되는데, 전형적인 남해안식의 굵은빗살무늬계 토기가 출토된 수가리 Ⅰ기(5·6층), 아가리와 몸통에 문살·삼각선모음무늬가 베풀어진 토기가 나오는 수가리 Ⅱ기(3·4층), 겹입술과 퇴화된 짧은빗금무늬토기의 수가리 Ⅲ기(1·2층)가 그것이다(사진 3-35).

수가리 Ⅰ기는 빗살무늬토기가 주류를 이루며 붉은칠토기도 함께 나온다. 6층에서는 둥근밑과 편평밑이 다 출토되며 목단지·손잡이그릇 등도 있고, 뗀돌도끼·뼈찌르개가 여러 점 나왔다. 5층에서는 먼바다에서 잡히는 굴만 나와 아직 내만으로

사진 3-35. 수가리 조개더미 · 긴목항아리

되기 이전임을 추측하게 한다. 방사성탄소연대는 4,380 bp, 4,360 bp, 4,200 bp로 신석기시대 중기의 이른 시기로 추정된다.

수가리 II기는 퇴화된 빗살무늬시기이며 토기모양은 위층과 거의 같다. 갈돌·숫돌·뼈찌르개·팔찌 등이 나오며 뭍짐승뼈가 늘어가기 시작한다. 방사성탄소연대는 4,250 bp, 4,160 bp로서 6~5층(수가리 I 기)과 그다지 차이가 나지 않고, 토기에서도 뚜렷한 차이를 볼 수 없어 신석기 중기로 편년된다.

수가리 III기는 겹입술토기시기로 2층에서 손톱무늬토기가 한 점 나왔으며, 가락바퀴·흙그물추·뗀돌도끼·간석기·흑요석촉·뼈찌르개·팔찌 등이 나왔다. 방사성탄소연대는 3,290 bp, 3,040 bp로 신석기시대 후기로 추정할 수 있다.

남해안지역의 대표적인 유적의 하나로 토기·석기·뼈연모 외에 자연유물들이 많이 출토되었지만, 그 양은 유적의 규모와 퇴적층의 두께에 비해 빈약한 편이다. 종래 보고자는 신석기 중기—후기—말기로 시대구분하고 있으나, 확실한 층위의 구분과 층위별 토기의 변화분석을 통하여 신석기 중기—후기로 줄여 구분하는 것이 타당할 것으로 여겨진다.

* 정징원과, 《김해 수가리패총》(부산대학교 박물관), 1981.
* 신숙정, 《우리나라 남해안지방의 신석기문화 연구》(학연문화사), 1994.

13) 부산 북정유적

이 유적은 부산광역시 강서구 강동동 낙동강 하구의 김해삼각주 위에 형성된 조개더미로, 1992년 부산수산대학 박물관 팀에 의해 발굴되었다.

제 I 지구(서쪽)에서는 신석기시대, 제 II 지구(동쪽)에서는 삼국시대의 유적이 각각 확인되었는데, 제 I 지구는 2개의 지층[1층(혼토 조가비층)·2층(순수 부식토층)]으로 이루어져 있다.

1층의 유물은 표토와 섞여 있어 불분명하나, 2층에서는 신석기시대의 전기 이른 시기까지 올라가는 덧무늬·찍은무늬 토기조각 등이 나오고 있다. 그러나 그 양은 토기 33점과 그물추 1점에 지나지 않는다.

이곳은 신석기 초기에서 전기에 해당하는 유적이었을 것으로 여겨진다.

* 부산수산대학 박물관, 《북정패총》, 1993.

14) 통영 연대도유적(사적 제335호)

경남 통영시 산양면 연곡리 연대도의 동북쪽 바닷가에 위치하고 있는 조개더미 유적으로, 1988~1991년까지 네 차례 국립진주박물관 팀이 발굴하였다. 층위는 모두 7개의 문화층으로 이루어져 있는데 4~7층까지가 신석기시대층이며, 이 가운데 5~6층에서 무덤과 사람뼈가 출토되어 주목된다.

맨 아래층(7층)에서 덧무늬토기, 5 · 6층에서 빗살무늬토기와 덧무늬토기가 섞여 나오고, 또 4층에서는 짧은빗금무늬토기가 나오는 등 신석기시대 여러 시기의 토기가 층위별로 구분되어 출토되고 있다.

이 유적에서는 토기·석기·뼈연모 등 다양한 유물들이 비교적 많이 출토되었다. 그 가운데 흑요석 석기가 많은데 그 원산지는 국내로 추정되었으며, 또 토기와 석기 가운데 일본에서만 출토되는 종류도 있어 이 시기에 두 지역의 문화교류가 활발하였음을 짐작하게 한다(사진 3-36).

이 유적은 덧무늬토기가 출토되는 층의 방사성탄소연대(6,090 bp) 등으로 볼 때 신석기시대 전기 중반에서 중기 초에 걸쳐 형성된 것으로 보이며, 인접한 상노대도나 욕지도유적 등과 더불어 남해안지역 신석기문화 성립과 특징을 고찰하는 데 매우 귀중한 유적이다.

사진 3-36. 연대도 붉은칠 빗살무늬토기

* 한영희·임학종, 〈연대도조개더미 단애부(Ⅱ)〉,《한국고고학보》26, 1992.
* 국립진주박물관,《연대도》Ⅰ, 1993.

15) 통영 상노대도유적(경상남도 기념물 제27호)

경남 통영군 욕지면 동항리 상노대도의 남쪽 상리마을에 있는 유적으로, 1978년 연세대학교와 동아대학교 박물관 팀이 발굴하였다.

층위는 모두 10개로, 발굴자는 당초 이를 4개의 문화층으로 구분하였지만 최근에는 다시 초기·전기·후기의 3시기로 수정하고 있다.

초기(9·8·7·6층)의 토기는 무늬 없는 것과 덧무늬가 주를 이루나, 위로 갈수록 고기뼈무늬·점줄무늬 등 눌러찍은 무늬계통이 많아지고 있다. 석기는 대부분 뗀석기이며, 9층은 사냥용이 많으나 7·6층으로 갈수록 긁개·자르개·밀개 등이 늘어나고 송곳·찌르개 등 뼈연모도 다양하게 출토된다.

전기(5층)의 토기는 덧무늬토기도 출토되지만 촘촘하게 찍은 무늬가 주를 이룬다. 석기의 갖춤새가 다양해지며 뗀석기의 비중이 줄어들고 삿바늘·뼈송곳·찌르개·새기개 등의 뼈연모가 출토되는데, 특히 낚시도구가 증가되어 주목된다. 앞시기와는 달리 모든 유물의 질과 양이 확대되고 있으며, 방사성탄소연대는 6,430 bp이다.

후기(4·3·2층)의 토기는 겹입술토기가 주이고, 석기는 간석기의 비중이 점차 높아지며, 뼈연모도 낚시바늘·바늘·송곳·찌르개·새기개 등 다양하고 출토량도 많다. 이 층에서 얻어진 방사성탄성소연대는 3,430 bp이다.

이 유적은 남해안의 전형적인 빗살무늬토기의 출토량이 아주 적은 것으로 보아 중기신석기시대는 공백기였을 가능성이 많다. 또 최하층에서 토기가 출토되지 않고 뗀석기만 출토되어 중석기문화의 존재 가능성을 보여 주고 있어 매우 주목된다.

* 손보기,《상노대도의 선사시대살림》(수서원), 1982.
* 김동호,《상노대도 패총》(동아대학교 박물관), 1984.
* 신숙정,《우리나라 남해안지방의 신석기문화연구》(학연문화사), 1994.

16) 통영 산등유적

경남 통영군 욕지면 상노대도에서 상리 다음으로 큰 지역으로, 1988년 부산수산
대학 박물관 팀이 발굴 조사하여, 조개더미와 무덤·돌무지 등을 찾았다.

이 유적은 6개의 퇴적층으로 이루어져 있는데, 1·2층에 겹입술토기, 3·4·5층
에 새김무늬와 찍은무늬가 주로 나타나며(사진 3-37), 5층 가운데에서 덧무늬토기
1점이 나왔다. 이 가운데 순조가비층인 4층을 바닥으로 하여 쓴 무덤이 확인되기도
하였다.

비교적 크고 단순한 돌연모들과 돌도끼가 출토되고, 투박조개팔찌 가운데는 무
덤의 주인공이 차고 있던 것도 있다. 사슴·고래·돌고래·쥐돔 뼈가 나오며 조개류
는 18종이 확인되었는데, 굴이 가장 많고 그 다음이 홍합이다. 돌무지는 홍합 등을
구워 먹던 장소로 보인다.

6층의 방사성탄소연대(4,770 bp, 4,360 bp)와 출토되는 토기 등으로 보아 산등유
적은 대개 신석기시대 중기 이후에서 후기까지라고 여겨진다.

* 부산수산대학 박물관, 《산등패총》, 1989.

사진 3-37. 산등 빗살무늬토기

17) 통영 욕지도유적

경남 통영군 욕지면 동항리의 한전욕지출장소 자리에 있었던 조개더미유적으로, 1988년 국립진주박물관 팀이 발굴 조사하였다.

전체 5개의 층위 가운데 유물포함층은 2·3층인데 이곳에서 석기제작소 또는 임시주거지로 추정되는 돌무지시설이 확인되었으며, 2층에서는 3기의 무덤이 발굴되었다.

이 유적은 표토층까지 포함하여 3개의 층에서 덧무늬토기부터 겹입술토기까지 모두 출토되고 있어 교란이 심한 편이나, 아래층인 3층에서는 덧무늬토기 출토빈도가 조금 높았다. 2층에서는 덧무늬·찍은무늬와 새김무늬가 나오며 납작밑·둥근밑의 목단지와 손잡이 등이 나와 토기모양이 다양함을 알 수 있다.

석기는 화살촉(흑요석제 포함)·작살·긁개·도끼·끌·자귀 등으로 양도 많고 다양하며, 뼈연모로는 사슴뼈 찌르개가 많고 낚시바늘·화살촉·작살·조가비팔찌 등도 보인다.

이 유적은 층위상으로 확연히 구분되지는 않지만 남해안 지방의 신석기시대 전 시기에 걸쳐 형성되었음을 알 수 있다.

* 국립진주박물관,《욕지도》, 1989.

4. 유물 포함층

1) 제주 고산리유적

제주도 북제주군 한경면 고산리의 해안단구대지에 자리잡고 있는 포함층 유적 (남북 1,000m×동서 150m)으로, 1995년 제주대학교 박물관 팀이 발굴 조사하였다.

이곳은 화산재층이 여러 차례에 걸쳐 퇴적된 곳으로 유물은 모두 생토층 위의 황갈색 점토층과 흑색 부식토층에서 출토되는데, 석기가 대부분이고 토기는 약간 있을 뿐이다(사진 3-38).

석기는 모두 뗀 것으로 3천여 점이 나왔는데, 대부분 격지이고 모양을 갖춘 석기는 400여 점이다. 화살촉이 가장 많고, 긁개·찌르개·돌날석기 등이 있는데, 전부

사진 3-38. 고산리유적 · 화살촉 · 갈색토기

눌러떼기기법으로 제작한 5cm 미만의 소형 석기들이며, 돌감은 안산암류와 혼펠스가 대부분이다.

토기는 깊은 바리모양으로 입술 주변에 3줄의 굵은 덧무늬를 돌린 덧무늬토기와 짚이나 동물의 털 같은 것을 혼합하여 소성한 질이 거친 것들로 바닥이 편평하고 입술부가 안으로 굽거나 곧은 모양이다.

이 유물들은 모두 6,400 bp에 폭발한 일본 '아카호야' 화산재층 밑에서 출토되고 있는데, 이러한 사실은 석기와 토기의 특성과 함께 이 유적이 우리나라의 신석기시대 초창기에 해당하는 '고신석기시대' 유적일 가능성을 말해 주고 있다. 또 일본 조몽시대 초창기부터 조기(早期)문화와의 관련성은 물론 우리나라 신석기시대의 상한연대를 올려보아야 하는 중요한 단서를 마련해 주고 있어 주목된다.

* 이청규, 〈제주도 고산리출토 융기문토기〉, 《탐라문화》 9, 1989.
* 이청규·고재원, 〈고산리유적과 석기유물〉, 《제주 신석기문화의 원류》, 1995.

2) 울산 신암리유적

울산광역시 울주군 서생면 신암리에는 신석기시대의 포함층 유적이 있는데, 그 특색을 잘 보여 주는 곳은 덧무늬토기유적인 제1지구로, 1974년 국립중앙박물관 팀이 조사하였다.

이 유적에서는 6개의 지층이 확인되었는데, 유물은 3층의 바닥과 최하층인 4층에서만 출토되었다. 그러나 유물의 성격이 층위별로 구분되지 않고, 4층에서 확인된 인공석렬로 볼 때 3층의 바닥은 당시의 생활면일 가능성이 높아 이 유적은 단일문화층유적으로 보인다.

유물은 토기 외에 토제품과 약간의 석기가 출토되었다. 토기는 대부분 덧무늬토기이나 새김무늬계와 무늬없는토기·붉은칠토기 등도 있다. 그릇은 밑이 납작하거나 둥근 깊은 바리 또는 바리모양 토기가 주류를 이루고, 목이 달린 단지와 몸통 중앙부가 꺾여 굴곡진 특이한 모양의 바리도 보인다(사진 3-39).

석기로는 돌도끼·숫돌·갈돌·공이가 보이고, 긁개·격지 등의 뗀석기도 많이 출토된다.

이 유적은 덧무늬토기의 단일문화층유적으로 남해안지방의 초기 빗살무늬토기의 변화를 연구하는 데 매우 중요한 유적이다.

사진 3-39. 신암리 빗살무늬토기

* 국립중앙박물관,《신암리》Ⅰ·Ⅱ, 1988·1989.
* 신종환,〈울주 신암리유적〉,《영남고고학》6, 1989.

3) 산청 강루리유적

이 유적은 경남 산청군 단성면 강루리 경호강변의 퇴적평야에 위치하는 포함층 유적으로 1981년 국립문화재연구소 팀이 발굴 조사하였다.

강루리유적의 층위는 크게 3개로 구분되는데, 최하층이 빗살무늬토기를 내는 문화층이다. 빗살무늬토기는 문살무늬·점줄무늬·빗금무늬 등이 베풀어져 있는데, 무늬로 보아 남부지방 신석기시대의 중기에서 후기에 걸치는 시기에 형성된 것으로 추측된다.

이 유적은 신석기문화가 서부 경남 내륙지방에까지 위치하고 있다는 것을 알리는 데 그 의의가 크며, 아울러 청동기시대와의 연관성을 규명하는 중요한 유적으로 평가되고 있다.

* 안춘배,〈산청 강루리 선사유적〉,《박물관연구논집》1, 부산시립박물관, 1992.
* 국립문화재연구소,《선사유적 발굴조사보고서 – 산청 강루리, 청원 내수리》, 1995.

4) 경주 황성동유적

이 유적은 경북 경주시 황성동 일대로서, 1996년 아파트 신축을 위하여 동국대학교 경주캠퍼스 박물관 팀이 시·발굴 조사하여 다수의 신석기시대 유물을 확인한 곳이다.

조사는 약 700여 평에 대하여 실시하였는데, 이곳에서는 집터나 다른 유구는 조사되지 않았고 많은 유물만 확인되었다. 이는 유적이 하안의 충적대지에 입지해 있으면서 물의 영향으로 인근지역의 유물이 유입되어 재퇴적된 유물 포함층임을 알려 주는 것이다.

이곳에서는 눌러찍은 빗살무늬토기가 대부분이고, 새김무늬·돋을무늬·겹입술토기 등도 출토되었다. 이 가운데 눌러찍은 빗살무늬토기는 남해안 도서지역에서 나오는 전형적인 영선동식 토기라고 보고하고 있다.

* 동국대학교 경주캠퍼스 박물관,《경주 황성동267유적 현장설명회자료》, 1996.

5. 지표조사

1) 부안 계화도유적

전북 부안군 행안면 계화도의 최고봉 정상 남쪽 사면에 있는 포함층 유적이다. 원래는 동진반도에서 서북쪽으로 5.5km 떨어진 섬이었으나 현재는 육지로 연결되어 있다.

유물은 석성의 무너진 돌밑 지표 아래 30cm 정도에 묻혀 있었는데, 빗살무늬토기편 약간과 석기 11점 등 총 20여 점이 수습되었다.

빗살무늬토기는 대부분 둥근밑으로 짧은빗금·손톱·고기뼈·물결무늬 등이 베풀어졌는데, 고기뼈와 물결무늬는 부산 영선동·동삼동 등에서 나온 눌러찍은무늬들과 매우 비슷하다.

석기는 돌날, 옥도끼, 동물이빨형 장식, 돌도끼, 돌끌, 숫돌 등이 있다. 이 가운데 주목되는 것은 만주 요녕지방의 약왕묘, 남산근 하가점문화 하층, 적봉 홍산후 제2집터 등에서 출토된 예가 있는 소형 옥도끼인데, 우리나라에서는 온천 궁산리유적에서 출토되었을 뿐이다. 옥도끼의 석재인 '옥수'는 남시베리아지방에서만 생산되고 있어 그 지역문화와의 관계를 살피는 데 참고가 된다(사진 3-40).

이 유적은 전체적인 유물상으로 보아 서해안지방보다는 동·남해안지방의 빗살무늬토기문화와 더 관련이 깊은 것 같아 주목된다.

* 전영래, 〈부안 계화도 산상유적 신석기시대 유물〉, 《전북유적조사보고》 10, 1979.

2) 부안 대항리유적

전북 부안군 변산면 대항리 합구미 마을에 있는 조개더미유적(남북 약 14m×동서 약 10m)으로 퇴적층의 두께는 127cm이다.

이곳에서는 뗀석기 5점과 빗살무늬토기 2점이 채집되었는데, 토기는 무늬가 없으나 고운 사질토에 운모가 비교적 많이 함유된 바탕흙을 사용하고 있어 서해안의 전형적인 빗살무늬토기와 비슷하다. 석기는 모두 반암제의 돌도끼모양의 뗀석기인데, 자갈돌 옆을 타격하여 만든 서해안계 자갈돌 석기라고 할 수 있다.

이 유적은 토기에 무늬가 없어 단정할 수는 없지만, 바탕흙과 석기의 성격으로 보아 빗살무늬토기계통의 조개더미일 것으로 추정하고 있다.

* 최몽룡, 〈대항리패총〉, 《고고미술》 115, 1972.

사진 3-40. 계화도 옥도끼

3) 신안 하태도유적

전남 신안군 흑산면 하태도 북쪽 백사장에 있는 조개더미유적으로 3곳에서 유물이 나오고 있다.

시굴조사는 A, B조개더미를 대상으로 하였는데, A조개더미에서는 5개의 지층이 확인되었다. 문화층은 2~4층으로 빗살무늬토기와 뼛조각이 출토되었는데, 토기의 입술부는 모두 곧으며 찍은무늬를 넣었고 바닥은 둥근밑이다. 1987년 목포대학교 조사 때에는 꼬불무늬, 손톱무늬 등이 넣어진 조각도 발견되었고, 조가비층에서 나온 뼈화석 가운데는 바다사자와 양놀래기로 보이는 것도 있다. B조개더미는 겉흙층과 조가비층에서 10점의 토기조각이 나왔는데, 이것들은 A조개더미 토기와 같은 특징을 지닌다.

* 김원룡 · 임효재, 《남해도서고고학》(서울대학교 동아문화연구소), 1968.

4) 신안 우이도유적

전남 신안군 도초면 우이도의 서남부 저항마을(돈목리)에 있는 조개더미유적(약 10×10m)이다. 사방 1m로 판 시굴구덩에서 확인된 층위는 4층으로 모두 47점의 토기조각이 발견되었는데, 너무 작은 조각들이어서 형태를 알 수 없다. 이 가운데 짧은빗금무늬를 찍은 것이 5점 있고 나머지는 민무늬이며, 신석기 후기의 유적으로 보인다.

* 김원룡 · 임효재, 《남해도서고고학》(서울대학교 동아문화연구소), 1968.

5) 부산 암남동유적

부산광역시 서구 암남동의 해안가에 있던 조개더미유적으로 빗살무늬토기와 간돌도끼, 조가비팔찌 등이 출토되었다.

이 유적에서 나온 토기의 대부분에 입술부 빗금이 베풀어진 점으로 보아, 신석기시대 후기에 속하는 유적으로 추정된다.

* 有光敎一, 〈釜山岩南洞貝塚土器〉, 《朝鮮學報》 36, 1965.

이 밖에 남부지방에서 신석기시대 유물이 출토된 유적은 다음 〈표 3-1〉과 같다.

〈표 3-1〉 남부지방 신석기 유물 출토 유적

번호	유적 이름	위 치	유적 성격	조사자	출토유물	비 고
1	군산 신시도	전북 군산 옥도면 신시도	조개더미	윤덕향	토기	
2	군산 선유도	전북 군산 옥도면 선유도	〃	이세현	토기, 석기	
3	군산 말도 1	전북 군산 옥도면 말도	〃	윤덕향	토기	
4	군산 말도 2	전북 군산 옥도면 말도	〃	윤덕향	토기	
5	군산 비응도	전북 군산 옥도면 비응도	〃	전북대	토기, 동물유체	발굴
6	군산 서흥남도	전북 군산 서흥남도 342-3	〃		토기	
7	군산 내흥동	전북 군산 내흥동 332-9	〃	군산대	그물추, 간석기	
8	군산 개야도	전북 군산 오식도동	〃	군산대	토기	
9	군산 가도	전북 군산 오식도동 가도	〃	충남대	토기, 불땐자리, 석기	발굴
10	군산 오식도	전북 군산 오식도동	〃	목포대	토기, 석기	발굴
11	군산 내초도 1	전북 군산 내초도동	〃	군산대	토기	
12	군산 내초도 2	〃	〃	〃	토기, 갈판	
13	군산 내초도 3	〃	〃	〃	그물추	
14	군산 내초도 4	〃	〃	〃	토기	
15	군산 무녀도	전북 군산 무녀도	〃	전라북도		
16	익산 미륵사지	전북 익산시 미륵사지	산포지	최맹식	빗살무늬토기	
17	익산 율촌리	전북 익산시 율촌리	〃	원광대	삼각집선문토기	
18	임실 좌포리	전북 임실 좌포리	〃	〃	빗살무늬토기	
19	임실 운정리	전북 임실 운암면 운정리	〃	전주박 등		
20	진안 승금리	전북 진안 안천면 승금리	〃	전북대		
21	진안 용평리	전북 진안 상전면 용평리	〃	〃	격자문토기, 굴지구	
22	진안 농산	전북 진안 정천면 모정리	〃	〃	수혈유구	
23	장수 남양리	전북 장수 남양리	〃	송은숙		
24	장흥 도청리	전남 장흥 대덕면 도청리	〃	최성락 외	도끼 등	
25	영광 송이도	전남 영광 송이도	조개더미	이영문 외		
26	영광 상낙월도	전남 영광 상낙월도	〃	이영문 외		

27	함평 장년 당하산	전남 함평 장년리		목포대		
28	무안 하대도	전남 무안 하대도	조개더미			
29	무안 조도	전남 무안 조도	〃	최성락		
30	신안 임자 구삼리	전남 신안 임자도 구삼리	〃	최몽룡		
31	신안 임자 삼두리	전남 신안 임자도 삼두리	〃	최몽룡		
32	신안 지도	전남 신안 지도	〃	최성락		
33	신안 압해도	전남 신안 압해도	〃	이영문		
34	신안 안좌도	전남 신안 안좌도	〃	최성락		
35	신안 장산도	전남 신안 장산도	〃	최성락		
36	신안 하이도	전남 신안 하이도	〃	최성락		
37	신안 가거도	전남 신안 가거도	〃	김원용 외		
38	신안 어의도	전남 신안 지도읍 어의리	〃	최성락	토기, 조가비팔찌	
39	해남 백포 두모	전남 해남 현산면 백포리	〃	최성락	토기	발굴
40	완도 보길도	전남 완도 보길도	〃	최성락		
41	완도 고금도	전남 완도 고금면 덕동	〃	김원용 외	토기	
42	평일도 화전	전남 완도 금일읍 화목리	〃	최성락	토기	
43	고금도 덕동리	전남 완도 고금면 덕동리	〃	이영문 외	토기와 석기 편	
44	완도 완도	전남 완도 완도	〃	김원룡 외		
45	완도 청산도	전남 완도 청산도	〃	최성락		
46	보성 죽산 하죽	전남 보성 문덕면 죽산리	산포지	이영문	토기, 그물추	중기
47	하동 목도리	전남 하동 목도리	조개더미			
48	하동 문암리	전남 하동 문암리				
49	광양 오사 돈탁	전남 광양 진월면 오사리	조개더미	장명수	토기, 숫돌, 사슴뼈	
50	여수 대경도(가)	전남 여수시 경호동	〃	조현종 외	토기	
51	여수 대경도(나)	〃	〃	〃	토기, 도끼, 숫돌	
52	여수 대경도(다)	〃	〃	〃	토기	
53	여수 대경도(라)	〃	〃	〃	토기, 돌칼, 숫돌	중기-후기
54	여천 소거문도	전남 여천 소거문도	〃	김원룡 외		
55	여천 응도	전남 여천 응도	〃	조현종 외		
56	여천 묘동도	전남 여천 묘도 909-3	〃			
57	여천 돌산 마상포	전남 여천 돌산	산포지			

58	여천 백야도	전남 여천 화정면 백야리	조개더미	조현종 외	토기, 대패, 갈돌	
59	여천 대횡간도	전남 여천 남면 횡간리	〃	조현종 외		
60	여천 화태도(가)	전남 여천 남면 화태리	〃	조현종 외	토기, 도끼, 숫돌	
61	여천 화태도(나)	〃	〃	〃	토기, 뗀석기, 대패	
62	여천 화태도(다)	〃	〃	〃	토기, 숫돌	
63	여천 월호도(가)	전남 여천 화정면 월호리	〃	조현종 외	토기	
64	여천 월호도(나)	〃	〃	〃	토기	
65	여천 월호도(다)	〃	〃	〃	토기, 숫돌	
66	여천 개도(가)	전남 여천 화정면 개도리	〃	조현종 외	토기	
67	여천 개도(나)	〃	〃	〃	토기, 갈돌, 숫돌	
68	여천 개도(다)	〃	〃	〃	토기, 돌칼	
69	여천 개도(라)	〃	〃	〃	덧무늬토기, 도끼	
70	여천 개도(마)	〃	산포지	〃	〃	도끼, 갈판, 토기
71	여천 개도(바)	〃	〃	〃	갈돌, 갈판	
72	여천 개도(사)	〃	〃	〃	〃	도끼, 그물추, 갈돌
73	여천 개도(아)	〃	〃	〃	토기	
74	여천 금오도	전남 여천 남면 유송리	〃	조현종		
75	여천 안도(가)	전남 여천 남면 안도리	조개더미	조현종 외	토기, 석기, 뼈	전기-후기
76	여천 안도(나)	〃	〃	〃	토기, 석기	〃
77	여천 안도(다)	〃	〃	〃	토기	
78	여천 연도	전남 여천 남면 연도리	〃	조현종 외	토기	
79	여천 서도리	전남 여천 삼산면 서도리	〃	정오룡	토기, 그물추 등	후기
80	거문도 서도리	전남 여수 삼산 거문도	〃	김건수 외	토기, 뼈낚시, 작살	조기-중기
81	여수 손죽도	전남 여수 삼산 손죽도	〃	김건수 외	토기, 뼈연모	전기-후기
82	여천 둔병도	전남 여천 화정면 둔병도	〃	이기길	토기, 뼈	
83	여천 하고도	전남 여천 화정면 조발리	〃	이기길	토기	
84	여천 낭도	전남 여천 화정면 낭도리	〃	이기길	토기, 짐승뼈	
85	곡성 유정 유평	전남 곡성 유정리 유평		윤덕향		
86	순천 대곡 도롱	전남 순천 송광면 대곡리	산포지	서성훈 외	토기	
87	순천 대곡 한실	전남 순천 송광면 대곡리	산포지	서성훈 외	토기	
88	순천 오봉 신월	전남 순천 송광면 오봉리	산포지	윤덕향	토기	

89	순천 황전 대치	전남 순천 황전면 대치리	산포지	임영진	토기	
90	나주 가흥리	전남 나주 다시면 가흥리			벼농사 관련 꽃가루	
91	제주 상막리	제주 상막리	산포지	이청규	발굴	
92	제주 월령 한들굴	제주 월령 한들굴	〃	이청규	평행조흔무늬토기	
93	제주 하모리	제주 하모리	〃	이청규	조흔무늬토기	
94	제주 하례리	제주 하례리	〃	이청규	조흔무늬토기	
95	제주 신풍리	제주 신풍리	〃	이청규	조흔무늬토기	
96	제주 김녕리	제주 구좌읍 김녕리	〃	이청규	눌러찍은무늬토기	
97	제주 사계리	제주 대정읍 사계리	〃	이청규	눌러찍은무늬토기	
98	제주 오라동	제주 오라동	〃	이청규		
99	거창 대야리	경남 거창 남하면 대야리	집터	동의대	소형 구덩이	후기
100	하동 목도리	경남 하동 목도리	조개더미	장명수		
101	하동 전도리	경남 하동 전도리	〃	장명수		
102	사천 두량리	경남 사천 두량리	포함층	문관국	발굴	
103	사천 금문리	경남 사천 용현면 금문리	조개더미	문관국	돌도끼	
104	진주 중촌리	경남 진주 중촌리				
105	진주 하옥방	경남 진주 하옥방	산포지	동아대	토기	전기-중기
106	통영 하노대도	경남 통영 하노대도	조개더미	김동호		
107	통영 갈도	경남 통영 갈도	〃	김동호		
108	통영 좌사리도	경남 통영 좌사리도	〃	김동호		
109	통영 국도	경남 통영 국도	〃	김동호		
110	통영 연화도	경남 통영 연화도	〃	김동호		
111	통영 우도	경남 통영 우도	집터	김동호		
112	통영 만지도	경남 통영 만지도	조개더미	국립진주박		
113	통영 계림동	경남 통영 계림동	〃	김동호		
114	통영 신전리	경남 통영 산양읍 신전리	〃	동아대	토기, 화살촉	
115	거제 와현리	경남 거제 일운면 와현리	산포지	심봉근 외		
116	거제 산달도 전등	경남 거제 법동리 전등	조개더미	심봉근 외		전기-후기
117	거제 산달도 후등	경남 거제 법동리 후등	〃	부산여대	토기, 뗀석기	전기-후기
118	거제 공고지	경남 거제 일운면 와현리	산포지	부산여대	토기	후기
119	거제 내도	경남 거제 일운면 와현리	조개더미	동아대	흑요석, 석기, 토기	후기

120	거제 이수도	경남 거제 장목면 시방리	조개더미	부산여대	토기	후기
121	거제 가조도	경남 거제 사등면 창호리	산포지	부산여대	돌도끼, 갈돌	
122	거제 칠천도 장곶	경남 거제 하청면 연구리	〃	부산여대	토기	
123	거제 칠천도 연구	경남 거제 하청면 연구리	〃	부산여대	토기, 돌칼, 석촉	
124	진해 웅천 포석	경남 진해 웅천1동 산15	기타유적	진해문연	집터?	
125	진해 수도동	경남 진해 웅천1동 35-2	산포지	진해문연	토기, 돌도끼	후기
126	진해 수도동	경남 진해 웅천1동	조개더미	진해문연	토기, 돌도끼	
127	진해 안골동	경남 진해 웅동2동(안골)	〃	창원대	토기, 뼈	후기
128	창원 주남저수지	경남 창원 주남				
129	창원 용산리 합산	경남 창원 동읍 용산리	조개더미	창원대	토기, 그물추	담수패총
130	김해 예안리	경남 김해 예안리	〃	부산대	발굴	
131	김해 부원동	경남 김해 부원동	〃	정징원 외		
132	김해 칠산	경남 김해 칠산동	포함층	심봉근 외		
133	김해 죽곡	경남 김해 죽곡	산포지	정징원		
134	김해 죽림리	경남 김해 장유면 죽림리	조개더미	김동호		
135	김해 양동리	경남 김해 주촌면 양동리	〃	문관국	빗살무늬토기	
136	김해 수가리 본동	경남 김해 장유면 수가리	〃	창원문연	토기, 고기뼈	
137	김해 천곡리 용덕	경남 김해 주촌면 천곡리	〃	창원문연	토기	후기-말기
138	부산 다대포	부산 서구 다대포	〃	김용기	발굴	
139	부산 외양포	부산 강서구 외양포	〃	부산여대		
140	부산 가덕도	부산 강서구 가덕도 대항	〃	부산여대		
141	부산 외양포	부산 가덕도 외양포	〃	부산여대	토기	
142	울산 우봉리	울산시 온산읍 우봉리	산포지	창원대	토기	
143	울산 병영동	울산시 중구 병영동	〃	울산문화원	토기, 돌도끼, 숫돌	
144	울산 장현동	울산시 중구 장형동	〃	울산문화원	토기, 돌칼, 도끼 등	
145	울산 무룡리	울산시 강동면 무룡리	조개더미	문관국	토기	
146	울산 신암 신선암	울산시 서생면 신암리	산포지	창원대	토기, 석기	
147	울산 대송리	울산시 서생면 대송리	〃	창원대	토기	
148	울산 나사리	울산시 서생면 나사리	〃	창원대	토기, 석기	
149	산청 장재동	경남 산청 산청읍 장재동	〃	부산여대		
150	산청 사평리	경남 산청 산청읍 사평리	〃	부산여대		

151	산청 묵곡리	경남 산청 산청읍 묵곡리	산포지	부산여대	빗살무늬토기	
152	산청 대포리	경남 산청 생초면 대포리	〃	부산여대	빗살무늬토기	
153	산청 평촌리 매촌	경남 산청 금서면 평촌리	〃	부산여대	빗살무늬토기	
154	산청 묵곡리 상촌	경남 산청 산청읍 묵곡리	〃	부산여대	빗살무늬토기	
155	합천 저포리	경북 합천 저포리	〃	부산대	토기	
156	울릉 도동	경북 울릉군 도동	〃	조거용장	토기	
157	경주 대본리 1	경북 경주 감포읍 장승백	〃	동국대	빗살무늬토기	
158	경주 대본리 2	경북 경주 감포읍 참재들	〃	동국대	돌도끼, 토기	
159	경주 월정교지	경북 경주 월정교지	포함층	계명대	발굴	
160	김천 송죽리	경북 김천 구성면 송죽리	바위그늘	계명대	빗살무늬토기	중기-말기
161	안동 지례동	경북 안동 임하 지례리	포함층	계명대	발굴	
162	영양 청당리	경북 영양 청당리	산포지	국립대구박	토기	

Ⅲ. 연구과제

한국 신석기문화에 대한 연구는 차분한 성장을 거듭하다가 1980년대 이후 크게 변화 발전하고 있다. 이는 국제적인 해빙분위기에 힘입어 북방에서 전해지는 문헌과 정보에도 원인이 있었지만, 1978년의 김해 수가리 조개더미유적의 발굴 이후 합천 봉계리, 거창 임불리, 통영 연대도, 욕지도, 상노대도, 부산 범방, 제주 북촌리, 금릉 송죽리, 제주 고산리로 이어지는 일련의 조사를 통하여 얻은 각종 자료에 힘입은 바 크다.

이 자료들을 분석하며 정리하는 과정에서 많은 젊은 연구자들이 양성되었으며, 이들은 1990년대 이후 한반도 내에서의 신석기문화 연구뿐만 아니라 동아시아, 환태평양으로 연구영역을 넓혀 활동하고 있다. 시베리아, 연해주, 일본, 중국 등 한반도 주변지역의 유적을 돌아보며 한국의 신석기문화와 각 지역과의 관계 및 문제점을 끊임없이 찾아 제기하고 있는데, 이는 매우 바람직한 모습으로 큰 학문적 발전이 기대된다.

그러나 부분적으로는 서로 노력하여 풀어야 할 많은 과제가 있음도 사실이다. 지금까지 우리나라의 신석기시대에 대한 연구는 거의 남부지방에서 주도해 왔다고 할수 있다. 토기나 문화의 전파문제뿐만 아니라 옛 환경의 복원, 자연과학적 분석, 식량획득 기술과 경제, 교역, 신앙 등 다양한 연구주제를 발굴하여 주도적으로 연구조사하여 왔다. 이러한 노력이 있었음에도 사회복원에 대한 것은 물론이고, 개념이나 연대, 형식분류 등의 문제에서 연구진들의 견해가 다양하게 나타나고 있음도 사실이다.

여기에서는 연구하는 과정에서 나타난 공동의 문제점과 그 해결책은 어찌해야할 것인가를 모색하여 보자는 의도에서 몇 가지 지적해 보기로 한다.

첫째는 신석기시대에 대한 개념의 문제이다. 덧무늬토기로 대표되던 신석기시대 전기보다 더 오래된 고산리유적의 발굴로 고신석기라는 개념이 설정되는 상황이 되었다. 이는 개념에서 큰 혼란을 초래하는 것으로 갈색토기가 나오는 문화층을 신석기시대의 가장 이른 시기로 설정하고 덧무늬토기와의 관계를 규명하는 것이 되어야 할 것이다. 고신석기라는 새로운 개념은 중석기시대의 개념과 또 다른 차별이 요구된다고 하겠다.

둘째는 유적에 대한 지속적이고 종합적인 연구가 뒤따라야 할 것이다. 남부지방 신석기유적에 대한 조사는 해안가에만 국한되어 있지 않고 내륙 깊숙한 곳에서도 발견되어 신석기유적의 다양성과 폭넓음을 보여 주고 있다. 그러나 이들 유적들에 대한 연구는 일회성을 띠고 있는데, 연차적인 발굴조사를 통한 지속적인 연구가 필요하다. 또 유적에 대한 조사도 수몰이나 공사 등 훼손된 상태에서 조사를 시행하는 구제발굴에서 탈피하여 미리 정밀조사를 시행하여 학술적 연속성을 가진 발굴조사가 절실한 실정이다. 이러한 연차적인 지속성과 학술적 연속성을 가진 조사가 병행된다면 어느 한 유적의 단일층위에 대한 개별화가 아닌 시공간적 개념을 포괄한 종합적 분석이 가능할 것으로 생각된다.

셋째는 신석기시대에 대한 사회적 성격의 규명 문제이다. 남해안지방에 형성된 조개더미유적에 대한 각종 분석을 통해 당시 사람들의 삶의 흔적에 어느 정도 접근을 시도하고 있다. 그렇지만 그 내용은 아직도 부족하며 내륙지방에 형성된 송죽리를 비롯한 유적에서 다수 발견되는 집터 등을 통한 당시 사회복원은 초보적인 단계에 머물러 있다. 각종의 자료분석을 통한 종합적인 연구가 시도되어 신석기사회의 모습을 어느 정도 그릴 수 있었으면 한다.

넷째는 지역단위의 종합적 비교연구가 필요하다. 남부지방의 경우는 많은 조사와 발굴을 통해 토기의 형식적 분류 등이 어느 정도 가시적 결론에 도달하고 있다. 그러나 중·서부지방이나 동북·서북지방의 경우는 아직도 유적의 성격파악이 부족하다. 또 신석기시대의 문화상을 보면 지역에 따라 문화적 특성이 차이가 있으며 독자적인 변화과정을 보이기도 한다. 지금까지는 이를 전파론적 입장에서 해석하여 그 지역적 독자성을 인정하려 하지 않았다. 지역단위의 연구를 통해 우리나라 신석기문화의 변화를 이해하고 그 차별성을 찾아 정리한 후에 이를 종합한다면 어느 정도 실체에 접근할 수 있을 것으로 생각된다.

다섯째는 자연과학적 방법론의 도입이 절실하다. 신석기문화의 성격을 규명하기 위해 그 주인공인 사람의 문제에서부터 그들의 식생활 내지는 환경적 요인의 규명, 사회적 활동 및 구조의 문제에까지 접근하기 위해서는 자연과학적 방법론의 적용이 필요하다. 문화의 주체였던 신석기시대 사람뼈의 발굴에서부터, 식량자원 규명을 위한 꽃가루 분석, 식물규소체 추출 등의 기존 방법의 확대 적용과 더불어 새로운 과학적 방법론의 개발 및 도입이 절실하다. 이렇게 될 때 문양 위주의 형식분류 방법에서 탈피하여 새로운 신석기시대의 편년체계를 세울 수 있을 것이고, 이를 통해 당시 사회구성체의 복원이 가능할 것으로 여겨진다.

주

1) 鳥居龍藏, 〈平安南道·黃海道古蹟調査報告〉, 《大正5年度古蹟調査報告》, 1917.

2) 한국고고학연구회, 《한국고고학지도》, 1984.

3) 한영희, 〈신석기시대〉, 《한국고고학의 반세기》(한국고고학회), 1995.

4) 임효재, 〈신석기시대〉, 《한국사》(국사편찬위원회) 2, 1997.

5) 임효재, 〈신석기시대의 시기구분〉, 《한국사》(국사편찬위원회) 2, 1997.

6) 이청규·고재원, 〈고산리유적과 석기유물〉, 《제주 신석기문화의 원류》, 1995.

7) 한영희, 앞의 글.

8) 과학백과사전출판사, 〈토성리유적〉, 《압록강·독로강유역 고구려유적 발굴보고》, 1932.

9) 김용간·서국태, 〈서포항 원시유적 발굴보고〉, 《고고민속론문집》 4, 1972.

10) 황기덕, 〈무산 범의구석유적 발굴보고〉, 《고고민속론문집》 6, 1983.

11) 도유호·황기덕, 〈궁산 원시유적 발굴보고〉, 《유적발굴보고》 2, 1957.

12) 도유호, 〈지탑리 원시유적 발굴보고〉, 《유적발굴보고》 2, 1957.

138

13) 김용간 · 석광준,《남경유적에 대한 연구》, 과학백과사전출판사, 1984.

14) 과학백과사전출판사,〈금탄리 원시유적 발굴보고〉,《유적발굴보고》10, 1964.

15) 리병선,〈평안북도 룡천군 · 염주군 일대의 유적답사보고〉,《문화유산》, 1962.

16) 국립중앙박물관,《암사동》(국립중앙박물관고적조사보고 26), 1994 · 1995.

17) 미사리유적발굴조사단,《미사리》Ⅰ ~ Ⅴ, 1994.

18) 김재원 · 윤무병,《한국서해도서》, 1957.

19) 서울대학교 박물관,《오산리유적》Ⅰ, 1984 ; 서울대학교 박물관,《오산리유적》Ⅱ, 1985 ; 서울
대학교 박물관,《오산리유적》Ⅲ, 1988.

20) 신종환,《청원 쌍청리주거지》(국립청주박물관), 1993.

21) 최몽룡,〈내평리주거지(부석주거지)〉,《팔당 · 소양댐 수몰지구유적발굴종합조사보고서》,
1974.

22) 김재원 · 윤무병,《한국지석묘연구》(국립박물관 고적조사보고 6), 1967.

23) 안승모,〈한강유역의 신석기문화〉,《한강유역사》, 민음사, 1993.

24) 김원룡,〈춘천 교동혈거유적과 유물 ― 교동문화의 성격과 연대〉,《역사학보》20, 1963.

25) 한병삼,《시도패총》, 1970.

26) 황기덕,〈함경북도지방 신석기시대 유적과 유물(1)〉,《문화유산》, 1957.

27) 樋本杜人,《조선의 고고학》, 동붕사, 1980.

28) 한영희 · 임학종,〈연대도조개더미 단애부Ⅱ〉,《한국고고학보》26, 1991.

29) 신숙정,《우리나라 남해안지방의 신석기문화연구》(학연문화사), 1994.

30) 이기길,〈신석기시대의 유적과 유물〉,《한국사》(국사편찬위원회) 2, 1997.

31) 정징원,〈남해안지방의 신석기문화〉,《연보》(충북대학교 박물관) 4, 1995.

32) 김건수,〈한반도의 원시 · 고대어업〉,《한국상고사학보》(한국상고사학회) 20, 1995.

33) 안승모,〈신석기시대의 생업과 사회〉,《한국사》(국사편찬위원회) 2, 1997.

34) 곽종철과,〈신석기시대 토기태토에서 검출된 벼의 plant-opal〉,《한국고고학보》32, 1995.

제4장 청동기문화

I. 연구경향과 성과

1. 연구경향

1945년 광복 이후 선사문화에 대한 발굴 조사와 연구는 여러 측면에서 많은 성과를 얻게 되었다. 이러한 연구성과들 가운데에는 청동기시대(문화)의 존재와 그 성격도 포함된다.

청동기문화에 대한 조사와 연구는 광복 이전에도 부분적으로 실시되어 청동기나 이 시대의 유물이 출토되는 유적에 대하여 가끔씩 있어 왔지만, 식민사관에 의한 일본 학자들의 연구태도 때문에 금석병용기(金石倂用期, Chalcolithic Age)라는 그릇된 시대 설정으로 말미암아 부정 내지는 말살되었다.[1]

한편 1950년대에 들어와 북한 학계에서는 선사유적에 대하여 활발하게 조사를 진행하는 것과 동시에 이 시대의 문화 성격을 규명하려는 노력을 적극적으로 펼치고 있었지만,[2] 남한 학계에서는 그때까지도 금석병용기란 시대의 틀을 벗어나지 못하는 학문적인 예속성을 지니다가 1964년에 와서야 비로소 청동기문화가 하나의 시대적인 배경으로 이해되는 형편이었다.[3]

청동기시대에 대한 남북한의 이러한 시각의 차이는 그 다음의 연구활동과 방향에서도 두드러진 차이점을 드러내고 있으며, 이 점은 이데올로기와 같은 학문외적인 상황으로 순수 학문 연구로서 동질성의 회복이라는 숙제를 남기기도 하였다.

지금까지 청동기문화의 연구는 크게 유적의 발굴 조사로 얻은 연구결과를 가지고 당시의 문화상(文化相)을 해석하는 쪽과, 이러한 연구성과를 밑바탕으로 다른 사료와 비교 검토하여 하나의 개별적인 사실을 종합하는 입장으로 나누어 볼 수 있다. 앞의 경우는 고인돌을 비롯한 당시의 집터에 관한 발굴이 대부분이고, 뒤의 연구경향은 거의가 청동기시대의 개념이나 기원 문제, 그리고 연대 문제에 관한 것이다.

먼저 청동기시대의 개념 문제가 여러 가지 점에서 논의되어 왔다. 청동기시대란 일반적으로 청동기가 만들어져 사용된 시기를 뜻한다. 하지만 한국 청동기시대의 개념 설정에 이것을 그대로 적용시키는 데는 많은 무리가 따른다. 그리고 우리 청동기시대의 개념 규정에서 청동기시대와 민무늬토기시대를 동일시하는 견해가 널리 인식되고 있지만, 사실은 민무늬토기가 사용된 시점에 청동기가 이용되었다는 직접적인 증거자료는 아직까지 없다. 이렇게 되자 민무늬토기의 사용이 청동기시대와 같이 시작되지 않았다는 의견을[4] 비롯하여 민무늬토기 문화와 한국 청동기시대의 대표적인 유물인 비파형동검과 관련된 문화는 그 성격이 서로 다른 것이라는 견해,[5] 민무늬토기가 초기철기시대까지 사용되었고, 용어로 볼 때도 일관성이 없어 이 시대를 대표하기는 곤란하다는 의견이[6] 제시되기도 하였다.

또 청동기시대의 시작 단계에 대한 문제도 여러 의견이 제시되고 있다. 먼저 청동기시대의 대표적이고 특징을 지닌 토기나 그와 관련된 간석기 등이 사용되면 청동기시대로 인식할 것인지, 아니면 청동유물이 발견되어야만 청동기시대로 볼 것인지에 따라 시기나 유적 성격의 이해에는 큰 차이가 생기게 된다. 그리고 청동기를 직접 제작하지 않아도 다른 지역으로부터 전파되거나 수입된 외래품이 어느 정도 보편화되면 그냥 청동기시대로 여기는 연구자도 있다. 그러나 진정한 청동기시대는 외부로부터의 유입이 아니라 청동기를 직접 제작한 증거, 즉 거푸집의 발견, 채광유적, 그리고 제작한 전문가 집단이 존재하여야 청동기시대로 볼 수 있다는 견해가 있다. 최근에는 청동기시대의 개념을 규정할 때 사회조직과 문화 발전에 따른 기술 발달과 생산력 증가의 변화 요인에 관심을 보이고 있다.[7]

청동기시대의 개념에 대한 이런 여러 문제들은 앞으로 많은 연구성과가 쌓이면 우리만의 특수한 문화현상과 세계적인 보편성에 어우러지는 결과가 나타날 것이다.

한국 청동기시대의 표준유물은 여러 가지 형태로 발전한 민무늬토기와 청동기이며, 문화상을 이해하고 가늠할 때 어느 것을 기준으로 하느냐에 따라 큰 차이가 있다.

지금까지 한국 청동기시대의 대체적인 연구경향은 민무늬토기의 문화성격에 따라 청동기시대의 문화양상을 이해하려고 노력하여 왔으며, 청동기를 중심으로 한국 청동기시대를 파악하는 연구자들도 청동기 이전단계의 유적에서 민무늬토기가 발견되면 청동기시대로 인식하는 것이 보편적이었다. 한편 청동기를 기준으로 할 때는 청동기의 외래제작이나 전파, 그리고 자체 생산 등 어떤 것을 시작의 기준으로 삼을 것인가 하는 문제가 나타난다. 자체 생산에 관하여는 지금까지 학계의 대체적인 관심이 한국식동검(세형동검) 단계를 진정한 한국 청동기문화의 시작으로 여기고 있으며, 그 시기도 기원전 5세기쯤으로 설정한다. 한국 청동기의 외래제작이나 전파 문제를 고려할 때는 대부분 중국 동북지역의 청동기문화를 염두에 두고 서로 관련시키는 것이 일반적인 현상이다.[8]

청동기를 기준으로 할 때는 문화권의 설정에 따른 연구범위와도 깊은 관련이 있으며, 이 문제에 관하여 연구자들이 여러 견해를 나타내고 있다.

청동기시대의 문화권 설정에서 가장 두드러지는 점은 북한과 남한학계의 인식 차이이다. 이 인식 차이는 먼저 지역범위를 한반도로 제한할 것인지, 아니면 중국 동북지역(요령이나 길림지역)을 포함하는 것인지에 대한 것으로, 청동기시대의 기원 문제에서 큰 차이가 나타난다. 북한학계는 청동기시대의 문화상을 이해할 때 고조선 문제와 관련시켜 비슷하거나 같은 문화요소를 지닌 중국 동북지역 일부를 포함시키려는 적극적인 입장을 보이고 있지만, 남한학계는 아직까지도 일본과의 관계에 더 많은 관심을 보이면서 한반도지역으로 국한시키려고 한다.[9] 그런데 중국 동북지역—특히 요령지역—을 같은 문화권으로 보면 이 지역의 비파형동검 연대가 이른 것은 기원전 15세기까지도 올라가므로 같거나 비슷하여진다.

그리고 최근에는 인류학의 사회발전이론으로 역사발전단계를 밝히려는 입장에서 새로운 시각의 해석을 가지고 청동기시대의 사회적인 성격을 가늠하려는 노력이 있지만,[10] 몇몇 학자들 사이에 너무나 큰 인식의 차이가 있어 이 문제에 관하여는 앞으로 더욱 활발한 논의가 있어야 될 것으로 여겨진다.

2. 연구성과

청동기시대의 존재가 알려져 있지 않던 1910년대에 청동기시대의 유물이 발견된 이래 지금까지 많은 유적과 유물이 조사되면서 청동기시대의 개념이 설정되었고, 그 문화상이 점차 더 구체적으로 밝혀지고 있다. 최근에는 대규모의 발굴조사가 실시되면서 청동기시대의 살림살이를 총체적으로 이해할 수 있는 마을유적이나 무덤유적이 찾아져 연구의 대상이 되고 있다.

여기에시는 분야별로 남부지방을 중심으로 한 한국 청동기시대의 연구성과를 살펴보고자 한다.

1) 집(터)

집터는 당시 사회의 변천과정을 살펴보거나 복원하는 데 중요하다.

청동기시대의 집터는 붙박이 살림살이를 하였기 때문에 서로 겹쳐 있는 경우가 많으며, 평면 생김새는 둥근꼴을 비롯하여 여러 가지다. 특히 서남부지방에서는 집터의 가운데에 타원형의 움이 있고, 그 양쪽에 구멍이 있는 이른바 '송국리형 집터'가 상당히 많이 나타나고 있어 지역적인 특징을 보여 준다(사진 4-1).

청동기시대의 집터는 북한에서 1950년대부터 회령 오동·공귀리유적에 대하여 발굴 조사를 실시하였지만, 남한에서는 약간 늦은 1961년 서울 명일동유적이 조사되기 시작하면서 서울 가락동, 강릉 포남동, 천안 두정동, 파주 옥석리·교하리, 남양주 수석리유적 등이 조사되었다.

한강유역의 서울 가락동과 역삼동 집터에서는 북한지역의 민무늬토기가 이 지역에서 새로운 형태로 변형된 채 찾아져 민무늬토기의 변천과정은 물론 지역적인 특

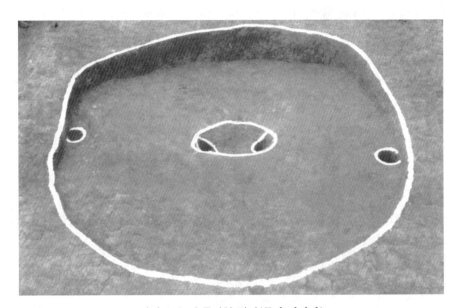

사진 4-1. 송국리형 집터(무안 인평리)

징을 살펴볼 수 있게 되었다.[11] 또한 강릉 포남동 집터의 조사를 통하여 당시 생활을 복원하는 계기가 되기도 하였다.[12] 집터 안에서 찾아진 유물의 배치상태를 통하여 생활한 모습을 복원하였는데, 2기의 화덕을 중심으로 음식물 조리나 연모 제작 등의 일상적인 일을 하면서, 벽쪽의 좀 높은 곳에는 중요한 연모나 생활용품을 놓았고, 약간 낮은 곳에는 많이 쓰이는 물건을 얹어두었던 것으로 해석하였다. 이러한 연구는 당시에 널리 이루어지고 있던 단순한 유물 중심의 형식분류나 관찰에서 벗어나 집(터)을 통한 살림살이를 이해하려는 측면으로 주목된다.

1970년대에는 대표적으로 여주 흔암리와 부여 송국리유적이 발굴되었다. 이들 유적은 상당한 규모의 마을을 이룬 상태로 발견되어 집터 연구에 새로운 전기를 마련하는 계기가 되기도 하였다.

여주 흔암리유적의 집터는 산기슭의 경사면을 이용하여 만든 것으로 앞쪽에는 벽이 없고 'L'자 모양으로 파고 들어가 바닥을 만들었다. 이곳에서는 주로 동북지역의 구멍무늬토기가 많이 나왔지만, 서북지역의 팽이토기도 출토되어 두 지역의 문화가 한강가인 흔암리유적에서 서로 만나는 것으로 여겨져 민무늬토기의 문화 전파나 교류에 관한 여러 가지를 시사하고 있으며, 남한지역 민무늬토기의 연구에서 하나의 기준이 되고 있다.

부여 송국리유적은 1978년부터 계속 발굴 조사되고 있는데, 독특한 구조를 지닌 집터를 '송국리형 집터'라고 이름 붙이게 되었으며, 최근에는 목책과 환호 등의 방어시설이 찾아져 청동기시대 집터 연구의 새로운 전기를 맞게 되었다. 또한 송국리 유적의 집터와 토기를 분석한 다음 그 변천과정 등 문화계통을 밝힌 연구가 진행되어 '송국리 문화'라고 이름 붙이기도 하였다.[13]

한편 이 시기에는 집터에 대한 본격적인 연구가 시작되기도 하였다. 집터의 평면 생김새와 크기, 화덕의 위치, 저장 구덩, 출입시설, 기둥구멍 등을 종합적으로 분석하여 당시 집터의 표준면적은 20m²이고 한 사람이 차지하는 면적은 5m²라는 가설을 제시하기도 하였다.[14] 또 집의 구조와 발달과정을 민속학적 관점에서 복원하면서 날카로운 연모가 있었기에 나무의 가공이 가능하여 벽과 가구식 방법에 의한 지상가옥이 나타났다는 연구결과도 발표되었다.[15]

다음, 1980년대에는 전지역에서 청동기시대의 집터가 찾아졌으며, 특히 큰 강 유역에서는 마을을 이룬 집터가 발견되어 관심을 끌기도 하였다. 이 시기에 조사된 유적으로는 보령 교성리와 영암 장천리를 비롯하여, 합천댐지역의 거창 대야리와 합천 저포리, 주암댐지역의 순천 대곡리와 화순 복교리유적 등이 있다. 승주 대곡리유석은 남부지역에서 처음으로 청동기시대의 대규모 집터가 발견된 마을유적으로 그 의의는 대단하며, 초기 삼국시대의 집터도 함께 조사되어 집터의 비교 연구에 새로운 자료를 제공하기도 하였다.

또한 집터의 구조에 대한 좀더 체계적이고 지역적 특성을 고려한 연구논문들이 발표되었다. 이 가운데에는 움집과 반움집의 성격을 뚜렷이 구분하고 집터의 변천 과정에 대한 접근을 시도하면서 화덕을 가지고 생활상의 변화를 유추한 논문이 있다.[16] 그리고 기후조건 등 각 지역별로 나타나는 자연환경의 변화를 고려한 집터의 구조에 대한 특성을 규명한 연구도 있다.[17] 이 밖에도 혼암리 집터를 종합 분석한 결과 집터가 자리잡은 모습은 일정한 규칙성을 지니며, 크기의 차이는 가족수를 나타내면서 이곳에 살았던 사람들은 한 집에 4~7명쯤이라는 주장이 제시되었다.[18]

최근의 집터에 대한 조사와 연구는 그 동안의 연구성과를 바탕으로 상당히 활발하다. 무엇보다도 울산 검단리유적을 비롯하여 김천 송죽리, 보령 관창리, 천안 백석동, 울산 옥현, 진주 대평리 등지에서 대규모의 마을유적이 발견되어 청동기시대 집터 연구의 새로운 계기를 마련하기도 하였다. 또한 울산 검단리와 옥현, 진주 대평리유적에서는 환호(環壕)시설이 찾아졌고, 부여 송국리유적에서도 마을의 방어시설이 찾아지면서 청동기시대의 전체적인 마을 모습을 살펴볼 수 있게 되었다.

2) 무 덤

청동기시대 무덤으로는 고인돌을 비롯하여 돌널무덤·독무덤·움무덤 등이 있으며, 지역이나 시기에 따라 그 모습이 다르게 나타난다.

이러한 여러 가지의 무덤 가운데 고인돌은 어느 유적보다도 일찍부터 관심의 대상이 되어 조사와 많은 연구성과가 발표되었지만, 나머지는 연구가 된 것이 없는 형편이다. 이런 점에서 청동기시대의 무덤 연구는 자연스럽게 고인돌을 중심으로 이루어져 왔다(사진 4-2·4-3).

고인돌에 대한 관심은 옛 기록에 보이지만, 1800년대 말 서양 사람들이 조사를 하여 학술지에 발표하면서 알려지기 시작하였다. 그 뒤를 이어 일본학자들이 조사와 연구를 하였고, 같은 시기에 한흥수와 손진태가 고인돌에 관한 연구논문을 발표하였다. 한흥수는 고인돌을 큰돌문화의 한 종류로 분류하면서 그 기능을 무덤으로 해석하였고,[19] 손진태는 민속학적인 관점에서 고인돌을 연구하여 문화의 복원을 시도하였다.[20]

사진 4-2. 탁자식(북방식) 고인돌

사진 4-3. 바둑판식(남방식) 고인돌

광복 이후부터 1960년대 초까지는 고인돌에 관한 연구가 거의 이루어지지 않았다. 그러다가 임병태에 의하여 조사된 자료를 중심으로 형식분류를 한 다음 연대를 설정한 종합적이고 체계적인 논문이 발표되어 고인돌 연구의 새로운 계기가 되었다.[21]

이 시기에 국립박물관에서는 제1차 선사문화 연구계획사업에 따라 제천 황석리유적을 시작으로 6년 동안 전국의 고인돌 유적 12곳을 발굴 조사하였는데, 이것은 당시까지 있었던 발굴 조사 가운데 가장 규모가 큰 것이었다. 조사 결과 고인돌의 형식과 분포 그리고 연대에 대한 종합적인 분석을 함으로써 고인돌 연구에 하나의 기준을 세우기도 하였다.[22] 특히 발굴 조사 결과 제천 황석리유적에서 완전한 사람 뼈를 찾게 되어 고인돌의 기능을 무덤으로 해석한 것이나, 방사성탄소연대측정을 통한 절대연대를 얻은 점, 일본학자들이 주장하던 간돌검의 한국식 동검 모방설을 바꾸게 된 점은 한국 청동기 연구의 획기적인 성과였다.

또한 외국의 큰돌문화에 대한 연구 흐름을 소개하면서 고인돌 축조 당시의 제의와 장례 습속에 대한 연구가 있다.[23]

1970년대부터는 국토종합개발사업이 활발하게 이루어지면서 이에 따른 대규모의 고인돌 유적이 발굴 조사되어 새로운 자료가 많이 밝혀져 종합적인 연구가 가능하게 되었다. 그리고 이러한 자료를 바탕으로 고인돌 사회의 연구는 축조에 따른 복원, 지역단위의 연구, 외국자료와 비교 등이 활발하게 이루어졌다.

이러한 새로운 연구는 팔당댐 수몰지역조사의 일환으로 발굴된 양평 앙덕리유적의 발굴 결과를 바탕으로 고인돌의 축조와 당시 사회를 복원한 것이 시작이었으며,[24] 그 이후 이런 경향의 연구가 많았다. 또 지역단위를 중심으로 한 연구가 많이 이루어졌으며,[25] 그 구분은 주로 자연지세에 따라 이루어졌다.

고인돌의 기원에 대하여는 1960년대 초 동남아시아 지역과 연관시킨 의견이 발표된 다음,[26] 1980년대 초에 다시 난생설화 및 벼농사 분포지역과 관련시켜 해류(海流)를 타고 전파되었다는 주장이 제기되기도 하였다.[27] 그러나 한반도 지역의 고인돌이 주변지역과는 비교할 수 없을 정도로 많고 연대가 이르다는 점에서 전파설보다는 자생설을 주장하기도 한다.

고인돌 유적이 집중적으로 발굴 조사된 전남의 남해안지역에서 비파형동검을 비롯한 청동유물이 많이 찾아져 주목된다. 여수반도에서는 5개 지역에서 12점의 비파형동검이 발견되었는데, 특히 여천 적량동 고인돌에서는 비파형동검 7점과 청동 투겁창 1점 등 8점이 한꺼번에 찾아지기도 하였다. 이처럼 비파형동검이나 그와 관련 있는 청동기가 이 지역에서 많이 찾아지는 이유는 물론, 요령지역 초기 비파형동검문화와 관련성 등이 앞으로 밝혀져야 할 문제점으로 제시되기도 하였다.

최근 한반도와 주변지역의 고인돌에 대한 종합적인 연구결과가 발표되어 고인돌의 분포 상황과 특징, 사회 성격을 이해하는 데 도움이 되고 있다.[28]

청동기시대 무덤 가운데 고인돌 이외의 돌널무덤에 관하여는 유적의 특성상 땅 위에 아무런 흔적이 없어 우연하게 조사된 것이 대부분이고, 지금까지 조사된 수가 매우 적어 연구가 부진한 편이며, 자료의 종합적인 검토가 이루어졌을 뿐이다.[29]

3) 유 물

(1) 토 기

청동기시대의 대표적인 토기는 민무늬토기〔無文土器〕이며, 이 토기는 청동기가 사용되기 이전부터 쓰이기 시작하여 철기문화가 들어와도 계속 사용되었다. 그리고 민무늬토기는 처음에 붉은간토기를 제외한 개념으로 이해되었으나, 1970년부터는 붉은간토기를 비롯하여 검은간토기·덧띠토기·구멍무늬토기·화분토기·팽이토기 등을 포함하는 넓은 의미로 사용되고 있다[30](사진 4-4).

민무늬토기에 대한 연구는 1960년대 남양주 수석리유적의 발굴을 계기로 본격화되었다. 집터유적인 이곳에서는 덧띠토기와 검은간토기가 발견됨으로써 북한지역과는 좀 다른 한강유역의 독자적인 토기문화가 있는 것으로 알려졌고, 이어서 서울 가락동유적에서 변형 팽이형토기인 '가락동식 토기'가 찾아졌다. 그리고 서울 역삼동유적에서는 동북지역의 대표적인 구멍무늬 및 골아가리토기가 발견되어 한강유역의 토기문화에 대한 대체적인 윤곽이 알려지게 되었다.[31] 그 이후 연구경향은 주로 토기의 형식과 지역적인 분류에 따른 특징 유추, 연대 문제, 전개과정, 특징을 지닌 토기의 분석 등 다양하게 이루어지고 있다.

한편 민무늬토기의 연구경향과 성과를 세 시기로 구분하기도 하는데, 1기(광복 이후부터 1960년대까지)를 청동기시대 개념이 설정된 시기로 잡고, 2기(1960년대 말~1970년대)는 민무늬토기의 형식분류와 연대문제 등 민무늬토기에 대한 전반적인 연구가 진행된 시기이다. 3기(1980년대 이후)는 자연과학적인 분석 등 민무늬토기에 대한 문제들이 정립되는 시기로 나누었다.[32] 한강유역의 민무늬토기를 중심으로 전기와 후기로 나누는 시기구분에 대한 연구가 있었다.[33] 전기는 조질 민무늬토기가 대표적이며 역삼동과 파주 옥석리유적이 해당되고, 후기는 검은간토기가 나온 수석리 및 아차산유적이 이에 속한다. 또 여주 흔암리유적에서 찾아진 토기를

사진 4-4. 여러 가지 토기
민무늬토기, 붉은간토기, 구멍무늬토기, 팽이형토기, 덧띠토기, 검은간토기

중심으로 한강유역에서 팽이형토기와 구멍무늬토기가 토착화하는 과정에 대한 연구결과도 발표되었다.[34] 그리고 구멍무늬토기를 기본으로 하는 남한지역 민무늬토기문화의 형성과 변천과정을 살펴, 6개로 구분하고 5단계의 전개과정을 설정하여 지금까지의 연구보다 자세한 단계를 제시한 견해도 있다.[35]

이런 연구성과에 힘입어 남한지역 민무늬토기문화는 서북과 동북지역의 토기문화가 한강유역에서 서로 만나 토착화되면서 중·남부지역으로 확산되었다는 견해가 제시되기도 하였다.

이 밖에도 특정한 토기와 지역성을 지닌 민무늬토기에 대한 연구가 활발하게 이루어지고 있는데, 특히 '송국리형 토기'에 대한 연구가 많은 것이 하나의 특징이다.

최근에는 토기 제작과정의 이해와 원산지 추정에 대한 좀더 객관적인 규명을 위하여 과학적인 방법을 활용한 연구가 이루어지고 있다. 지금까지 주로 바탕흙을 가지고 성분을 분석한 결과 구성비율이 지역과 시기에 따라 차이가 있으며, 구운 온도는 섭씨 650도 안팎인 것으로 밝혀졌다.[36]

(2) 석 기

청동기시대에는 살림에 간석기가 큰 비중을 차지하면서 본격적으로 만들어지기 시작하였으며, 앞시기에 비하여 종류도 여러 가지고 만든 기술도 매우 뛰어났음을 알 수 있다.

청동기시대의 석기에 대한 연구는 주로 간돌검·반달돌칼·간화살촉·돌도끼 등을 중심으로 이루어져 왔다. 그리고 연구의 방향은 발굴과 지표조사된 자료의 소개와 개별 유물을 중심으로 형식분류와 연대설정, 그리고 변천과정에 대한 것이 대부분이었다(사진 4-5).

석기에 대한 본격적인 연구는 간돌검의 조형에 대한 것이 그 시작이다. 다른 석기보다 간돌검에 대한 연구가 집중된 것은 그 자체가 독특한 형식을 지닌 점말고도 청동기문화의 기원이나 특성을 밝힐 수 있는 유물이라고 파악되었기 때문이다. 그 결과 간돌검의 기원이나 전개과정에 대하여 너무 많은 의견들이 제시되어 아직까지 통일된 견해 없이 일반론적인 수준에 머물고 있다.

간돌검의 조형 문제는 다원론적인 견해와 일원론적인 견해가 모두 제시되었다.[37]

다원론적 연구는 간돌검의 형식에 따라 그 조형을 서로 다른 것으로 이해하고 있다. 조형으로 여기는 대상은 한국식동검을 비롯하여 청동격창·청동투겁창·중국식동검·철제첨두병기 등이 있다. 일원론적 연구는 청동검(비파형동검·한국식동검·

사진 4-5. 여러 가지 석기

오르도스동검·중국식동검)을 조형으로 여기고 있다. 그러나 파주 옥석리유적의 발굴 조사 결과 한국식동검이 간돌검보다 늦은 시기의 것으로 밝혀졌고, 비파형동검도 간돌검과 비슷한 형식이 없어 해석하는 데 어려움이 많다.

한편 간돌검을 자루(손잡이)에 따라 형식분류를 한 다음, 형식 사이의 지역적 기능적인 차이를 제시한 연구가 있어 주목된다.[38]

반달돌칼은 대부분 농경과 관련 있는 연모로 이해되고 있으며, 농경에 대한 전파나 변화 문제를 살펴보는 과정에서 주로 형식과 분포에 대한 연구가 이루어져 왔다. 1960년대 중반에 반달돌칼의 형식분류에 따라 동북과 서북 그리고 남한지역의 분포모습과 전파과정의 차이를 살펴본 연구가[39] 있은 다음, 중국 동북지역에서 한반도에 이르는 전파경로와 지역문화권에 따른 형식 차이에 대한 여러 의견이 제시되기도 하였다.[40]

또한 반달돌칼의 기능 가운데 농경연모뿐만 아니라 일상적인 살림살이에서 칼의 기능도 있었으며, 반달돌칼의 형식에 따라 농경의 대상이 달랐을 것이라는 견해는 매우 주목된다.[41] 그리고 주로 남서부지방에서 발견되는 삼각형돌칼이 벼농사와 같이 일본으로 전파되었을 가능성이 제시되기도 하였다.[42]

간화살촉에 대한 연구는 조사된 자료를 바탕으로 형식분류, 기능적인 분석, 연대 설정 등 종합적인 분석을 시도한 논문이 몇 편 발표되었다.[43] 그러나 한 유적에서 여러 가지 형식의 간화살촉이 함께 찾아지는 경우가 많아 형식분류를 기준으로 한 시간적 공간적인 해석은 주의를 하여야 될 것으로 여겨진다.

이와 같이 청동기시대의 석기에 대한 지금까지의 연구는 대부분 단위유물을 중심으로 이루어졌지만, 앞으로는 같은 문화권 안에서 총체적이고 체계적인 종합연구가 이루어져 당시의 살림살이에서 차지한 그 의미를 살펴야 할 것이다.

4) 청동기

청동기를 대표하는 유물이 동검이므로 한국 청동기문화를 동검문화라고도 하며, 청동기 연구는 이른 시기의 비파형동검과 이를 조형으로 한 늦은 시기의 한국식동검에 대한 것이 많다. 동검의 연구관점은 1차적으로 형식분류를 한 다음, 연대 설정과 기원 문제, 그리고 집단(담당 주민/민족)문제까지 상당히 심층적으로 이루어져 왔다. 그리고 비파형동검은 주로 북한학자들이 연구의 주제로 많이 선택하였으며, 남한학자들은 한국식동검에 관심을 기울이고 연구하였다.

한국 청동기에 대한 연구는 동검으로부터 시작되었고, 동검은 중국 요령지역의 청동기와 비교 검토하면서 연구의 폭을 넓히는 계기가 되었다. 이러한 연구에서 맨 처음 기준이 된 것은 조양(朝陽) 십이대영자유적(十二臺營子遺蹟)이다. 이곳에서 발견된 동검을 분석하여 비파형동검이 한국식동검의 조형이 되었으며, 한반도지역의 청동기는 요령지역의 영향을 받았다는 의견이 있다. 그 다음 요령지역의 청동기문화에 대한 심층적인 연구가[44] 이루어져 좀더 자세한 견해가 제시되었다.

1970년대에 들어와 비파형동검에 대한 형식분류가 집중적으로 이루어졌으며, 특히 심양(沈陽) 정가와자유적(鄭家窪子遺蹟) 출토 청동검이 하나의 기준이 되기도 하였다.

그리고 비파형동검의 기원과 발생지역에 대한 연구가 비교적 활발하게 이루어져 왔다. 이것은 문화의 주체(민족)와 문화권역의 설정에 따른 고조선의 영역은 물론 한반도와의 동일 문화권에 대한 기준이 되기 때문에 중요하다. 대부분 요령지역이라는 사실에는 의견을 같이하지만, 요동지방과 요서지방으로 견해가 분리되어 있다. 이러한 가운데 한국 청동기문화가 넓은 의미의 요령지역 청동기문화 계통에서 발전한 것으로 보는 의견도 제시되었다.

한국식동검에 대한 연구는 윤무병에 의하여 체계적으로 이루어져 대표적인 유물에 따라 Ⅰ기(비파형동검 시기), Ⅱ기(한국식동검 Ⅰ기), Ⅲ기(한국식동검 Ⅱ기)로 시기구분이 이루어졌다.[45] 이 견해가 발표된 다음 이것을 바탕으로 더 자세한 연구가 이루어져 왔으며, 특히 유적과 유물의 성격에 따라, 기준을 정하여 5개군으로 나눈 다음 그 연대 설정을 고고학 자료의 비교는 물론 역사적인 사실과 연결시킨 연구결과가[46] 발표되기도 하였다.

청동거울·청동도끼·청동투겁창·청동꺽창 등에 대하여는 자료의 소개 정도에 그치고 있어 앞으로 더욱 심화된 연구가 기대된다(사진 4-6).

청동기의 기원 문제에 대한 연구에서는 청동기의 성분분석 결과를 가지고 주변지역의 자료와 비교 검토를 하기도 하였다. 그 결과 나진 초도, 봉산 송산리에서 발견된 청동기의 성분에 아연이 포함되어 있는 것으로 밝혀져 중국 청동기와는 다른 것으로 인식되어 시베리아 계통의 청동기에서 기원을 찾게 되었다. 그러나 요즘 들어와 청동기의 성분분석에 따른 한국 청동기의 시베리아 기원설에 대하여 다른 견해가 제시되고 있어 주목된다.[47] 그 이유는 1966년 북한에서 청동기의 성분을 분석한 이후에 실시된 분석 결과에서는 아연이 없거나 합금으로 여길 만큼의 성분이 조사되지 않았기 때문이다. 하여튼 청동기의 성분분석을 통하여 한국 청동기의 기원이나 계통을 밝히는 문제는 민족문화의 원류를 찾는 것과 깊은 관계가 있기에 앞으로 다원적인 연구가 요구된다.

5) 농 경

농경이 처음 이루어진 시기는 신석기시대이지만, 청동기시대가 되면 살림살이에서 사냥이나 채집에 대한 의존도가 많이 낮아지고 농경이 보편적으로 이루어졌다. 이러한 농경의 보편화는 민무늬토기문화를 받아들이고 삶의 방식이 다원화되면서 본격적으로 진행되었다.

농경에 대한 초기 단계의 연구는 주로 벼농사에 대한 것으로, 농경의 1차적인 자료보다는 반달돌칼이나 홈자귀 등 농경과 관련된 연모를 중심으로 분포와 전파에 대한 문제가 거론되면서, 대부분 농경문화의 전파경로를 밝히는 것이었다. 이런 관

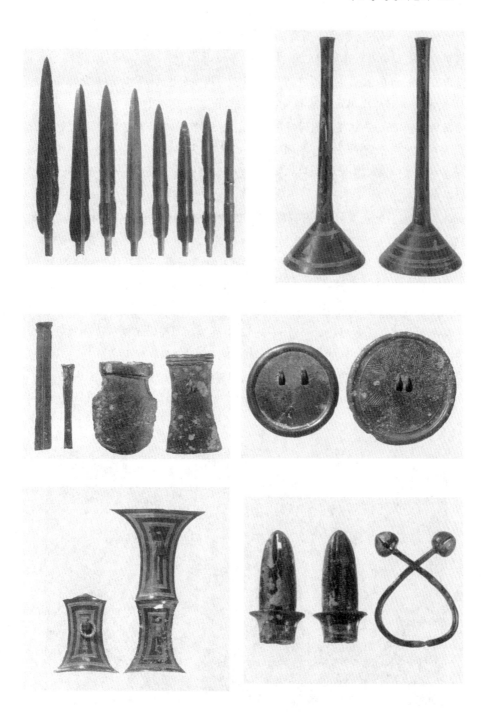

사진 4-6. 여러 가지 청동기

점에서 초기 농경은 중국의 앙소문화(仰韶文化)가 중국 동북지역을 거쳐 한반도 북부지역으로 전파되었을 것으로 여겼다.

1970년대 중반 여주 흔암리와 부여 송국리유적에서는 탄화된 쌀이 찾아져 벼농사에 대한 직접적인 자료가 밝혀지기도 하였다. 흔암리유적에서는 탄화된 쌀 이외에도 보리와 조·수수가 발견되어 당시 사람들이 쌀에 대한 의존도가 높았던 것으로 보이면서도 잡곡도 중요한 위치를 차지하였던 것 같다. 이처럼 청동기시대의 농경은 여러 가지를 같이 재배하는 혼합농경(mixed agriculture)의 성격을 띠었던 것 같다.

한편 탄화된 쌀만 찾아진 송국리유적은 그 지세로 보아 낮은 구릉지대에 위치하므로 이 시기의 논 흔적이나 석기 이외의 농경연모가 찾아질 가능성이 많은 곳이다.

또 태안 고남리 조개더미유적(3호 집터)에서는 좁쌀이 찾아졌고, 한강유역의 김포 가현리와 고양 대화리·가와지·새말유적의 토탄층에서는 벼낟알이 발견되어 벼농사의 기원 문제를 이해하는 데 도움이 된다.

최근 전국적으로 활발한 조사가 이루어지면서 청동기시대에 농사를 지었던 경작지가 울산 무거동, 논산 마전리, 진주 옥방, 어은, 상촌리유적 등에서 발견되어 앞으로 농경방법을 살펴볼 수 있을 것으로 기대된다(사진 4-7).

농경에 대한 연구에서 주된 관심은 대부분 벼농사의 기원 문제와 한반도로의 전

사진 4-7. 청동기시대 밭(진주 어은 1지구)

파 관계에 대한 것이다. 중국에서 한반도 쪽으로의 벼농사 전파 문제는 크게 화중 (華中)지역의 북쪽에서 전래되었다는 북방설과, 동남아시아나 화남(華南)지역에 서 왔다는 남방설로 나누어진다. 북방설은 벼의 생육조건과 농사용 연모, 그리고 벼의 이름 등을 검토한 것이다. 이것은 다시 두 가지 견해로 나누어지는데, 하나는 요동반도에서 한반도의 중·북부지역으로 전파되었다는 것과, 다른 견해는 산동반 도나 그 남쪽의 화중지역에서 우리나라의 중·서부지역으로 건너왔다는 것이다. 화 남지역에서 전파되었다는 견해는 농사용 연모나 해류에 따른 문화의 전파관계를 고려한 것이다.[48]

다음으로 벼농사의 영향에 따른 한국 선사시대 사회상의 변화를 연구한 글이 발표 되었다. 그 연구에 따르면 벼농사의 시작은 사회·경제·정치적인 변화를 일으켜 유적의 입지조건과 집터의 크기와 수, 무덤, 교역관계 등에 영향을 미쳤으며, 벼농 사에 따른 사회계층화는 서로 관련 없는 독립적 양상이라는 의견이 제시되었다.[49]

선사시대 농경에 대한 연구에서 농기구의 쓰임새에 따라 농경방법과 발달단계를 설정한 견해도[50] 있다. 또한 대전에서 출토된 것으로 전하는 농경문 청동기에는 농 사용 연모로 따비와 괭이가 표현되어 있어 이 시기의 농경방법을 살펴볼 수 있다.

최근에 농경과 관련된 논·곡물 등 관련자료가 많이 찾아지면서 선사시대 농경에 대한 연구가 큰 성과를 거두고 있다.[51]

6) 제 의(祭儀)

청동기시대는 앞시기와 비교할 수 없을 만큼 삶의 방식이 다원화되면서 사회가 복합적으로 발달하게 된다. 이렇게 사회가 복합 다원화되면서 당시의 사람들은 점 차 자연적인 여러 현상을 극복해 나가게 되고, 믿음의 형태도 새롭게 자리잡았을 것으로 짐작된다.

최근 발굴 조사를 통하여 청동기시대의 제의와 관련되는 여러 유적들이 찾아지 면서 이러한 문제에 대하여 새로운 인식을 하고 있다.

제의와 관련하여서는 크게 청동의기와 같은 유물과 바위그림, 제단 고인돌, 그리 고 최근에 조사된 몇 곳의 유적을 대상으로 논의가 되고 있다.[52]

먼저 방패나 검파·나팔 모양의 청동의기나 가지방울과 같은 청동기들은 그 쓰임 새가 모두 종교적인 의식에 사용된 것으로 해석되어 당시 사회의 의례에 대하여 시 사하는 점이 많다. 그리고 농경문 청동기는 농경활동에 관한 여러 가지를 잘 보여

수고 있다. 따비와 괭이로 밭을 일구는 모습, 씨를 뿌리는 모습, 수확한 곡식을 토기에 보관하는 모습 등은 농사짓기가 잘 이루어졌으면 하는 바람을 나타낸 것으로 여겨진다.

바위그림은 이 시기의 제의에 관한 모습을 잘 보여 주는 대표적인 유적이다. 1970년 초 고령 알터유적이 발견된 다음 울산 천전리 반구대를 비롯하여 최근 대구 진천동 선돌에 이르기까지 상당히 많은 유적이 발견되고 있다. 고령 알터유적의 경우 바위에 새겨진 대상을 가면으로 보고 바위 자체를 제단으로 해석하였다[53](사진 4-8). 바위그림에 대한 연구는 초기에 새긴 대상, 새긴 수법이나 연대 등에 집중되었으나,[54] 1980년대 후반부터 상징적인 의미를 살펴보면서 의례적인 문제에 많은 관심을 기울이고 있다.[55] 최근에는 한반도의 바위그림을 중국이나 내몽골, 나아가서는 시베리아 등 주변지역의 관련 자료와 비교 검토하는 연구도 진행되고 있어 바위그림의 기원과 전파에 대한 새로운 해석이 기대되기도 한다.

또한 고인돌 가운데 탁자식의 경우, 입지조건과 굄돌의 형태로 보아 무덤방을 이룰 수 없는 것과 대규모의 바둑판 고인돌을 '제단 고인돌'로 해석하기도 하는데,[56] 이것은 당시 사회의 여러 의식을 거행하던 곳으로 여겨진다. 더구나 고인돌의 축조

사진 4-8. 양전동 알터 바위그림

과정에 제의가 있었다는 조사 결과와 연구도 있다.

최근 청동기시대의 마을에 대한 대규모의 조사가 실시되면서 당시 사회의 공간 개념과 인식에 대한 여러 가지 사실들이 밝혀지고 있다. 특히 창원 덕천리유적에서는 고인돌 옆에서 제단과 같은 제의 관련 시설이 찾아져 주목된다. 또한 산청 묵곡리, 진주 옥방·상촌리, 부천 고강동, 대구 진천동유적에서는 살림살이나 농경과 관련된 제의 흔적들이 발견되었다.

7) 연대 설정

한국 청동기시대의 시작은 언제부터인가? 이 문제는 광복 이후 많은 의견들이 제시되어 왔지만 아직까지 논란이 많다.

무엇보다 청동기시대의 시작과 문화권의 범위설정에 대한 인식에서 차이가 있기 때문이다. 청동기시대의 시작을 청동기만을 대상으로 할 것인지, 아니면 같이 나오는 특징적인 토기나 석기 등의 유물 및 유구를 비교하여 기준을 설정할 것인지에 따라 큰 차이가 있다. 또 청동기에 대하여도 자체 생산이 어려워 교역이나 전파에 의하여 보편화된 시점을 기준으로 할 것인지, 청동기를 제작하는 데 기본적인 채광유적이 있고 거푸집에 의하여 주조되어 사용하는 전문가 집단이 존재하는 시점을 청동기시대라 할 것인지에 대하여 여러 가지 견해가 있다.

일반적으로 청동기의 존재에 따라 청동기시대의 기준을 정하는 것이 보편적이지만, 청동기 그 자체가 사회적 변화를 의미하지는 않기 때문에 사회나 문화 발전의 단계와 상황에 따른 다양한 방법으로 기준을 정하는 것이 합리적일 것 같다.

지금까지 한국 청동기시대의 상한연대에 관하여는 여러 의견들이 제시되었는데, 이것은 특히 문화권의 분포범위, 빗살무늬토기와 민무늬토기와의 관계, 청동기가 연모로서 어떠한 기능을 가졌는가 하는 문제 등이 뚜렷이 밝혀지지 않았기 때문이다.

한국 청동기의 상한연대는 1960년대 요령지역 조양 십이대영자유적에서 발굴된 비파형동검을 한국식동검의 조형으로 인식하면서 상한연대를 기원전 6~5세기 무렵으로 보는 견해가[57] 발표된 다음, '순수 청동기시대'를 기원전 5세기 무렵으로 연대를 설정한 견해도 있다.

이어서 한반도 중심으로 청동기를 분석하면서, 비파형동검이 외부에서 제작되어 들어온 시기를 기원전 7, 6세기로 보는 견해와, 요령지역 청동기가 카라스크와 비슷한 점, 중국 은(殷)·주(周) 교체기 등을 고려하여 기원전 1000년기 초로 여기는 의견도 있었다.[58] 한국 청동기문화의 상한을 시베리아지역 타가르문화의 전파와 관련시켜 기원전 7, 6세기로 보고, 한국식동검이 나타나는 기원전 3세기까지를 청동기 Ⅰ기로 해석하기도 하였다. 이런 견해는 그 다음 요령지역의 청동기문화와 관련시켜 기원전 10세기로 다시 연대를 설정하였다.[59] 그리고 부여 송국리 돌널무덤에서 발견된 비파형동검과 무덤구조를 요령지역 관련 자료와 비교 검토하여 기원전 9세기로 해석하는 견해가 나와 주목을 받기도 하였다. 또 한국의 돌널무덤과 청동기의 동물장식무늬 등을 시베리아지역의 카라스크 청동기와 비교하여 같은 문화계통임을 주장하면서 기원전 13세기설이 제시되었다.[60]

한편 간돌검의 조형을 중국식동검(도씨검)으로 주장하면서, 청동거울을 분석하고 중국지역의 역사 변화과정을 고려하여 한국 청동기의 상한(Ⅰ기)을 기원전 7세기로 보는 견해가 발표되었다.[61] 민무늬토기유적의 방사성탄소연대측정값을 다시 계산하여 기원전 13, 12세기로 주장하는 의견도[62] 있다. 그리고 비파형동검과 부채꼴 청동도끼가 춘추(春秋) 초기의 유물과 같이 나오는 요령지역 청동기와 관련시켜 기원전 1000년기 초로 보는 견해도 발표되었다.

이와 같이 여러 의견이 제시되었으며, 청동기시대의 후기 단계는 초기철기시대와 겹치고 있어 더욱 복잡한 모습이다. 대체적으로 한국 청동기시대의 시작은 중국 요령지역을 포함하여 적극적인 관점에서 이해할 필요가 있으며, 기원전 10세기 이전으로 보는 것이 합리적일 것으로 여겨진다.

Ⅱ. 남부지방의 청동기유적(그림 4-1 ①, ②)

1. 집(터)

1) 익산 영등동유적

전북 익산시 영등동에 자리한 이 유적은 1995~1996년 원광대학교 마한백제문화연구소에서 발굴 조사를 하여 21기의 집터를 찾았다.

낮은 구릉과 주변에 저습지가 있는 영등동유적은 선사시대 사람들이 살림을 꾸리기에 아주 좋은 지형조건을 갖추고 있다.

사진 4-9. 영등동 집터(1-3호)

집터는 일정한 거리를 두고 분포하였다. 평면 생김새는 네모꼴과 둥근꼴, 그리고 긴 네모꼴로 나누어지며, 둥근꼴이 가장 많고(11기), 긴 네모꼴이 가장 적다(2기). 또한 여기에서는 한가운데에 움이 파여 있는 송국리형 집터도 상당히 많이 발견되었다(사진 4-9).

집의 구조는 벽 가까이에서 도랑이 찾아져 배수와 관련이 있는 것으로 여겨지며, 긴 네모꼴의 각 집터는 2, 3기의 화덕이 발견되기도 하였다. 기둥구멍을 보면 긴 네모꼴 집터는 긴 방향을 따라 일정한 간격으로 찾아지지만, 나머지 집터에서는 찾아지지 않거나 불규칙한 모습이다.

유물은 여러 가지 토기와 석기가 출토되었다. 토기는 겹입술＋골아가리, 겹입술＋빗금무늬토기와 가락동식 토기, 흑색토기, 붉은간토기 등이 있고, 석기는 간돌검을 비롯하여 형식이 다른 화살촉·돌도끼·반달돌칼·돌끌·숫돌 등이 찾아졌다. 그리고 집터마다 여러 점의 그물추가 발견되어 당시의 살림을 이해하는 데 도움이 된다.

한편 영등동유적의 송국리형 집터와 다른 집터 사이에는 일정한 거리가 있고, 유물도 차이가 있어 시기를 달리하여 축조되었던 것 같다.

* 원광대학교 마한백제문화연구소, 《익산 영등동 택지조성지역내 문화유적 발굴조사》, 1996.

〈그림 4-1〉 ① 남부지방의 청동기유적(집터·선돌·바위그림)

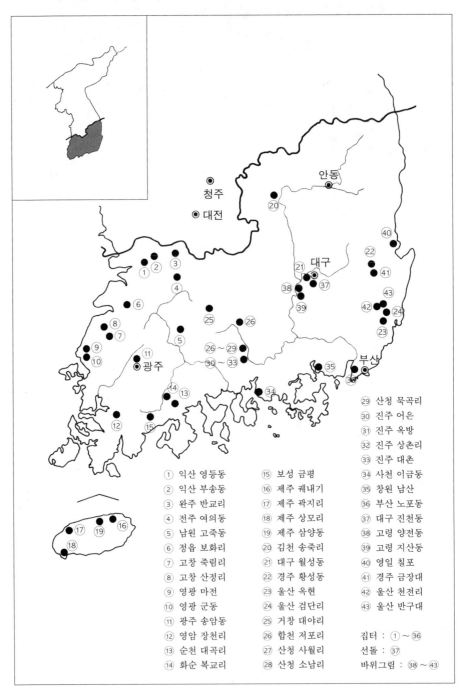

① 익산 영등동	⑮ 보성 금평	㉙ 산청 묵곡리
② 익산 부송동	⑯ 제주 궤내기	㉚ 진주 어은
③ 완주 반교리	⑰ 제주 곽지리	㉛ 진주 옥방
④ 전주 여의동	⑱ 제주 상모리	㉜ 진주 상촌리
⑤ 남원 고죽동	⑲ 제주 삼양동	㉝ 진주 대촌
⑥ 정읍 보화리	⑳ 김천 송죽리	㉞ 사천 이금동
⑦ 고창 죽림리	㉑ 대구 월성동	㉟ 창원 남산
⑧ 고창 산정리	㉒ 경주 황성동	㊱ 부산 노포동
⑨ 영광 마전	㉓ 울산 옥현	㊲ 대구 진천동
⑩ 영광 군동	㉔ 울산 검단리	㊳ 고령 양전동
⑪ 광주 송암동	㉕ 거창 대야리	㊴ 고령 지산동
⑫ 영암 장천리	㉖ 합천 저포리	㊵ 영일 칠포
⑬ 순천 대곡리	㉗ 산청 사월리	㊶ 경주 금장대
⑭ 화순 복교리	㉘ 산청 소남리	㊷ 울산 천전리
		㊸ 울산 반구대

집터 : ① ～ ㊱
선돌 : ㊲
바위그림 : ㊳ ～ ㊸

〈그림 4-1〉 ② 남부지방의 청동기유적(무덤)

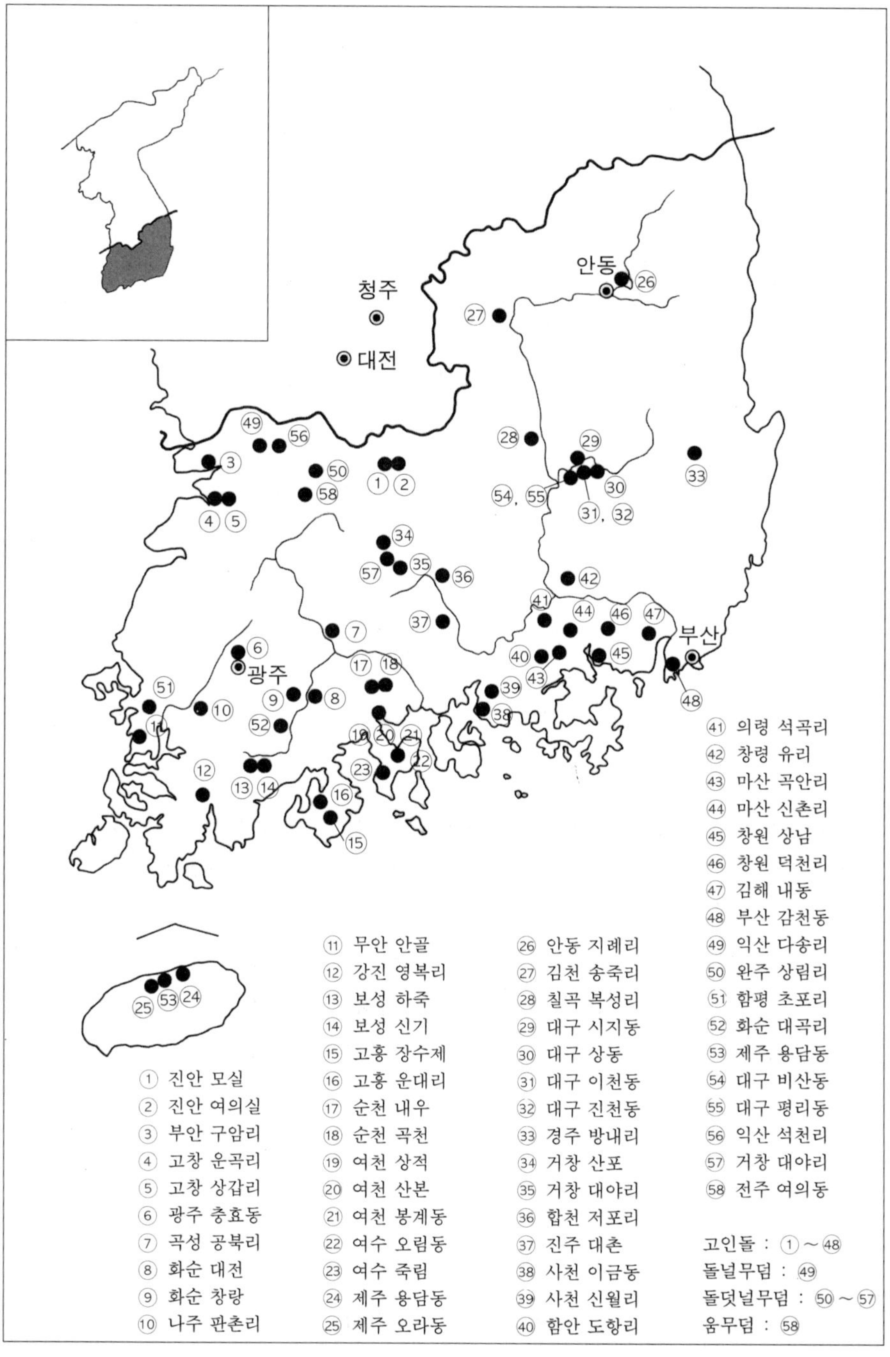
청주
대전
안동
광주
부산
① 진안 모실
② 진안 여의실
③ 부안 구암리
④ 고창 운곡리
⑤ 고창 상갑리
⑥ 광주 충효동
⑦ 곡성 공북리
⑧ 화순 대전
⑨ 화순 창랑
⑩ 나주 판촌리
⑪ 무안 안골
⑫ 강진 영복리
⑬ 보성 하죽
⑭ 보성 신기
⑮ 고흥 장수제
⑯ 고흥 운대리
⑰ 순천 내우
⑱ 순천 곡천
⑲ 여천 상적
⑳ 여천 산본
㉑ 여천 봉계동
㉒ 여수 오림동
㉓ 여수 죽림
㉔ 제주 용담동
㉕ 제주 오라동
㉖ 안동 지례리
㉗ 김천 송죽리
㉘ 칠곡 복성리
㉙ 대구 시지동
㉚ 대구 상동
㉛ 대구 이천동
㉜ 대구 진천동
㉝ 경주 방내리
㉞ 거창 산포
㉟ 거창 대야리
㊱ 합천 저포리
㊲ 진주 대촌
㊳ 사천 이금동
㊴ 사천 신월리
㊵ 함안 도항리
㊶ 의령 석곡리
㊷ 창령 유리
㊸ 마산 곡안리
㊹ 마산 신촌리
㊺ 창원 상남
㊻ 창원 덕천리
㊼ 김해 내동
㊽ 부산 감천동
㊾ 익산 다송리
㊿ 완주 상림리
(51) 함평 초포리
(52) 화순 대곡리
(53) 제주 용담동
(54) 대구 비산동
(55) 대구 평리동
(56) 익산 석천리
(57) 거창 대야리
(58) 전주 여의동
고인돌 : ①～㊽
돌널무덤 : ㊾
돌덧널무덤 : ㊿～(57)
움무덤 : (58)

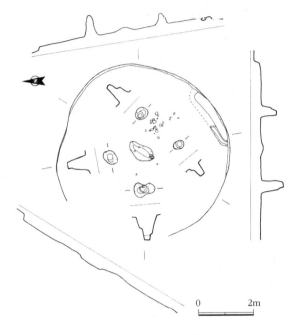

0   2m

그림 4-2. 부송동 집터(1호)

2) 익산 부송동유적

　　전북 익산시 부송동에 위치한 이 유적은, 1993년 원광대학교 마한백제문화연구
소에서 발굴하였다. 유적이 위치한 곳은 완만한 구릉지대이며, 발굴 조사 결과 둥
근꼴의 송국리형 집터 3기가 찾아졌다.

　　집터의 구조를 보면 한가운데에 타원형의 움이 파여 있는데 이곳에는 많은 양의
숯과 재가 쌓여 있었으며, 2호 집터에는 벽쪽 가장자리에 얕은 도랑이 있어 주목된
다(그림 4-2). 유물은 바리 모양의 민무늬토기·붉은간토기·간돌검·대패날·돌끌·
화살촉 등이 발견되었다.

　　한편 부송동유적은 영등동유적과 가까이 있고 집터의 구조나 출토유물이 아주
비슷하여 거의 같은 시기에 만들어진 것으로 여겨진다.

　*이신효,〈이리 부송동주거지 발굴조사〉,《호남고고학보》(호남고고학회) 1, 1994.

3) 완주 반교리유적

넓은 평야가 펼쳐진 얕은 구릉 위에 있는 이 유적은 전북 완주군 이서면 반교리에 위치하며, 1994년 국립전주박물관에서 발굴하였다.

이곳은 청동기시대 집터를 비롯하여 돌널무덤·움무덤 등이 찾아진 복합유적이다. 유적의 분포상태를 보면 집터는 구릉의 경사면에 있지만, 무덤들은 구릉의 꼭대기에 밀집되어 있어서 살림을 하던 공간과 무덤공간이 서로 분리되어 있었던 것으로 해석된다.

모두 3기가 찾아진 집터의 평면 생김새는 둥근꼴이고 송국리형이며, 여기에서는 입술이 바깥으로 조금 바라진 송국리형 토기를 비롯하여 붉은간토기·삼각형 돌칼·화살촉·돌끌·숫돌 등이 출토되었다.

* 안승모와, 《완주 반교리유적》(국립전주박물관), 1996.

4) 전주 여의동유적

전북 전주시 여의동의 비교적 높은 구릉에서 뻗어 내린 대지 위에 자리한 이 유적에서, 1988년 전주대학교 박물관 팀은 평면이 둥근꼴인 송국리형 집터 1기를 발굴 조사하였다.

집터의 가운데에는 타원형의 움이 파여 있고, 그 둘레에는 4개의 기둥구멍이 일정한 간격으로 배치되어 있었다. 집터는 지름이 6.4m, 6.9m 정도로 면적은 34.5m^{2}나 되어 상당히 큰 편에 속한다(그림 4-3).

출토유물은 입술이 바라진 송국리형 토기·바리모양토기·붉은간토기·간돌검·반달돌칼·화살촉 등이 있다.

한편 이 집터에서는 많은 양의 토기조각들이 찾아지는 걸로 보아, 집터의 기능을 잃은 다음 쓰레기장으로 이용되었던 것 같다.

* 전영래, 《전주 여의동 선사유적 발굴조사보고서》(전주대학교 박물관), 1990.

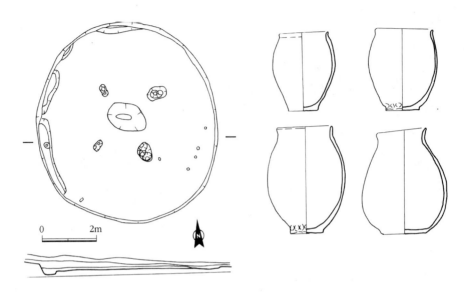

그림 4-3. 여의동 집터와 출토토기

5) 남원 고죽동유적

전북 남원시 고죽동 누른대마을의 낮은 야산 구릉 위에 위치한 이 유적은, 1996년 전북대학교 팀이 발굴 조사하였다.

고죽동유적에서는 3기의 집터가 찾아졌는데, 평면 생김새는 긴 네모꼴이며, 불땐자리는 3호에서만 발견되었다. 그리고 다른 집터의 바닥은 불에 탄 흔적이 뚜렷하며, 특히 1호에서는 불에 탄 흙덩어리가 많이 찾아졌다.

유물은 구멍무늬＋골아가리 및 겹입술＋빗금무늬토기가 출토되었는데, 대부분의 토기는 두 가지 이상의 무늬가 섞여 있는 것이 특징이다. 또한 석기는 반달돌칼·화살촉·돌도끼·돌끌·대패날 등이 발견되었고, 흙으로 만든 가락바퀴도 여러 점 출토되었다(그림 4-4).

한편 집터의 구조나 출토유물이 보령 관산리유적과 비슷한 점이 많아 서로 비교된다.

* 전북대학교 전라문화연구소, 《남원 고죽동유적 발굴조사 보고서》, 1997.

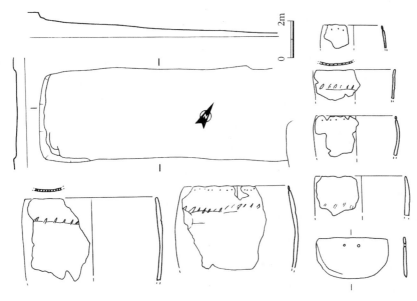

그림 4-4. 고죽동 집터(1호)와 출토유물

6) 정읍 보화리유적

이 유적은 전북 정읍시 소성면 보화리에 있으며, 1985년 백제시대의 불상을 조사
하는 과정에 찾아져 원광대학교 마한백제문화연구소에서 발굴 조사를 하였다.

낮은 야산에서 뻗어 내린 얕은 구릉의 능선에 위치한 이 유적에서는 평면이 둥근
꼴인 송국리형 집터가 1기 발견되었는데, 지름이 6.4m로 상당히 큰 편에 속한다.
집터의 가운데에는 타원형의 움이 있고 움 둘레에는 기둥구멍이 4개 찾아졌으며,
움 안에서 많은 양의 숯과 불탄 흙이 발견되어 보고자는 이 움의 기능을 불땐자리
로 여기고 있다. 한편 집안에서도 불탄 흙과 숯들이 많이 찾아져 이 집은 불이 났던
것으로 판단된다.

출토유물은 여러 점의 민무늬토기 조각과 돌도끼·숫돌·갈판·가락바퀴 등이 있다.

* 홍윤식, 《정읍 보화리 백제 석불 입상 주변 발굴조사보고서》(원광대학교 마한백제문화연구소),
　1985.

7) 고창 죽림리유적

이 유적은 전북 고창군 고창읍 죽림리에 있으며, 1999년 원광대학교 마한백제문화연구소에서 서해안고속도로 문화유적조사의 일환으로 발굴하였다.

얕은 구릉 위에 위치한 이 유적은 옆에 고창천이 흐르고 있으며, 앞으로는 넓은 평야가 펼쳐져 있어서 선사시대 사람들이 터전을 잡고 살기에 좋았던 것 같다.

이곳에서는 구릉 꼭대기를 감싼 환호와 6기의 집터가 찾아졌는데, 평면 생김새는 대부분 둥근꼴에 지름이 5m쯤 되어 큰 편에 속하며, 집터의 바닥은 찰흙을 깔고 단단하게 다졌다.

출토유물은 간돌검·화살촉·반달 및 삼각형 돌칼·숫돌·갈돌 등의 여러 가지 석기와 많은 양의 민무늬토기 조각들이 있다.

환호는 유적의 꼭대기를 감싸고 만들어졌는데, 생김새는 타원형이다. 크기는 동서 37.6m, 남북 27.5m쯤 되며, 2기의 청동기시대 집터를 파괴하면서 만들어졌다. 환호에서도 간돌검과 화살촉·돌도끼, 그리고 민무늬토기 조각들이 발견되었다.

* 원광대학교 마한백제문화연구소, 〈죽림리유적〉, 《서해안고속도로 건설구간내 문화유적 발굴조사》, 1999.

8) 고창 산정리유적

전북 고창군 대산면 산정리 소발산마을의 서쪽 구릉에 위치하며, 원광대학교 마한백제문화연구소에서 1999년 서해안고속도로 문화유적 발굴의 일환으로 조사하였다.

이 유적에서는 4기의 집터와 많은 움들이 찾아졌다. 집터의 평면 생김새는 네모꼴과 타원형(1기)이 섞여 있으며, 크기는 면적이 10m² 안팎으로 비교적 작다. 바닥은 맨바닥을 그대로 이용한 것과 찰흙을 깔고 단단하게 다진 것이 있으며, 가운데에는 얕게 판 타원형의 움, 그 양쪽에 기둥구멍이 있다. 특히 1호 집터는 벽 가장자리에 배수와 관련 있는 얕은 도랑이 있어 주목된다.

출토유물은 여러 생김새의 민무늬토기와 붉은간토기·돌도끼·갈돌·숫돌 등이 있다.

사진 4-10. 마전 집터

---

* 원광대학교 마한백제문화연구소, 〈산정리유적〉,《서해안고속도로 건설구간내 문화유적 발굴조
  사》, 1999.

9) 영광 마전유적

이 유적은 전남 영광군 대마면 원흥리 마전마을에 자리하며, 1999년 조선대학교
박물관 팀이 발굴 조사하였다. 얕은 구릉의 동쪽 경사면에 위치한 이곳에서는 10기
의 집터와 작은 움들이 찾아졌다.

집터의 평면 생김새는 둥근꼴(7기)과 네모꼴(3기)이 섞여 있으며, 집 가운데에는
모두 타원형의 얕은 움이 있고 그 양쪽에 기둥구멍이 있다(사진 4-10). 특히 8호 집
터의 움 가운데에서는 기둥받침돌이 찾아졌고, 10호에서는 쌍을 이룬 기둥구멍이
발견되어 주목된다. 일부 집터는 벽을 따라서 2~10cm 너비의 도랑이 있어 배수와
관련이 있는 것으로 여겨진다. 그리고 대부분의 집터에서는 벽 옆에 일정한 간격으
로 기둥구멍이 찾아지기도 하였다.

출토유물은 9호 집터에서 6개체의 민무늬토기가, 다른 집터에서는 화살촉과 돌
끌 몇 점이 찾아졌다.

168

* 조선대학교 박물관, 〈마전유적〉, 《서해안고속도로 건설구간내 문화유적 발굴조사》, 1999.

10) 영광 군동유적

전남 영광군 대마면 군동의 구릉 능선에 위치한 이 유적은 1999년 서해안고속도로 조사의 일환으로 목포대학교 박물관 팀이 발굴하였다.

모두 12기의 집터가 일정한 거리를 두고 있었다. 집터의 가운데에는 움이 파이고 그 양쪽에 기둥구멍이 있었는데, 평면이 둥근꼴인 집터의 움은 깊으나 네모꼴인 경우는 아주 얕았다.

10호 집터는 벽쪽에서 일정한 간격으로 기둥구멍이 찾아졌는데, 모두 안쪽으로 기울어져 있어 원뿔 모양의 지붕구조였던 것 같다.

출토유물은 돌도끼·화살촉·돌끌 등의 석기와 많은 양의 민무늬토기 조각이다.

* 목포대학교 박물관, 〈군동유적〉, 《서해안고속도로 건설구간내 문화유적 발굴조사》, 1999.

11) 광주 송암동유적

광주광역시 송암동 낮은 산의 구릉 위에 자리한 이 유적은 1977년 전남대학교 박

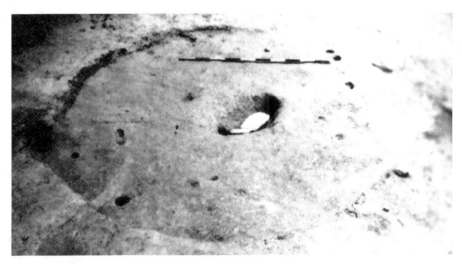

사진 4-11. 송암동 집터

물관 팀이 발굴 조사하였다.

집터는 풍화암반층을 약 20cm 파고 타원형으로 만들었으며, 집터의 가운데에는 타원형의 얕은 움이, 그 양쪽 끝에는 기둥구멍이 1개씩 있었다. 그리고 집터의 남쪽에는 튀어 나온 부분이 있는데 이곳이 나들이 문 역할을 하였던 것으로 여겨진다 (사진 4-11).

찾아진 유물은 타원형 움에서 숫돌이 출토된 것을 비롯하여 민무늬토기 조각·화살촉, 그리고 만들다 그만둔 석기들이 많다.

* 최몽룡, 《광주 송암동 주거지 · 충효동 지석묘》(전남대학교 박물관), 1977.

12) 영암 장천리유적

이 유적은 전남 영암군 서호면 장천리에 위치하며, 1985~1986년 목포대학교 박물관 팀이 발굴 조사하였다.

유적 주변의 지세를 보면 사방이 산으로 둘러싸인 얕은 구릉에서 7기의 집터가 발굴되었는데, 평면 생김새는 둥근꼴과 타원형이 섞여 있다. 집터의 가운데에는 타원형의 얕은 움이 있어 송국리형임을 알 수 있으며, 바닥은 모두 찰흙을 깔고 다져 놓았다(사진 4-12).

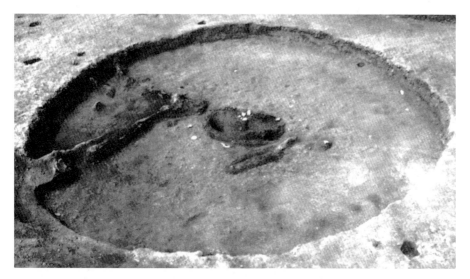

사진 4-12. 장천리 집터(7호)

유물은 입술이 바라진 송국리형 토기와 바리모양토기·돌도끼·삼각형 돌칼·화살촉·돌끌 등이 찾아졌다.

이 유적의 연대는 집터에서 찾아진 숯으로 방사성탄소연대측정을 한 결과 4,140 bp(다시 계산하기 B.C. 3020~2340)로 밝혀졌다.

장천리유적의 집터 바로 옆에서는 고인돌이 발굴 조사되어 서로 관계가 있는 것으로 여겨지며, 이러한 예는 순천 곡천·대곡리유적이 있다.

* 최성락,《영암 장천리 주거지》(목포대학교 박물관) I · II, 1986.

13) 순천 대곡리유적

전남 순천시 송광면 대곡리 보성강 옆의 충적대지에 있는 이 유적은 주암댐 수몰지역 문화유적조사의 일환으로 서울대학교와 국립광주박물관에서 1986~1989년 3차에 걸쳐 발굴하였다. 강을 사이에 두고 도롱마을과 한실마을로 나누어지는데, 2곳에서 모두 71기의 집터와 작은 움들이 찾아졌다.

발굴 조사 결과, 층위에 따라 집터의 평면 생김새가 다른데, 아래층에서는 집안에 타원형 움을 지닌 평면이 둥근꼴과 네모꼴의 집터가, 위층에서는 타원형 움이 없는 긴 네모꼴 집터가 발굴되었다(그림 4-5).

집터의 바닥은 대부분 맨바닥을 그대로 이용하였지만 찰흙으로 다진 경우도 있다. 그리고 불에 탄 흔적이 상당히 많이 찾아졌으며, 도롱마을에서는 겹쳐 있는 집들이 제법 발견되었다. 또한 구조와 출토유물로 보아 석기제작소와 같은 기능을 지녔던 것으로 판단되는 집터도 찾아졌다.

출토유물은 구멍무늬토기와 민무늬토기·붉은간토기를 비롯하여 간돌검·화살촉·숫돌·돌끌·반달 및 삼각형 돌칼·돌도끼 등 청동기시대에 널리 쓰인 대부분의 석기가 모두 발견되었다.

한편 집터에서 찾아진 숯으로 방사성탄소연대측정을 한 결과 2,380 bp(다시 계산하기 B.C. 780~200)로 밝혀졌다.

* 전남대학교 박물관,《주암댐 수몰지역 문화유적 발굴조사보고서(VI · VII)》, 1989~1990.

14) 화순 복교리유적

이 유적은 전남 화순군 남면 복교리에 위치하며, 주암댐 수몰지역 문화유적 발굴

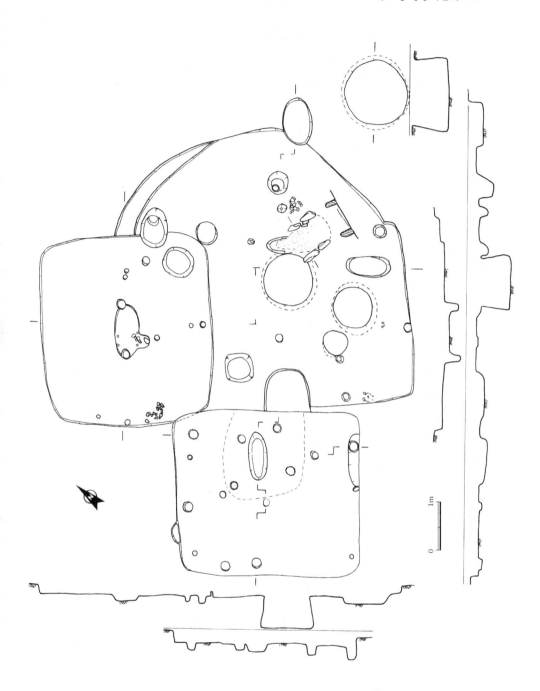

그림 4-5. 대곡리 집터(14~19호)

의 일환으로 1989년 전남대학교 박물관 팀이 조사하였다.

동복천 상류의 충적대지에 자리하며 2기의 집터가 찾아졌는데, 평면 생김새는 모두 둥근꼴이고, 가운데에 타원형의 얕은 움이 있는 송국리형이다. 2호 집터의 얕은 움에서는 숫돌·덜된 석기·강돌 등이 출토되어, 보고자는 이 움의 쓰임새를 작업 구덩이로 추정하고 있다. 1호 집터는 발굴 결과 기둥구멍의 흔적과 바닥으로 보아 사용하다가 후대에 더 크게 넓힌 흔적이 찾아졌다.

유물은 화살촉·돌끌·달도끼·숫돌 등의 석기와 민무늬토기 조각들이 발견되었다.

이 유적의 연대는 집터에서 찾아진 숯을 가지고 방사성탄소연대측정을 한 결과 2,950 bp(다시 계산하면 B.C. 1420~850)로 밝혀졌다.

 * 송정현과, 〈죽산리·복교리유적〉,《주암댐 수몰지역 문화유적 발굴조사보고서(Ⅶ)》(전남대학교 박물관), 1990.

15) 보성 금평유적

전남 보성군 벌교읍 척령리 금평마을에 위치한 이 유적은 도로확장공사를 하면서 1992년 전남대학교 박물관 팀이 발굴 조사를 하였다.

유적은 낮은 야산의 고갯마루 옆 얕은 구릉 위에 있으며, 집터 1기가 찾아졌다. 평면 생김새는 지름 4.4m 되는 둥근꼴로 움의 깊이는 90cm쯤 되어 상당히 깊은 편이다. 집터의 가운데에는 타원형의 얕은 움이 파여 있고 그 양쪽에 기둥구멍이 한 개씩 있어 송국리형이다. 그리고 움의 한쪽에서 모룻돌이 찾아져 연모 제작을 하였던 것으로 여겨진다.

유물은 구멍무늬토기·민무늬토기조각·화살촉 등이 찾아졌다.

 * 임영진과,《보성 금평유적》(전남대학교 박물관), 1998.

16) 제주 궤내기굴유적

이 유적은 제주도 북제주군 구좌읍 김녕리에 위치하며, 1993년 제주도 민속자연사박물관 팀이 발굴 조사하였다.

동굴은 편평한 대지에 있으며, 뒤쪽은 급한 경사면을 이루고 있다. 동굴 입구는 남쪽을 바라보며, 크기는 높이 3.5m, 너비 6.2m이고 사람들이 주로 입구쪽에서 살림을 꾸렸던 것으로 밝혀졌다(사진 4-13).

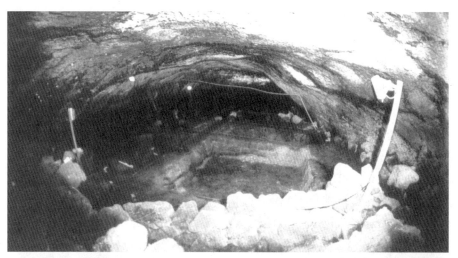

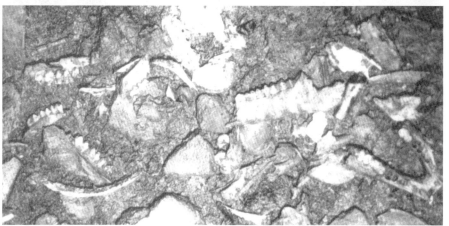

사진 4-13. 궤내기굴과 짐승뼈 출토모습

　출토유물은 덧띠토기·흑색의 간토기·조가비로 만든 화살촉 등이 있다. 덧띠토기는 덧띠의 단면이 둥근꼴과 세모꼴이 함께 찾아져 주목되며, 덧띠를 붙이면서 손가락 끝으로 누른 자국이 뚜렷하게 남아 있다.

　궤내기굴 주변에는 구멍무늬토기가 출토되는 유적이 여러 곳 있어 비슷한 시기에 이 일대에 사람들이 많이 살았음을 알 수 있다.

　* 제주도 민속자연사박물관,《김녕리 궤내기동굴유적》, 1995.

17) 제주 곽지리유적

제주도 서북쪽의 한가운데인 북제주군 애월읍 곽지리의 바닷가를 따라 분포하는 이 유적은 제주대학교 박물관에서 1979년(1차)·1990년(2차) 조사를 하였다. 퇴적 층위의 두께는 150cm 쯤으로 제주지역의 여러 유적 가운데 범위가 가장 넓고 오랜 기간 사람들이 살았던 것으로 밝혀지고 있다. 1~3층에서는 여러 가지의 조개껍질 과 사슴·멧돼지·말 등의 짐승뼈를 비롯하여 구멍무늬토기·구멍무늬＋골아가리 토기·간토기 등 여러 가지의 토기가 함께 찾아져 그 변화과정을 밝히는 데 중요하 다. 또한 전복껍질로 만든 반달칼도 찾아졌다.

한편 이 지역의 용담동이나 광령리유적이 작은 냇가를 따라 있는 것과는 다르게 바닷가 옆에 분포하는 것이 주목된다.

* 제주대학교 박물관, 《곽지패총》, 1985.

18) 제주 상모리유적

제주 본섬의 가장 남쪽 지역인 남제주군 대정읍 상모리 산이수동마을에 위치하 며, 1988년 제주대학교 박물관 팀이 발굴 조사를 하였다.

이 유적은 바닷가 바로 옆의 모래언덕에 자리한 조개더미이며, 해안을 따라 발달 하였다.

발굴 조사 결과, 뚜렷한 집터의 흔적은 아니지만 바닥을 다진 네모꼴에 가까운 터와 모래를 움푹하게 파거나 자갈돌을 쌓아서 만든 불땐자리가 찾아져 사람들이 살림을 꾸렸던 것 같다. 그리고 넓은 지역(길이 70m, 너비 10m)에 유물이 집중되어 있어서 당시 사람들이 공동생활을 하였을 가능성이 있다.

출토유물은 구멍무늬토기·골아가리토기·간돌도끼·화살촉·갈판 등 여러 가지 가 찾아졌다. 또 전복·소라·밤고동·홍합 등 25종의 조가비가 발견되어 이곳에 살 았던 사람들이 비교적 여러 종류의 조개를 잡았던 것 같다.

상모리유적은 모든 문화층(4개)에서 구멍무늬 계통의 민무늬토기가 찾아져 그 변화과정을 알 수 있으며, 제주지역 민무늬토기의 표준유적으로 여기고 있다(사진 4-14).

* 제주대학교 박물관, 《상모리유적》, 1990.

사진 4-14. 상모리 집터와 출토토기

19) 제주 삼양동유적(사적 제416호)

제주시 삼양동에 위치하는 이 유적은 주변에 '음나물내'라는 건천이 흐르고 있는데, 제주대학교 박물관에서 1997년부터 연차적으로 상당히 넓은 범위(10만㎡)를 발굴하고 있다.

사진 4-15. 삼양동유적

　지금까지의 조사 결과, 평면 생김새가 서로 다른 집터 300여 기를 비롯하여 불탄
자리, 도랑 유구, 쓰레기장, 조개더미 등이 찾아져 탐라국 이전의 제주지역에 살았
던 사람들의 모습을 살펴보는 데 중요하다.

　집터는 평면이 둥근꼴과 긴 네모꼴, 꼴을 갖추지 못한 것 등이 섞여 있는데, 특히
둥근꼴의 집터는 가운데에 타원형 구덩이가 파여 있고, 그 양쪽에 구멍이 있어 '송
국리형 집터'에 해당한다. 그리고 집터가 분포하는 모습을 보면 12~15기 정도의
작은 집터 안에 큰 토기, 청동기, 여러 가지 구슬이 찾아진 큰 규모의 집터가 1채씩
있어 주목된다.

　도랑 유구는 단면이 U자와 V자 모양 두 가지가 있으며, 그 속에서 불탄 흙과 숯
이 찾아졌고 마을의 외곽 가장자리에 둘러놓았던 것으로 여겨진다.

　삼양동유적에서는 여러 가지 토기와 석기·구슬·곡식 등이 찾아졌다. 토기의 생
김새는 단지와 바리 모양이 대부분이며, 종류는 구멍무늬토기·골아가리토기·덧
띠토기가 있다. 석기는 화살촉이 가장 많고 대패·갈돌·갈판·돌칼·돌도끼 등 주로
집안살림에 이용된 것이다. 또한 둥근 구슬(중국 제품?)과 청동기, 그리고 콩·보
리 등의 곡식도 발견되었다.

　이 삼양동유적은 늦은 시기의 '송국리형 집터'가 찾아진 대규모 마을유적으로 여
겨지며, 제주지역의 옛 문화를 이해하는 데 중요하다(사진 4-15).

* 제주대학교 박물관,《제주 삼양동유적》, 1999.

20) 김천 송죽리유적

경북 김천시 구성면 송죽리 고목마을에 위치한 이 유적은 1991～1993년 구성지 방공단 조성으로 계명대학교 박물관 팀이 발굴 조사하였다. 주변의 지세는 낙동강의 샛강인 감천이 강굽이를 이루면서 흐르고 있는데, 유적은 강 옆의 충적대지에 자리한다.

집터는 62기가 찾아졌으며 모두 움집이다. 집터의 평면 생김새는 둥근꼴·네모꼴·긴 네모꼴 등으로 나누어지며, 크기를 보면 긴 네모꼴은 비교적 큰 편에 속하는 것이 많고 둥근꼴이나 네모꼴은 작다. 긴 네모꼴 집터의 긴 방향은 대부분 남북쪽이며, 나들이 문은 동쪽이나 남쪽에 있었으나 둥근꼴과 네모꼴 집터는 일정하지 않다. 집터의 바닥은 부분적으로 불에 탄 단단한 바닥이 있으나 거의가 맨바닥을 그대로 이용하였다.

화덕은 가운데에 있는 경우가 대부분이며, 좁고 긴 네모꼴 집터는 한 집 안에 2기가 있었다. 화덕의 생김새는 둥근꼴과 네모꼴이 모두 찾아졌으며, 바닥에 넓적한 돌을 깔고 가장자리에는 강돌을 돌려놓은 것이 많았다. 저장구덩은 가장자리에서 찾아졌는데, 지름이 1m나 되는 상당히 큰 것도 있다(사진 4-16).

많은 집터에서 불에 탄 흔적이 발견되었고, 몇몇 집터는 불이 난 다음 다시 사용한 것으로 밝혀졌다.

한편 6호 집터는 상당히 큰 편에 속한다. 이곳에서는 소머리 크기 만한 몸돌과 격지 등이 출토됨으로써 석기제작소로 여겨진다. 또한 집터 옆에서는 돌무지가 많이 찾아졌는데, 출토유물과 짜임새로 볼 때 그 쓰임새는 야외화덕이나 쓰레기장이었던 것 같다.

집터에서는 여러 종류의 토기와 석기, 나무연모 등이 찾아졌다. 토기는 바리 및 단지 모양의 민무늬토기와 붉은간토기가 있는데, 바리모양토기는 바닥에 모두 굽이 달린 형태이며, 몇 점은 입술아래 덧띠가 있는 것도 있다. 석기는 여러 종류의 화살촉을 비롯하여 돌검·돌창·바퀴날 도끼 등의 무기류와 돌도끼·반달돌칼 등의 살림연모가 있다. 그리고 불에 탄 나무연모, 둥근 모양의 옥, 흙으로 빚어 만든 그물추와 가락바퀴도 찾아졌다.

사진 4-16. 송죽리 집터(52호)

* 계명대학교 박물관, 《금릉 송죽리유적》(개교40주년기념 특별전 도록), 1994.

21) 대구 월성동유적

대구광역시 서구 월성동의 월촌고개 북서쪽 구릉지대에 위치하며, 1988년 경북 대학교 박물관 팀이 발굴 조사하였다.

이 유적을 중심으로 주변에는 민무늬토기와 간석기가 찾아지는 곳이 많으며, 옆 에는 고인돌 유적이 있어 일찍부터 사람들이 터전을 잡고 살아왔던 것 같다.

발굴 조사에서 2기의 움집이 찾아졌는데, 평면 생김새를 보면 1기는 긴 네모꼴이 고 다른 1기는 모를 죽인 형태이다. 2호 집터는 판자벽이 확인되었고 바닥에는 배 수시설로 보이는 작은 도랑이 있었다.

집터에서는 변형 팽이형토기와 골아가리토기를 비롯하여 간돌검·돌도끼·화살 촉·숫돌 등의 간석기가 찾아졌다.

* 조유전, 〈청동기시대의 유적과 유물 : 영남지방의 유적〉, 《한국사》(국사편찬위원회) 3, 1997.

22) 경주 황성동유적

경북 경주시 황성동에 있으며 1990∼1991년 국립경주박물관·경북대·계명대·동국대 팀이 연합 발굴 조사를 하여, 25기의 집터와 움 6기를 찾았다.

평면 생김새는 대부분 긴 네모꼴이며, 길이 8m, 너비 4~5m쯤 되는 것이 많다. 바닥은 찰흙을 깔아 다진 것과 맨땅을 그대로 이용한 것이 섞여 있다. 화덕은 대부분 둥근꼴로 집터의 한쪽으로 치우쳐 있었고, 한 집에 2개가 있는 것도 있었다.

한편 집터에는 기둥구멍이 있는 것과 납작돌을 초석으로 이용한 것도 있으며 집의 벽체에는 판자를 사용한 것이 있어서 집짓기 기술이 발달되었음을 알 수 있다 (그림 4-6).

집터 가운데에는 출토유물로 보아 석기제작소로 이용된 경우도 있으며, 대부분의 집터에는 숯과 불탄 흙이 찾아져 불이나 없어진 것 같다.

출토유물은 바리모양토기가 가장 많고 구멍무늬토기·붉은간토기 등의 토기와 반달돌칼·돌도끼·돌끌·바퀴날도끼 등이 찾아졌다.

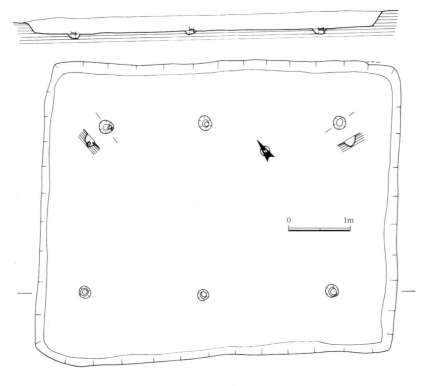

그림 4-6. 황성동 집터(13호)

* 황성동유적 발굴조사단, 《경주 황싱동유직 제1차 빌굴조사개보》, 1990.

23) 울산 옥현유적

이 유적은 울산광역시 남구 무거동에 위치하며, 1998년 경남대학교와 밀양대학교 박물관 팀이 발굴 조사하였다. 유적은 해발 35m 안퐊의 낮은 구릉과 구릉 사이의 좁은 골짜기 사이에 분포하고 있으며, 이곳에서는 60여 채의 집터와 논, 그리고 환구(環溝)가 찾아졌다.

집터의 움은 모두 얕으며, 대부분 구릉의 방향과 나란하게 자리하고 평면 생김새는 크게 긴 네모꼴과 네모꼴로 나누어진다. 긴 네모꼴 집터는 거의가 구릉의 꼭대기나 경사가 완만한 중간 부분에 위치하며 네모꼴 집터와는 차이가 있다.

집터의 구조적 특징으로는 집안의 가장자리에 배수용 도랑이 있는 점인데, 이 가운데는 벽 가까이의 홈과 연결된 것도 있다. 이러한 것은 청주 내곡동유적을 비롯하여 강릉 방내리, 속초 조양동, 울산 검단리, 포항 초곡리유적에서 찾아졌다.

청동기시대의 논은 지표에서 1.3~1.6m 아래에 위치하는데, 이곳에서 논둑과 농사를 지으면서 생긴 외부 흙이 발굴되었다. 논의 평면 생김새는 네모꼴과 부정형이

사진 4-17. 옥현유적의 논

며, 바닥에서 사람(?) 발자국, 농사연모 사용 흔적, 기둥구멍 등이 찾아졌다. 그리고 논바닥에서 민무늬토기와 붉은간토기, 여러 종류의 석기가 발견되었는데, 보고자는 이 논의 연대를 청동기시대 전기로 해석하고 있다(사진 4-17).

환구는 논과 연결되어 있는데, 길이가 150m, 너비 2~2.5m, 깊이 0.8~1m쯤 되며 단면은 U자 모양이고, 환구 안에서는 구멍무늬토기와 여러 종류의 민무늬토기, 석기 등이 출토되었다.

이와 같이 옥현유적은 한 구릉에서 많은 집터와 당시의 생활환경을 알 수 있는 논, 환구 등이 발견되어 청동기시대의 살림살이 방법을 짐작하게 한다.

* 이상길과, 〈울산 무거동 옥현유적〉,《20세기에 대한 역사적 평가》(제42회 전국역사학대회 발표요지), 1999.

24) 울주 검단리유적(사적 제332호)

울산광역시 울주군 웅촌면 검단리의 얕은 야산에서 뻗어 나온 낮은 구릉 위에 있으며, 우리나라에서 발견된 대표적인 마을유적으로 1990년 부산대학교 박물관 팀이 발굴 조사를 하여 92채의 집터와 환호, 가마터, 고인돌, 움 등을 찾았다.

집터는 환호의 안팎에서 모두 발견되었는데, 특히 남서쪽 비탈에 밀집되어 있었다. 움집의 평면 생김새는 네모꼴, 긴 네모꼴, 둥근꼴 등이 있는데, 송국리형 둥근꼴 집터는 1채뿐이고 나머지는 거의 반반 정도이다. 집터의 바닥은 부분적으로 찰흙을 깔아 다졌거나 불을 놓아 단단하게 한 것도 있다. 불땐자리는 대부분 한쪽으로 조금 치우쳐 한 집에 1개씩 있으나, 31호 집터는 2개가 있었다. 그리고 집터의 벽을 따라서 좁은 도랑이 파여 있고, 기둥구멍은 벽에서 조금 안쪽으로 있는 것이 많은데, 네모꼴은 4개, 긴 네모꼴은 6개씩 확인되었다.

환호시설은 구릉의 비탈을 따라 타원 모습으로 만들어졌으며, 길이는 약 300m, 깊이 0.2~1.5m이고 단면은 V자 모양이다. 환호 안에서는 긴 구덩이들이 발견되었는데, 이 구덩이 속에는 민무늬토기와 붉은간토기들이 줄을 지어 있어 특별한 성격을 지녔던 것으로 이해된다.

가마는 모두 밀폐식 평가마(2기)로, 굴뚝과 불때는 곳은 지하에 있고 벽은 L자 모양으로 반지하식이었다.

출토유물은 구멍무늬토기·붉은간토기·손잡이 달린 바리토기와 반달돌칼·돌도끼·화살촉·가락바퀴·그물추 등의 여러 가지 석기가 많이 찾아졌다.

사진 4-18. 검단리유적 전경 · 집터 · 민무늬토기

이 검단리유적은 청동기시대에 이미 방어시설을 갖춘 마을유적으로 당시의 사회를 이해하는 데 중요한 자료가 되고 있다(사진 4-18).

* 부산대학교 박물관,《울산 검단리 마을유적》, 1995.

25) 거창 대야리유적

경남 거창군 남하면 대야리에 위치하며 1986~1987년 합천댐 수몰지역 조사의 일환으로 동의대학교 박물관 팀이 집터 5기와 고인돌을 발굴하였다.

집터의 평면 생김새는 1기만 긴 네모꼴이고 나머지는 타원형이거나 둥근꼴인데, 타원형이나 둥근꼴의 집터는 가운데에 타원형의 움이 있으면서 그 양쪽에 기둥구멍이 있는 이른바 '송국리형 집터'이다(그림 4-7). 그런데 2호 집터의 경우, 기둥구멍 바닥에 납작한 돌이 놓여 있어 기둥이 내려앉는 것을 방지하였던 것으로 보이는데, 이런 방식은 진주 옥방유적에서도 찾아졌다.

집터에서는 민무늬토기와 붉은간토기·화살촉·홈자귀·돌칼·그물추·숫돌·흙으로 만든 구슬 등이 찾아졌다.

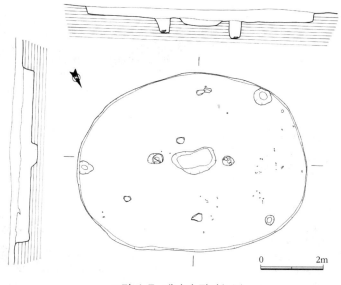

0   2m

그림 4-7. 대야리 집터(1호)

* 임효택괴,《대아리 주거지》(동의대학교 박물관) Ⅰ·Ⅱ, 1988·1989.

26) 합천 저포리유적

경남 합천군 봉산면 저포리에 위치하며, 1986~1987년 부산대학교 박물관 팀이 합천댐 수몰지역 조사의 일환으로 발굴하였다.

발굴 결과 이곳에서는 7기의 움집이 찾아졌는데, 대부분 구릉의 경사면을 직각으로 파고 만들었다. 집터의 크기는 길이 5m 안팎의 긴 네모꼴로 한쪽으로 조금 치우쳐 불땐자리가 발견되었다.

집터에서는 구멍무늬토기와 민무늬토기·간돌검·숫돌·화살촉·돌낫·그물추 등이 찾아졌다.

* 부산대학교 박물관,《합천 저포리 E지구 유적》, 1987.

27) 산청 사월리유적

경남 산청군 단성면 사월리 배양마을의 뒤쪽 구릉지대에 위치하는 이 유적은 1996년 부경대학교 박물관 팀이 대전-진주간 고속도로 조사의 일환으로 발굴을 실

사진 4-19. 사월리유적

시하여 10여 기의 집터와 환호시설, 돌널무덤 등을 찾았다(사진 4-19).

환호 가까이의 가장자리쪽으로 치우쳐 있는 집터는 둥근꼴 또는 긴 네모꼴이며, 별도의 저장구덩이 찾아졌다. 집안에서는 불땐자리와 벽체의 흔적으로 여겨지는 시설이 발견되기도 하였다.

집터를 에워싸고 있는 환호는 구릉의 낮은 쪽이 한 겹, 높은 쪽은 두 겹으로 이중시설을 한 것이 특이하다.

유물은 바리 모양의 민무늬토기와 붉은간토기를 비롯하여 거의가 환호에서 발견된 간돌검·돌칼·화살촉·돌도끼·숫돌 등의 석기가 있다.

* 이원균과,《산청 사월리 환호유적》(부경대학교 박물관), 1998.

28) 산청 소남리유적

경남 산청군 단성면 소남리 남강의 상류지역에 위치한 이 유적은 남강댐 수몰지역 조사의 일환으로 1995~1997년 신라대학교 가야문화재연구소에서 발굴하여 집터 50여 기와 쓰레기장·돌널무덤을 찾았다.

집터의 평면 생김새는 대부분 모를 죽인 긴 네모꼴과 네모꼴이며, 모를 죽인 긴

사진 4-20. 소남리유적 출토 민무늬토기 · 붉은간토기

네모꼴 집터 가운데에는 한쪽이 18.6m 되는 상당히 큰 규모의 집터도 있었다. 또 집안에 주춧돌(10곳)이 있는 긴 네모꼴 집터(17.1m×8.3m)에서는 많은 기둥구멍 (53개)과 넓적한 돌로 만든 상자 모양 불땐자리(2기)도 찾았다.

출토유물은 다양한 생김새의 민무늬토기 및 붉은간토기·가지무늬토기·골아가리토기와 여러 종류의 화살촉과 간돌검·돌창·반달돌칼·돌도끼·돌끌, 그리고 흙으로 빚어 만든 많은 구슬이 있다(사진 4-20).

이 소남리유적은 청동기시대의 마을이 조사된 곳으로 진주 어은·옥방·상촌리유적과 함께 남부지역의 중요한 청동기시대 유적이다.

* 경상남도 · 동아대학교 박물관, 《남강유역 문화유적 발굴도록》, 1999.

29) 산청 묵곡리유적

경남 산청군 산청읍 묵곡리 남강 상류에 있는 이 유적은 1996년 경남대학교 박물관 팀이 대전-진주간 고속도로 조사의 일환으로 발굴하였다.

발굴 조사 결과, 살림살이와 의식(儀式)을 거행하던 공간이 구분되어 있는 것으

사진 4-21. 묵곡리 제사유구

로 밝혀졌다.

살림살이 공간에서는 '송국리형 집터' 6기와 불땐자리 1기, 저장용 창고로 여겨지는 집터[高床家屋]가 찾아졌는데, 집안에서는 격지, 옥조각, 옥을 갈았던 숫돌 등이 발견되어 옥 제작과 관련 있는 것으로 여겨진다.

의식공간인 너비 2m, 깊이 30cm 되는 얕고 넓은 도랑 속에는 붉은간토기와 민무늬토기, 흙으로 만든 그물추와 가락바퀴, 흙구슬, 그리고 간돌검과 화살촉·돌도끼·갈판·갈돌·돌칼 등 수천 점의 유물이 차곡차곡 쌓여 있었다. 또 도랑의 옆 벽에는 작은 구멍을 파고 옥이나 석기 및 토기조각을 끼워 넣어 놓았다. 이러한 유물들은 모두 조각들이고 정연하게 놓여 있어 당시 사회의 의례행위와 관련 있는 것으로 판단된다(사진 4-21).

* 이상길,《청동기시대 의례에 관한 고고학적 연구》(대구 효성가톨릭대학교 박사학위논문), 2000.

30) 진주 어은유적

이 유적은 경남 진주시 대평면 대평리 어은마을에 위치하며 남강댐 수몰지역 조사의 일환으로 1997~1999년 경남대학교 박물관·국립창원문화재연구소에서 발굴하여 170여 기의 집터와 70여 기의 야외 불땐자리, 돌널무덤 30여 기, 농사를 짓던 밭 등을 찾았다.

집터는 비교적 좁은 범위에 집중적으로 분포하고 있어 마을로 보이는데, 평면 생김새는 긴 네모꼴이 대부분이다. 집터의 중앙 부분에 얕은 움을 파고 그 양쪽에 기둥구멍이 있는 '송국리형 집터'가 많이 발견되었다. 집터의 바닥은 불을 놓아 단단하고 판판한 돌로 만든 화덕시설, 나들이를 위한 단(段)시설, 주춧돌 등이 찾아졌다. 특히 경남대학교에서 발굴한 110호 집터는 이 지역에서 조사된 것 가운데 가장 크며(22m×9.5m), 2줄로 6개의 주춧돌이 놓여 있었다. 또 석기나 옥(玉)을 가공한 흔적이 발견된 공방도 있으며, 구멍무늬토기·구멍무늬＋골아가리토기·덧띠무늬토기도 찾아졌다(사진 4-22).

둥근꼴 또는 긴 타원형의 불땐자리는 주로 집터 옆에서 발견되었으며, 불탄 흙과 숯·민무늬토기와 붉은간토기·화살촉·돌끌 이외에도 탄화된 쌀, 조, 여러 가지 씨앗이 찾아지기도 하였다.

비교적 얇고 넓적한 판자돌을 이용하여 만든 돌널무덤에서는 가지무늬토기·붉

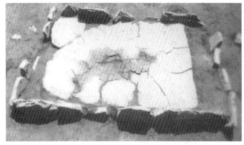

사진 4-22. 어은유적 집터의 불땐자리와 민무늬토기

은간토기 그리고 옥제품이 발견되었는데, 4호 돌널(경남대학교 조사)에서는 완전한 어린 아이의 뼈가 확인되었다.

강 옆의 넓은 모래언덕에서 발견된 밭은 고랑이 매우 정연하여 상당한 수준의 농경기술을 가지고 있었던 것으로 보인다.

어은유적에서는 살림살이와 공동체생활을 하던 작업장 등 많은 집터와 불땐자리·무덤 등이 찾아져 이웃의 옥방이나 상촌리유적과 함께 남강유역 청동기문화의 성격은 물론 문화 전파과정을 알 수 있는 점에서 중요하다.

* 경상남도·동아대학교 박물관,《남강유역 문화유적 발굴도록》, 1999.

31) 진주 옥방유적

남강 상류의 충적대지 위에 있는 이 유적은 경남 진주시 대평면 대평리 옥방마을에 위치하며, 남강댐 수몰지역 조사의 일환으로 1996~1999년에 경상대·동의대·동아대·선문대 박물관·국립진주박물관·국립창원문화재연구소·경남고고학연구소·경남문화재연구원에서 발굴을 하였다.

발굴 조사 결과 집터 250여 기, 환호시설, 고인돌 20여 기, 돌널무덤 60여 기, 움 230여 기, 밭 등이 찾아져 지금까지 우리나라에서 조사된 청동기시대 유적 가운데 규모가 가장 크다.

집터는 평면 생김새를 보면 긴 네모꼴, 네모꼴, 둥근꼴, 긴 타원형 등 여러 가지가 있으며, 긴 네모꼴과 네모꼴은 모를 죽인 것도 있다. 이들 가운데는 '송국리형 집터'와 주춧돌이 사용된 집터(선문대학 조사)도 찾아져 집의 구조와 발전과정을 이해하는 데 도움이 된다. 집터 안에서는 대부분 불땐자리와 기둥구멍이 확인되고, 바닥은 거의가 찰흙과 모래를 섞어 다짐을 하였다.

옥방유적의 집터 가운데 상당수는 집안에서 숫돌과 석기를 만들기 위한 몸돌, 격지, 돌감(경남고고학연구소 조사), 덜된 석기 및 옥제품 등이 발견되어 작업장의 성격이 강하다. 집터에서는 여러 종류의 민무늬토기와 간돌검·화살촉·돌칼 등과 많은 옥제품이 찾아졌다.

환호시설은 지금까지 우리나라에서 발견된 것 가운데 규모가 가장 큰데, 너비는 2m 안팎이고 깊이는 1~3m쯤 된다. 그런데 옥방유적에서는 환호의 안쪽에 목책을 한 시설(경남고고학연구소)과 환호를 이중으로 한 것(동의대학교·경남문화재연구원 조사)이 확인되었다. 이러한 시설들은 청동기사회가 다원화되면서 생긴 방어시설의 발달과정을 이해할 수 있는 자료이기에 중요하다.

고인돌은 주로 동의대학교 발굴지역에서 조사되었는데, 무덤방의 구조는 돌널·돌덧널·움 등이 있고, 붉은간토기·화살촉, 그리고 사람 치아 등이 찾아졌다.

집터 및 움과 약간 떨어져 있는 돌널무덤은 얇고 넓적한 판자돌을 가지고 만들었으며, 상당히 큰 것(길이 171cm)도 있지만 아주 작은 것(길이 66cm)도 있어 당시 사회의 장례 습속을 헤아려 볼 수 있다. 이곳에서는 가지무늬토기와 붉은간토기·간돌검, 그리고 완전한 사람뼈 등이 조사되었다.

주로 집터 옆에서 찾아진 움은 불탄 흙과 숯이 있는 것은 불땐자리, 토기조각이 발견된 것은 저장구덩이었던 것으로 판단된다.

밭은 이랑의 흔적이 뚜렷하며 이랑 사이의 거리나 고랑 깊이, 너비 등이 일정하여 농경 기술이 발달하였던 것으로 보이며, 동아대학교에서 조사한 밭에서는 탄화된 보리·팥·조·수수 등이 찾아져 농작물의 종류를 살펴보는 데 도움이 된다(사진 4-23).

또 선문대학 조사지역에서는 곱은 옥 모양으로 만든 청동기와 구멍을 뚫은 조가비 꾸미개가 찾아지기도 하였다.

보리

팥

조, 수수

기타

사진 4-23. 불탄 낟알(옥방 6지구)

옥방유적은 청동기시대의 집터·무덤·농경지 등이 모두 찾아져 당시의 마을구조나 사회상을 연구하는 데 중요한 곳이다.

* 경상남도 · 동아대학교 박물관, 《남강유역 문화유적 발굴도록》, 1999.

32) 진주 상촌리유적

이 유적은 경남 진주시 대평면 상촌리의 남강 옆 충적대지 위에 위치하며, 1996～1998년 남강댐 수몰지역 조사 때 동의대·동아대·한양대·건국대·대전보건대 박물관 팀이 발굴하였다.

발굴 조사 결과 집터 50여 기(사진 4-24), 고인돌 10기, 돌널무덤 50기, 움 20여기, 그리고 석기 및 그물추를 만들던 곳이 찾아졌으며, 유구의 분포는 집터가 있는 살림살이 공간과 고인돌·돌널이 있는 무덤지역이 뚜렷이 구분되고 있다.

집터는 평면 생김새가 네모꼴과 긴 네모꼴, 둥근꼴이 섞여 있으며, '송국리형 집터'도 여러 기 확인되었다.

사진 4-24. 상촌리 집터(2지구 1호)

석기를 만들던 곳에는 몸돌과 많은 격지, 그리고 덜된 석기들이 발견되어 제작과정을 이해할 수 있고, 그물추를 만들었던 곳에는 흙을 빚어 구웠던 작은 가마터, 그물추를 만들던 작업대, 여러 종류의 그물추들이 한꺼번에 찾아져 그물추의 발전과정을 살펴보는 데 도움이 된다.

돌널무덤은 넓적한 점판암을 이용하여 만들었는데, 긴 방향이 강물의 흐름과 나란하였다.

이 유적의 출토유물은 여러 종류의 민무늬토기 및 붉은간토기·덧띠무늬토기와 꾸미개, 간석기들이 모두 찾아졌다.

한편 건국대학교에서 찾은 숯으로 연대측정을 한 결과 B.C. 1410~1120년, B.C. 1400~1110년으로 밝혀졌다.

* 동아대학교 박물관,《남강 선사문화 세미나 요지》, 1999.

33) 진주 대촌유적

경남 진주시 귀곡동 대촌마을에 위치한 이 유적은 1997년 부산시립박물관에서

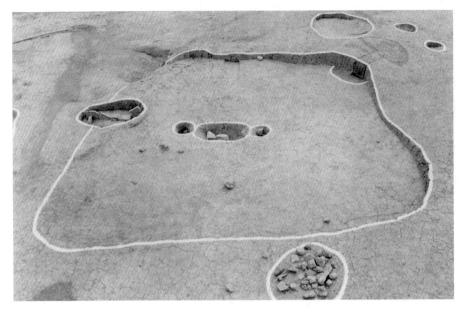

사진 4-25. 대촌 집터

남강댐 수몰지역 조사의 일환으로 발굴하였다.

집터는 구릉의 꼭대기나 경사진 곳에 자리하며 모두 11기가 발굴되었는데 긴 네모꼴, 네모꼴, 둥근꼴로 나누어지고, 그 평면 생김새에 따라 분포하는 지역과 시기가 구분된다(사진 4-25).

긴 네모꼴 집터(4기)는 네모꼴 집터와 고인돌에 의하여 파괴되면서 겹쳐 있어 이 유적에서 이른 시기로 보이며, 네모꼴 집터(4기)는 '송국리형'으로 숫돌과 덜된 석기, 격지들이 찾아졌다. 그러나 둥근꼴 집터(3기)는 부분적으로만 조사되었다.

출토유물은 구멍무늬토기와 겹입술+구멍무늬토기, 가락동식 토기, 붉은간토기 등 여러 가지의 민무늬토기와 돌도끼, 숫돌, 반달돌칼, 화살촉 등이 있고, 특히 집터에서 발견된 많은 숫돌과 격지, 모룻돌 등은 석기제작을 시사하여 주고 있다.

* 부산광역시립박물관 복천분관,《진주 귀곡동 대촌유적》, 1998.

34) 사천 이금동유적

이 유적은 경남 사천시 이금동에 있으며, 1998년 경남고고학연구소에서 발굴 조사하였다.

여기서는 모두 22기의 집터가 찾아졌는데, 평면 생김새에 따라 긴 네모꼴(5기)과 둥근꼴 집터(송국리형 집터, 17기)로 크게 나누어진다.

긴 네모꼴 집터에서는 불땐자리·기둥구멍·저장구덩 등이 확인되었고, 불땐자리는 집터의 짧은 벽쪽에, 저장구덩은 모서리 부분에 위치하며 바닥은 맨바닥을 이용하였다. 이 집터에서는 구멍무늬토기·화살촉·가락바퀴 등이 출토되었다.

둥근꼴 집터는 규모가 클수록 기둥구멍이 많아지며, 바닥은 가운데를 중심으로 다진 흔적이 조사되었고, 집터 밖에서 불땐자리가 발견된다. 출토유물은 바리모양토기·삼각형돌칼·돌화살촉 등이다.

이 유적에서는 집터의 평면 생김새에 따라 출토되는 토기가 서로 다르므로 시기차이가 있는 것으로 여겨진다.

* 윤호필, 〈사천 이금동유적 발굴조사 개요〉,《20세기에 대한 역사적 평가》(제42회 전국역사학대회 발표요지), 1999.

35) 창원 남산유적

경남 창원시 서상동 남산의 독립된 구릉 꼭대기에 위치하는 이 유적은, 1996년 창원대학교 팀이 발굴 조사하여 집터, 환호시설, 작은 규모의 조개더미를 찾았다. 이들의 분포모습은 환호를 중심으로 안쪽에 집터, 바깥에 조개더미가 위치하였다(사진 4-26).

집터는 대부분 구릉의 비탈진 곳에 자리하고 있으며, 평면 생김새는 둥근꼴과 네모꼴로 '송국리형 집터'에 속한다.

환호는 타원형으로 길이가 70m쯤 되는데, 깊이(2~4m)와 너비(4.5~10m)가 경사와 지점에 따라 다르며, 바깥으로 5m쯤 떨어져 작은 도랑이 찾아진 점이나 환호를 만들 때 나온 흙으로 경사가 급한 곳을 쌓은 점은 다른 유적에서 볼 수 없는 것이다.

유물은 붉은간토기·구멍 뚫린 민무늬토기바닥·흙구슬·간돌검·화살촉·돌창·돌도끼, 반달돌칼·숫돌 등이 찾아졌고, 특히 환호 안에서는 많은 토기조각과 숯·짐승뼈·조개껍질이 발견되었다.

사진 4-26. 남산유적

* 창원대학교 박물관, 《창원의 선사 · 고대 취락》, 1998.

36) 부산 노포동유적

이 유적은 부산광역시 금정구 노포동에 있는 부산지하철 차량기지 옆의 구릉 경사면에 위치하며, 1985년 부산시립박물관과 부산대학교 박물관 팀이 발굴 조사하였다. 집터는 2기가 찾아졌지만, 삼한시대에 무덤을 만들면서 많이 파괴되었다.

2호 집터를 보면 구릉의 비탈면을 L자 모양으로 파서 만들었고, 집안에서는 가장자리를 따라 얕은 홈이 찾아졌는데, 이것은 벽체 시설을 설치하기 위한 것으로 보인다.

출토유물로는 항아리 모양의 민무늬토기·골아가리토기·구멍무늬토기 등 여러 종류의 토기와 반달돌칼·화살촉 등이 있다.

* 부산대학교 박물관, 《부산 노포동유적》, 1988
* 부산시립박물관, 《부산 노포동유적》 Ⅱ, 1988.

2. 무 덤

1) 고인돌

(1) 진안 모실유적

전북 진안군 정천면 모실마을에 위치하며, 1998년 용담댐 수몰지역 발굴 때 전북 대학교 박물관 팀이 조사하였다.

이 유적은 낮은 야산과 금강의 샛강인 정자천 사이에 발달한 평야지대에 있으며, 강줄기를 따라 한줄로 6기의 고인돌과 2기의 돌널무덤이 자리하고 있다.

발굴 조사 결과, 무덤방은 한쪽 길이가 4m쯤 되는 네모꼴의 묘역 안에 자리잡고 있었으며 6기의 무덤방이 서로 연결되고 있어 묻힌 사람의 친연성을 짐작해 볼 수 있다. 무덤방의 벽은 3호 고인돌의 경우, 판판한 돌이 겹으로 이루어진 것과 강돌 로 이루어진 것이 섞여 있고, 바닥은 납작한 돌을 깔아 놓았다.

껴묻거리는 무덤방이나 묘역에서 민무늬토기 조각이 찾아진 것을 비롯하여, 4호 고인돌에서는 슴베 있는 돌화살촉(3점)이 출토되었다.

* 김승옥, 〈진안 용담댐 지석묘 발굴 조사〉, 《20세기에 대한 역사적 평가》(제42회 전국역사학대회 발표요지), 1999.

(2) 진안 여의실유적

이 유적은 전북 진안군 정천면 여의실의 산줄기와 평지가 서로 만나는 끝 부분에 위치하며, 1998년 용담댐 수몰지역 조사 때 전북대학교 박물관 팀이 고인돌 5기를 발굴하였다.

1~3호 고인돌은 막돌을 쌓아서 돌무지를 만든 한 묘역 안에 같이 있지만, 4호와 5호는 서로 독립된 묘역에 자리하고 있다. 1~3호 고인돌 묘역의 평면생김새는 모 를 죽인 네모꼴이며 가장자리는 냇돌과 막돌을 쌓아 구분을 하고 있다.

1호의 무덤방은 판자돌을 가지고 만들었지만 2호는 냇돌을 쌓아서 만들었으며, 바닥은 모두 판자돌을 깔았다. 3호는 판자돌로 돌널을 만들었는데, 긴 방향은 1·2 호와 직각을 이루고 있다.

껴묻거리는 1호에서 간돌검이, 2호에서는 간돌검과 화살촉이 찾아졌으며, 특히 돌무지 속에서 많은 민무늬토기 조각들이 발견되었다.

사진 4-27. 여의실 고인돌(4호)

　타원형의 묘역에 있는 4호 고인돌은 주로 냇돌을 쌓았으며, 한쪽에는 제단의 기능을 가졌던 것으로 여겨지는 단이 있었다. 껴묻거리는 간돌검을 비롯하여 화살촉·돌도끼·민무늬토기 조각 등이 찾아졌다(사진 4-27).

　이 여의실유적은 한 묘역 안에 여러 기의 고인돌이 있어 가족무덤으로 여겨지며, 겹친 돌무지의 쌓인 상태로 보아 고인돌의 선후관계를 알 수 있는 중요한 유적이다.

---

* 김승옥, 〈진안 용담댐 지석묘 발굴조사〉,《20세기에 대한 역사적 평가》(제42회 전국역사학대회 발표요지), 1999.

(3) 부안 구암리유적(사적 제103호)

　전북 부안군 하서면 구암리에 위치하며, 현재 10여 기의 바둑판 고인돌이 있는데 덮개돌은 상당히 큰 편(길이 6m, 너비 4m, 높이 0.8m 안팎)에 속하고, 생김새는 대부분 거북 모양이다. 굄돌은 타원형인 덮개돌의 가장자리를 돌아가면서 4~8개가 있다. 또 굄돌이 다른 바둑판 고인돌보다 커서(높이 70~100cm, 너비 30~76cm) 덮개돌의 모습을 더욱 사실적으로 나타내 준다. 그런데 이렇게 굄돌이 여러 개인 경우 굄돌 자체가 고인돌의 무덤방 역할을 하는 것으로 여겨진다.

　덮개돌의 가장자리에 굄돌이 여러 개 있는 것은 제주도나 임자도의 고인돌 모습과 비슷하여 서로 비교된다.

이 유적은 특이한 모습의 바둑판 고인돌이면서 서로 가까운 거리에 자리하고 있어 고인돌 사회의 성격을 이해하는 데 중요하다.

* 이홍직, 《독사여적》, 일조각, 1960.

(4) 고창 운곡리유적

전북 고창군 아산면 운곡리에 있는 이 유적은 1983년 아산댐 수몰지역 유적조사의 일환으로 전주시립박물관에서 발굴하였다.

운곡리 일대에는 많은 고인돌이 분포하는데, 덮개돌이 마을 바깥에서 안쪽으로 갈수록 점차 커져 마을 안에는 150여 톤(5m×4.5m×4m)이나 되는 아주 큰 고인돌도 있다.

발굴 조사 결과 운곡리 고인돌에서는 여러 가지의 무덤방이 찾아졌다. 대부분은 덮개돌 밑에 여러 개의 굄돌이 있으면서 땅 속에 판자돌로 돌널을 만든 것, 굄돌 가운데에 자연 판석을 세워 돌널을 이룬 것, 굄돌 주변에 편평한 돌을 간 것 등이 있다.

이 유적에서는 고인돌 옆에서 덧띠토기가 찾아져 고인돌의 하한연대를 이해하는 데 중요한 기준이 되고 있다.

* 전영래, 《고창 · 아산지구 지석묘 발굴 보고서》(전주시립박물관), 1984.

(5) 고창 상갑리유적

전북 고창군 아산면 상갑리의 동서 방향으로 길게 뻗은 매산기슭을 따라 2.5km 범위에 500여 기의 고인돌이 밀집분포하고 있는데, 1965년 국립박물관에서 3기의 고인돌을 발굴하였다(그림 4-8).

이곳에 있는 고인돌은 개석식이 많지만, 덮개돌이 큰 것은 대부분 굄돌이 받치고 있다. 특히 마을 가운데에 있는 고인돌은 덮개돌이 150여 톤으로 추정되고 있어 고인돌을 축조한 당시 사회적인 배경을 이해하는 데 도움이 된다.

무덤방은 넓적한 판자돌로 만든 돌널과 막돌로 된 돌덧널이 섞여 있으며, 무덤방 둘레에 돌을 쌓아 튼튼하게 하기도 하였다. 껴묻거리는 고인돌 주변에서 간돌검조각이 찾아졌다.

특히 A호 고인돌은 무덤방의 한쪽이 삼국시대의 무덤과 연결되고 있어, 춘천 천전리 고인돌처럼 고인돌이 후대의 무덤과 이어진다는 것을 알 수 있다.

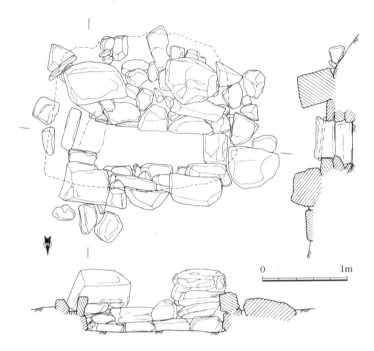

그림 4-8. 상갑리 고인돌(B호)

* 김재원 · 윤무병,《한국 지석묘 연구》(국립박물관), 1967.

(6) 광주 충효동유적

광주광역시 북구 충효동에 위치한 이 유적은 1977년 광주댐 수몰지역조사 때 전남대학교 박물관에서 6기의 고인돌을 발굴하였다.

창계천 옆의 들판에 자리한 고인돌은 강물과 나란한 방향으로 줄을 지어 있고 덮개돌과 무덤방의 긴 방향은 모두 같은 쪽이었다. 무덤방은 대부분 길이가 100cm쯤 되어 바로펴묻기보다는 굽혀묻기나 두벌묻기를 하였던 것 같다.

7호 고인돌은 하나의 덮개돌 밑에 2개의 무덤방이 찾아져 주목된다. 이런 예는 나주 판촌리나 대구 진천동 고인돌 유적에서 조사되었으며, 묻힌 사람은 부부이거나 가까운 혈연관계에 있는 것으로 여겨진다.

껴묻거리는 화살촉과 숫돌, 민무늬토기와 붉은간토기가 찾아졌다.

* 최몽룡,《광주 송암동 주거지 · 충효동 지석묘》(전남대학교 박물관), 1979.

(7) 곡성 공북리유적

이 유적은 전남 곡성군 목사동면 공북리의 보성강 옆 충적평야에 위치하며, 1965년 국립박물관에서 5기의 고인돌을 발굴하였다.

무덤방은 강돌을 쌓아 만든 돌덧널과 덮개돌 밑에 강돌만 조금 깔린 것이 찾아졌으며, C호 고인돌은 주변에 모난돌을 가지고 묘역을 구분하여 주목된다.

껴묻거리는 간돌검·화살촉·돌도끼·민무늬토기 조각, 그리고 흙으로 만든 검자루 끝장식이 있다. 특히 검자루 끝장식은 타원형의 양쪽에 십자 모양으로 작은 돌기를 만들었으며, 흙으로 만들어 특이하다.

* 김재원 · 윤무병,《한국지석묘연구》(국립박물관), 1967.

(8) 화순 대전유적

전남 화순군 남면 사수리의 대전마을에 위치한 이 유적은 1987~1989년 주암댐 수몰지역 조사의 일환으로 충북대학교 팀이 발굴하였다.

대전유적은 마을 뒷산에서 뻗어 나온 낮은 구릉지대에 자리하며, 앞에는 보성강의 샛강인 동복천이 흐르고 있다.

지표조사에서는 26기의 덮개돌이 구릉의 방향과 나란히 있었지만, 발굴 결과 모

사진 4-28. 대전 고인돌유적

두 31기의 무덤방이 찾아져 좁은 범위에 많은 고인돌이 분포하고 있음을 알 수 있었다(사진 4-28). 고인돌은 바둑판식과 개석식이 섞여 있으나 대부분 개석식이었으며, 한 유적에 두 가지 형식이 함께 있는 것이 주목된다.

무덤방은 모두 강돌과 막돌을 가지고 만든 돌덧널이었으며, 거의가 강물의 흐름과 같은 방향이었고 바로펴묻기를 하였던 것 같다. 그리고 무덤방 옆에 딸린 방이 있는 것도 찾아졌다.

껴묻거리는 민무늬토기와 간돌검·화살촉·삼각형돌칼·뗀돌도끼·갈판·'×'새긴돌·구멍뚫린돌·돼지뼈가 찾아졌다.

* 이융조·하문식,《화순 대전 선사문화(Ⅰ)》(한국민속촌·충북대학교 고고미술사학과), 1990.

(9) 화순 창랑유적

이 유적은 전남 화순군 이서면 창랑리 창랑마을의 동복천이 강굽이를 이루는 지역의 구릉 위에 자리하며, 1981년 전남대학교 박물관에서 동복댐 수몰지역조사의 일환으로 발굴하였다.

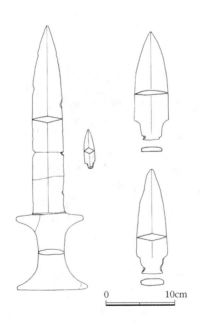

그림 4-9. 창랑 고인돌 출토석기

고인돌은 바둑판과 개석식이 섞여 있으며, 이 가운데 바둑판 고인돌은 유적의 한 가운데에 자리하고 있어 주목된다.

14기의 무덤방이 찾아졌는데, 그 구조는 막돌을 쌓은 돌덧널과 판석으로 만든 돌널이며, 무덤방 주위에 아주 정교하게 돌을 쌓아 놓은 경우도 있었다. 껴묻거리는 무덤방 안에 돌창이 꽂혀진 채 발견된 것을 비롯하여 간돌검 · 화살촉이 찾아졌다 (그림 4-9).

이 고인돌 유적은 무덤방의 크기로 볼 때 두벌묻기나 어린 아이가 묻힌 것으로 여겨져 혈연을 기반으로 한 공동무덤의 성격을 지닌 것으로 보인다.

* 최몽룡과, 《동복댐 수몰지구 지석묘 발굴조사 보고서》(전남대학교 박물관), 1982.

(10) 나주 판촌리유적

전남 나주시 다도면 판촌리의 논 가운데에 14기의 고인돌이 타원형으로 자리하고 있었는데, 1975년 대초댐 수몰지역조사의 일환으로 전남대학교 박물관에서 발굴하였다.

무덤방은 막돌을 쌓아 만든 돌덧널과 넓적한 판자돌로 만든 돌널이 섞여 있었다. 특히 4호 · 6호 · 13호 고인돌은 하나의 덮개돌 밑에 두 개의 무덤방이 찾아져 주목되는데, 이것은 부부나 혈연관계를 중요시하는 친족집단의 공동묘지 역할을 하였던 것으로 판단된다. 또 무덤방의 크기가 너무 작아 두벌묻기나 어린 아이를 묻었던 것이 아닌가 여겨져, 고인돌 사회의 묻기를 이해하는 데 도움이 된다(사진 4-29).

껴묻거리는 화살촉이 찾아졌을 뿐 다른 것은 없었다.

* 최몽룡, 〈대초 · 담양댐 수몰지구유적 발굴조사보고〉, 《영산강 수몰지구유적 발굴조사보고서》 (전라남도), 1976.

(11) 무안 안골유적

이 유적은 전남 무안군 무안읍 성동리 안골마을에 위치하며, 1995년 서해안고속도로 조사의 일환으로 목포대학교 박물관 팀이 발굴하였다.

조그마한 골짜기를 따라 자리한 15기의 고인돌이 발굴되었는데, 조사 결과 탁자식 및 바둑판 고인돌이 섞여 있음이 밝혀졌다. 그리고 '다' 지역의 바둑판 고인돌에는 굄돌의 안과 바깥에 넓적하면서 판판한 돌을 한 겹 깔아 놓았다. 특히 다-2호

사진 4-29. 판촌리 고인돌

사진 4-30. 안골 고인돌(다-2호)

고인돌의 경우 무덤방과 굄돌 주위에 판자돌을 이용해 지름 4~4.5m 범위에 아주 정교한 묘역을 만들어 놓아 주목된다(사진 4-30).

껴묻거리는 화살촉과 민무늬토기 조각이 찾아졌다.

* 이영문과, 《무안 성동리 안골 지석묘》(목포대학교 박물관), 1997.

(12) 강진 영복리유적

전남 강진군 칠량면 영복리 한림마을에 위치한 이 유적은 1982년 국립광주박물관이 13기의 고인돌을 발굴 조사하였다.

덮개돌 밑에 굄돌이 4개 있는 전형적인 바둑판 고인돌이 구릉의 꼭대기에 자리하고 그 주변에 개석식 고인돌이 자리하고 있었다.

발굴 결과, 무덤방은 두 가지로, 하나는 막돌을 3, 4단 쌓아 벽을 만들고 바닥에 자갈을 깐 돌덧널이며, 다른 하나는 막돌을 깔아 네모꼴을 이루었고 바닥에는 아무런 시설도 없는 것이다.

껴묻거리는 거의가 무덤방의 벽쪽이나 그 주변에서 찾아졌다. 많은 양의 민무늬토기 조각을 비롯하여 붉은간토기·검은간토기·화살촉·돌끌·대패날·숫돌·돌도끼, 그리고 흙으로 만든 그물추 및 가락바퀴 등이다.

특히 바둑판 고인돌이며, 이 유적에서 중심이 되는 9호 주변에서는 토기와 석기 조각들이 집중적으로 발견되어 고인돌을 축조할 때 있었던 제의와 관련이 있는 것으로 여겨진다.

* 서성훈·이영문, 《강진 영복리 지석묘 발굴조사보고서》(국립광주박물관), 1983.

(13) 보성 하죽유적

전남 보성군 문덕면 죽산리 하죽마을에 위치하며, 1987년 주암댐 수몰지역조사의 일환으로 경희대·성균관대·전남대 박물관에서 발굴하였다.

고인돌은 동복천을 따라 4곳에 떼를 이루고 있으며, 강물을 따라 줄을 지어 분포하고 있었다. 무덤방은 강돌을 쌓아 만든 돌덧널과 구덩이 형태가 찾아졌다. 껴묻거리는 민무늬토기·붉은간토기조각·간돌검·화살촉·반달돌칼·돌끌·숫돌 등의 석기가 찾아졌다.

전남대학교에서 발굴한 '다' 지역은 무덤방이 3줄이었는데 강물 흐름과 나란하여 고인돌 사회에서 물의 중요성을 살펴볼 수 있는 자료이다.

* 전남대학교 박물관,《주암댐 수몰지역 문화유적 발굴조사 보고서(Ⅲ)》, 1988.

(14) 보성 신기유적

이 유적은 전남 보성군 문덕면 덕치리 신기마을에 위치하며, 1987년 주암댐 수몰지역조사 때 전북대학교 박물관 팀이 발굴하였다.

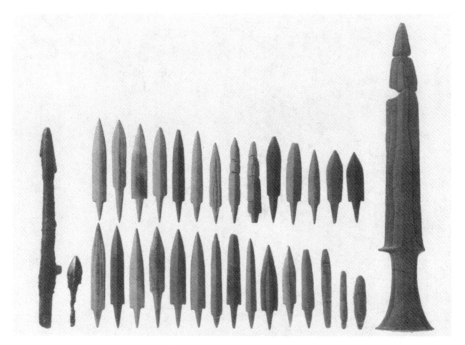

사진 4-31. 신기 고인돌 출토유물

보성강 옆의 구릉지대에서 13기의 고인돌이 발굴 조사되었는데, 무덤방은 대부분 강돌을 쌓아 벽을 만들었으며, 바닥은 산자갈을 깔았다.

꺼묻거리는 간돌검·돌창·화살촉·반달돌칼 등의 석기와 민무늬 및 붉은간토기 조각, 그리고 비파형동검과 청동화살촉이 찾아졌다. 1호 고인돌에서 발견된 동검의 슴베 쪽에서는 나무 흔적이 찾아졌는데, 이것은 검집으로 추정된다. 15호 고인돌에 꺼묻기된 청동화살촉은 부러진 비파형동검의 끝부분을 재가공하여 만든 것 같다(사진 4-31).

 * 윤덕향, 〈덕치리 신기 지석묘〉,《주암댐 수몰지역 문화유적 발굴조사 보고서(Ⅲ)》(전남대학교 박물관), 1988.

(15) 고흥 장수제유적

이 유적은 전남 고흥군 포두면 장수리의 장수제에 위치하며, 1984년 해창만 간척공사 때 국립광주박물관에서 조사하였다.

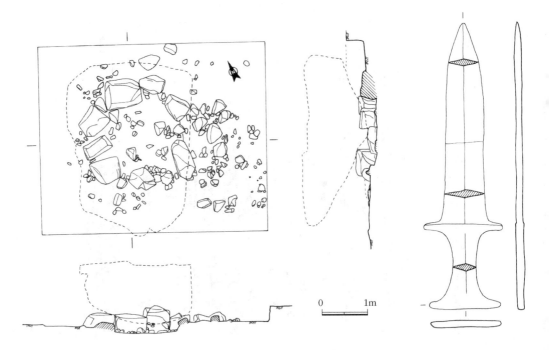

그림 4-10. 장수제 고인돌(1호)과 돌창(3호)

좁다란 계곡을 따라 펼쳐진 평지에 한 줄로 있는 10기의 고인돌이 발굴되었는데, 무덤방도 덮개돌처럼 물의 흐름과 나란하였다. 발굴된 고인돌은 바둑판 및 개석식이 섞여 있는데, 특히 9호 고인돌은 덮개돌 가장자리를 따라 놓인 7개의 굄돌이 둥근꼴의 무덤방을 이루고 있어 주목된다. 개석식 고인돌의 무덤방은 모두 막돌을 쌓아 만든 돌덧널이고, 여러 개의 납작한 뚜껑돌이 찾아졌다(그림 4-10).

껴묻거리는 돌창, 붉은간토기, 많은 양의 민무늬토기 등이다.

* 서성훈 · 성낙준,《고흥 장수제 지석묘 조사》(국립광주박물관), 1984.

(16) 고흥 운대리유적

전남 고흥군 두원면 운대리에 자리한 이 유적은 1926년 집을 짓기 위하여 터닦기를 하던 과정에 돌널과 간돌검 1점이 발견되었고, 이것을 계기로 전남지방에서는 처음으로 발굴된 고인돌 유적이다.

조사된 고인돌은 모두 개석식이며 무덤방은 막돌로 쌓은 돌덧널이었다. 이 유적의 서쪽 끝에 있는 무덤방에서 비파형동검 1점이 찾아졌는데, 이 동검은 슴베 쪽의

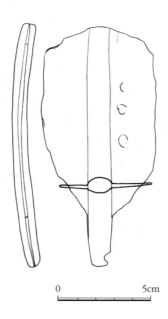

0   5cm

그림 4-11. 운대리 고인돌 출토 비파형동검

한부분으로 날 부분이 부러져 자세한 생김새는 알 수 없으나 처음부터 조각을 껴묻기 한 것 같다(그림 4-11).

이렇게 고인돌의 무덤방에서 비파형동검과 같은 청동기가 나온 예는 드물며, 특히 전남 해안지역의 고인돌에서 주로 찾아지고 있어 주목된다.

* 이강승, 〈청동기문화 : 호남 · 호서지방의 유적〉, 《한국사》(국사편찬위원회) 3, 1997.

(17) 순천 내우유적

이 유적은 전남 순천시 송광면 우산리 내우마을에 위치하며, 1986년 전남대학교 박물관 팀이 주암댐 수몰지역조사의 일환으로 발굴하였다.

이곳은 산기슭의 완만한 구릉지대로 58기의 고인돌이 발굴되었으며, 덮개돌은 구릉과 직교하고 있었다.

무덤방은 대부분 막돌을 쌓아서 벽을 만든 돌덧널이며 구덩이도 있었고, 덮개돌 없이 무덤방만 찾아진 것도 있었다.

껴묻거리는 민무늬토기 및 붉은간토기 조각 등과 간돌검 · 화살촉 · 삼각형돌칼 · 돌끌 · 돌도끼 · 달도끼, 그리고 비파형동검이 찾아졌다(사진 4-32). 이 밖에도 대롱

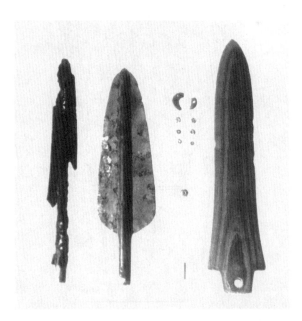

사진 4-32. 내우 고인돌 출토유물

옥과 곱은옥, 작은 옥구슬, 흙으로 빚은 구슬 등이 있다. 그런데 비파형동검은 곱은
옥·옥구슬과 함께 껴묻기되어 있어 여천 상적·산본, 여수 오림동 고인돌과 비교된
다. 비파형동검은 부러진 것을 재가공한 것이며, 묻힌 사람의 발끝에 놓여 있었다.

　내우 고인돌 유적은 전남지역에서 단일유적으로 가장 많은 고인돌이 발굴된 곳
이며, 무덤방이 2, 3기씩 짝을 이루고 있어 가까운 친족집단의 공동묘지일 가능성
이 많다.

* 송정현·이영문, 〈우산리 내우 지석묘〉, 《주암댐 수몰지역 문화유적 발굴조사보고서(Ⅱ)》(전남
　대학교 박물관), 1988.

(18) 순천 곡천유적

전남 순천시 송광면 우산리 곡천마을에 위치하며, 1986년 주암댐 수몰지역조사

사진 4-33. 곡천 고인돌·무덤방(4-1호)

때 충북대학교 박물관에서 발굴하였다.

산기슭을 따라 4줄로 있던 14기의 고인돌이 발굴 조사되었는데, 한쪽(남쪽)에 덮개돌(5m×3.6m×2.3m)이 가장 큰 바둑판 고인돌이 위치하고 있었다(사진 4-33).

발굴 결과, 덮개돌과 무덤방의 방향은 유적 앞으로 흐르는 송광천의 강물 방향과 나란하였으며, 무덤방은 대부분 강돌을 쌓아서 만든 돌덧널이었다.

껴묻거리는 간돌검을 비롯하여 화살촉·홈자귀·민무늬토기·구멍무늬토기, 그리고 구멍이 뚫린 골아가리토기가 찾아졌다.

고인돌 바로 옆에서는 같은 시기의 것으로 여겨지는 둥근꼴의 움집이 찾아지기도 하였다.

* 이융조와, 〈우산리 곡천 지석묘〉,《주암댐 수몰지역 문화유적 발굴조사보고서(Ⅱ)》(전남대학교 박물관), 1988.

(19) 여천 상적유적

전남 여천시 적량동 상적마을에 위치하며, 1989년 전남대학교 박물관 팀이 발굴 조사하였다.

고인돌은 산기슭과 평지가 만나는 대지 위에 두 줄로 분포하고 있었으며, 모두 25기의 무덤방이 찾아졌다. 무덤방은 막돌을 쌓아서 만든 돌덧널이 대부분이고 판자돌로 이루어진 돌널도 있다(사진 4-34).

껴묻거리는 민무늬토기·붉은간토기·구멍무늬토기·팽이형토기 등과 간돌검·돌도끼·돌자귀·돌끌 등이 발견되었다. 그리고 비파형동검(7점), 비파형 청동투겁창이 찾아졌다.

비파형동검은 지금까지 대부분 부러진 것을 재가공한 것이 찾아졌지만, 이곳에서는 완전한 것이 찾아져(7호) 주목된다. 그리고 동검의 슴베 쪽에서 나무 흔적이 발견되었는데 이것은 검집의 흔적으로 보인다.

이렇게 고인돌에서 많은 청동유물이 발견된 것은 매우 드문 예로 전남 남해안지역의 청동기를 요령지역의 초기 청동기와 비교할 수 있어 시사하는 점이 많다.

* 이영문·정기진,《여천시 적량동 상적 지석묘》(전남대학교 박물관·여천시), 1993.

사진 4-34. 상적 고인돌유적

(20) 여천 산본유적

이 유적은 전남 여천시 평여동 산본마을에 위치하며, 1989년 전남대학교 박물관에서 발굴 조사하였다.

이곳의 고인돌은 크게 3개 지역으로 나누어 13기가 떼를 이루고 있었는데, 각 지역마다 중심에 커다란 덮개돌의 바둑판 고인돌이 1기씩 분포하고, 그 주변에 개석식 고인돌이 자리하고 있다.

무덤방은 막돌로 만든 돌덧널이 가장 많고 구덩이도 드물게 찾아지며, 주변에는 판자돌을 세워 묘역을 구획한 것이 발견되었다.

껴묻거리는 돌도끼·화살촉·대팻날과 비파형동검, 그리고 많은 양의 옥이 찾아졌다. 특히 '다' 지역의 2호 고인돌에서는 굽은옥(2점), 대롱옥(29점), 작은 옥구슬(204점) 등 235점이, 3호에서는 둥근옥(2점), 대롱옥(106점) 등 108점이 발견되었다. 이렇게 고인돌의 무덤방에서 많은 옥제품이 찾아진 것은 묻힌 사람이 옥과 밀접한 관계가 있는 것으로 여겨진다(사진 4-35).

* 이영문과, 《여천시 평여동 산본 지석묘》(전남대학교 박물관), 1993.

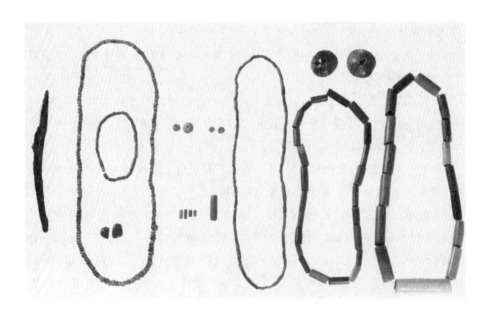

사진 4-35. 산본 고인돌과 출토유물

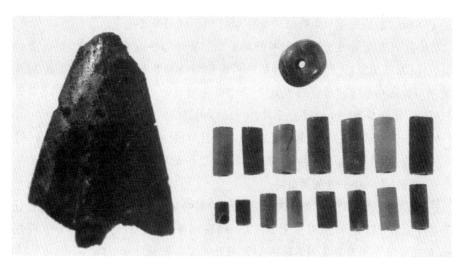

사진 4-36. 봉계동 고인돌 출토유물

(21) 여천 봉계동유적

이 유적은 전남 여천시 봉계동 대곡과 월앙마을의 분지형 구릉과 들판에 자리하며, 1988년 전남대학교 박물관 팀이 계곡을 따라 줄을 지어 있는 14기의 개석식 고인돌을 발굴 조사하였다.

무덤방은 주변에서 쉽게 구할 수 있는 막돌을 쌓아 만든 돌덧널이 대부분이었고, 드물게는 돌널도 있었다. 무덤방의 바닥은 잔자갈을 깔았으며, 여러 장의 넓적한 뚜껑돌도 있었다.

껴묻거리는 민무늬토기·붉은간토기·간돌검·화살촉·돌창, 그리고 비파형동검 조각, 대롱옥, 작은 옥구슬이 발견되었다(사진 4-36).

동검은 끝 부분으로 묻힌 사람의 발끝에 놓여 있었으며, 대롱옥과 작은 옥구슬과 함께 껴묻기되었다. 이것은 전남지역의 고인돌에서 발견된 동검이 모두 대롱옥이나 굽은옥과 같이 찾아져 표지적인 유물로 여겨진다.

* 이영문,《여천시 봉계동 지석묘》(전남대학교 박물관 · 여천시), 1990.

(22) 여수 오림동유적(전라남도 기념물 제150호)

전남 여수시 오림동 오림쟁이마을의 분지형 계곡 평지에 위치한 이 유적은 1989

년 17기의 고인돌을 전남대학교 박물관 팀이 발굴 조사하였다.

굄돌은 거의가 남아 있지 않았지만, 8호 고인돌의 경우 덮개돌 가장자리를 돌아 가면서 6개가 있었다. 무덤방은 대부분 막돌을 쌓아 벽을 만든 돌덧널이었고, 넓적한 판자돌로 이루어진 돌널도 있었다. 뚜껑돌은 납작한 판자돌을 여러 장 이용하였으며, 긴 돌을 사용하여 묘역을 구획한 것도 찾아졌다.

껴묻거리는 민무늬토기·붉은간토기·간돌검·화살촉·돌도끼·돌끌·대롱옥·작은 옥구슬·비파형동검이 찾아졌다. 비파형동검은 슴베 부분에 홈이 있고 아래 부분이 호(弧)를 이루듯이 넓적하다.

한편 5호 고인돌의 덮개돌 옆면에는 바위그림이 새겨져 있었다. 가운데에는 간돌검과 인물상(2명)이 새겨져 있고, 그 아래는 비파형투겁창이, 오른쪽 끝에 무릎을 꿇고 무엇을 바치거나 기원하는 듯한 사람의 모습을 새겨 놓았다.

* 이영문·정기진,《여수시 오림동 지석묘》(전남대학교 박물관·여수시), 1992.

(23) 여수 죽림유적

전남 여수시 미평동 죽림마을 낮은 야산의 고개마루에 위치하며, 1996년 순천대

사진 4-37. 죽림 고인돌 무덤방

학교 박물관에서 발굴 조사하였다.

고인돌은 바둑판과 개석식이 함께 분포하는데, 12기를 발굴한 결과 무덤방은 6기가 찾아졌다. 무덤방의 구조는 모두 막돌을 2, 3단 쌓아 벽을 만든 돌덧널이었고, 바닥은 전면에 돌을 깐 것과 맨바닥인 것 등 여러 가지가 섞여 있었다. 그리고 무덤방 둘레에 돌을 깔아서 묘역을 구획한 점이 주목된다(사진 4-37).

껴묻거리는 간돌검과 민무늬토기 조각들이 찾아졌다.

* 최인선 · 조근우,《여수 미평동 죽림지석묘》(순천대학교 박물관), 1998.

(24) 제주 용담동유적(제주도 기념물 제2호)

이 고인돌은 제주시 용담동의 평지에 위치하며, 덮개돌의 재질은 주변에서 쉽게 구할 수 있는 현무암을 이용하였고, 덮개돌 밑에는 가장자리를 따라 병풍처럼 굄돌이 여러 개(많은 것은 13개) 놓여 있다. 특히 굄돌은 덮개돌의 수평이 유지될 수 있도록 크기가 다르게 되어 있다.

1호 고인돌의 무덤방은 구덩이를 파고 돌을 쌓은 돌덧널이며, 돌도끼와 흙으로

사진 4-38. 용담동 고인돌

만는 가락바퀴가 찾아졌다.

이 용담동 고인돌은 여러 개의 굄돌이 무덤방을 이루는 이른바 '제주식 고인돌' 의 대표적인 예로 이웃의 오라동 고인돌과 비교된다(사진 4-38).

* 김철준, 〈제주도 지석묘 조사보고〉, 《서울대 논문집》 9, 1959.

(25) 제주 오라동유적(제주도 기념물 제2호)

제주시 오라동의 한천 옆에 위치하며, 이곳의 고인돌은 덮개돌 밑에 여러 개의 굄돌이 병풍 모양으로 둘려져 있어 이웃의 용담동 고인돌과 그 형태가 비교된다. 고인돌의 축조에 이용된 돌들은 주변에서 구하기 쉬운 현무암이다.

고인돌 주변지역에서는 민무늬토기와 돌도끼, 그리고 역사시대의 토기조각들이 찾아졌다.

오라동유적의 고인돌은 주변에서 찾아지는 유물이나 그 형태로 볼 때 늦은 시기 에 만들어진 것 같으며, '제주식 고인돌'의 대표적인 유적이다.

* 김철준, 〈제주도 지석묘 조사 보고〉, 《서울대 논문집》 9, 1959.

(26) 안동 지례리유적

경북 안동시 임동면 지례리에 있는 이 유적은, 계명대학교 박물관 팀이 1988~ 1989년 임하댐 수몰지역 유적조사의 일환으로 발굴하였다.

20여 기의 고인돌이 조사된 이 유적은 강 옆의 충적대지에 위치하며, 덮개돌과 무덤방의 긴 방향이 대부분 강물의 흐름과 나란하였다. 그리고 좁은 범위에 고인돌 이 집중분포하고 있어 묻힌 사람들의 친연성을 시사하고 있다.

대부분의 고인돌은 덮개돌 밑에 굄돌이 있는데, 이 굄돌이 바로 무덤방을 이루고 있어 주목된다. 무덤방의 크기는 작은 편으로(거의가 길이 150cm 이하), 두벌묻기 나 어린 아이가 묻힌 것으로 여겨진다.

껴묻거리는 간돌검·화살촉·반달돌칼, 그리고 돌로 만든 검자루 끝장식이 찾아 졌다.

* 계명대학교 박물관, 《임하댐 수몰지역 문화유적 발굴조사 보고서(Ⅲ)》, 1989.

(27) 김천 송죽리유적

이 유적은 경북 김천시 구성면 송죽리에 위치하며, 계명대학교 박물관 팀이 1991~ 1993년 발굴 조사하였다.

조사 당시 지표에는 유적의 북쪽에 고인돌의 덮개돌이 5기가 있었으며 발굴 조사 결과 모두 19기의 무덤방이 찾아졌다. 고인돌이 분포하는 모습을 보면 여러 기가 밀집하는 곳과 단독으로 있는 것으로 구분된다. 그런데 밀집하는 곳에 있는 큰 고 인돌 옆에는 아주 작은 고인돌의 무덤방이 덧붙어 있는 것이 주목된다.

무덤방은 대부분 지표 위에 만든 것으로 밝혀졌으며, 강돌과 막돌을 섞어서 만들 었는데 몇 기는 일정한 묘역을 이루고 있었다(사진 4-39).

묻힌 사람의 머리 방향은 강물의 흐름과 나란한 것이 많았고 무덤방 바로 옆에 구덩이를 파고 그 안에 돌도끼를 세워 놓은 것도 찾아졌다. 이것은 고인돌 사회의 장례의식을 알려주는 한 자료로 여겨진다.

껴묻거리는 붉은간토기, 여러 종류의 화살촉, 숫돌, 비파형동검이 있다. 붉은간 토기는 무덤방 안에서 2~5점이 찾아졌으며, 생김새는 바리와 단지 모양인데, 바 리 모양에는 모두 굽이 있다. 그리고 단지 모양 가운데에는 아주 작은 것이 있으 며, 어깨 부분에 고리가 달린 것도 있다. 비파형동검은 무덤방의 바깥에서 수직으

사진 4-39. 송죽리 고인돌(1호)

로 꽂힌 채 찾아져 주목된다.

* 계명대학교 박물관, 《금릉 송죽리 유적》(개교40주년기념 특별전 도록), 1994.

(28) 칠곡 복성리유적

이 유적은 경북 칠곡군 약목면 복성리 경호천 옆의 부채꼴 충적대지에 위치하며, 1999년 영남매장문화재연구원 팀이 발굴하였다.

덮개돌이 있는 3기의 고인돌과 그 주위에서 16기의 무덤방을 찾았는데, 2호 고인돌의 덮개돌은 상당히 큰 편이었고(길이 430cm쯤), 무덤방 주변에 큰 돌을 놓아 낌돌이 되게 하였다.

무덤방은 강돌과 막돌로 만든 돌덧널과 판자돌로 만든 돌널이 섞여 있으며, 덮개돌이 있는 경우는 큰 편이었지만(길이 280cm쯤), 그렇지 않은 것은 작았다(길이 100cm 안팎). 특히 12호 돌널은 활석을 3단 이상 쌓아 묘역(11.6m×7.6m)을 만든 것이 돋보인다.

껴묻거리는 붉은간토기를 비롯하여 간돌검과 화살촉, 그리고 40여 점의 대롱구슬이 찾아졌다.

* 영남매장문화재연구원, 《칠곡 복성리 지석묘군 발굴조사》, 1999.

(29) 대구 시지동유적

이 유적은 대구광역시 수성구 시지동에 위치하며, 1992년 영남대학교 박물관 팀이 발굴 조사하였다.

이곳에는 고인돌의 덮개돌이 4기 있었는데, 발굴 결과 20기의 무덤방이 찾아졌다. 무덤방은 대부분 넓적한 판자돌을 가지고 만든 돌널이었으며, 크기가 매우 작은 것(길이 35cm)이 있어 두벌묻기도 하였던 것 같다(사진 4-40).

껴묻거리는 붉은간토기를 비롯하여 간돌검·화살촉·대롱구슬 등이 찾아졌다.

시지동 고인돌 유적 바로 옆에는 10여 기의 고인돌이 있는 매호동유적이 자리하고 있어 이 일대가 대구지역에서는 고인돌 유적이 밀집분포하고 있는 곳임을 알 수 있다.

* 영남대학교 박물관 · 대구광역시 도시개발공사, 《시지의 문화유적(Ⅰ)》, 1999.

사진 4-40. 시지동 고인돌 무덤방(Ⅰ-3호)

(30) 대구 상동유적

대구광역시 수성구 상동의 신천 상류지역에 위치한 이 고인돌 유적은, 1998～1999년 국립대구박물관에서 발굴 조사하였다.

구릉의 꼭대기에 덮개돌이 4기 있었는데 발굴 조사 결과 무덤방은 모두 38기가 찾아졌다.

무덤방의 짜임새는 돌덧널이 33기이고, 돌널은 5기인데, 돌덧널은 강돌과 막돌을 가지고 만들었으며, 역사시대의 무덤방처럼 매우 정교한 모습이다. 그리고 바닥은 돌덧널의 경우 대부분 넓적한 돌을 깔았지만, 돌널은 맨바닥이 더 많다.

무덤방을 만든 방법을 보면 돌덧널은 먼저 긴 벽을 쌓고 짧은 벽을 끼워 넣는 방법인 ㅍ자 모양이 널리 이용되었고, 돌널의 경우 긴 벽은 넓적한 돌을 2장 잇대었지만 짧은 벽은 1장으로 만들었다.

한편 무덤방이 돌덧널인 2호 고인돌은 좀 특이한 구조를 지녔다. 즉 서쪽의 긴 벽 바로 옆에 돌무지가 있었는데 그 속에 숯층(약 5cm)이 있고, 돌에서 불탄 흔적이 찾아졌다. 보고자는 이것을 고인돌 축조과정에 있었던 제의에 관련된 행위로 여기고 있다.

껴묻거리는 간돌검을 비롯하여 여러 점의 화살촉과 흙으로 만든 그물추, 민무늬토기 조각들이 발견되었다.

이 상동 고인돌 유적은 상당히 좁은 범위 안에 고인돌이 매우 밀집분포를 하고 있어 이곳에 묻힌 사람들은 서로 친연성을 가졌던 것 같다.

* 신종환, 〈상동지석묘 발굴조사성과〉, 《20세기에 대한 역사적 평가》(제42회 전국역사학대회 발표요지), 1999.

(31) 대구 이천(대봉)동유적

이 유적은 대구광역시 남구 이천동(옛 대봉동)의 신천 옆에 위치하며 1936년 처음 발굴 조사가 실시된 다음, 1990년(경북대학교 박물관), 1998년(영남대학교 박물관)에 계속적으로 조사가 이루어졌다.

이천동 고인돌은 덮개돌 주위에서 여러 기의 무덤방이 조사되어 덮개돌이 무덤을 나타내는 '묘표식 고인돌'이라는 새로운 형식을 설정하는 계기가 되었다. 무덤방은 강돌과 막돌을 가지고 돌널이나 돌덧널을 만들었으며, 무덤방이 서로 가깝게 자리하고 있어 묻힌 사람들의 친연성을 짐작하게 한다.

제1차로 발굴 조사된 대봉동 제4구 Ⅰ고인돌 유적을 1990년 재발굴한 결과, Ⅰ-4호 고인돌을 중심으로 사방에 '卍'자 모양으로 무덤방이 자리하고 있는 좀 특이한 분포 모습이 찾아지기도 하였다(사진 4-41).

사진 4-41. 이천(대봉)동 고인돌 무덤방

껴묻거리는 붉은간토기, 여러 점의 간돌검, 화살촉, 대롱옥 등이 발견되었다.

* 경북대학교 박물관, 《대구 대봉동 지석묘—재발굴조사보고》, 1991.
* 영남대학교 박물관, 《대구 이천동 지석묘 발굴조사 약보고서》, 1998.

(32) 대구 진천동유적

이 유적은 대구광역시 달서구 진천동의 진천천 옆에 위치하고 있으며, 1980년 영남대학교 팀이 조사하였다.

진천천을 따라 발달한 충적대지의 넓은 범위에 20여 기의 고인돌이 있었지만, 도시화되는 과정에서 대부분 파괴되어 남아 있는 4기를 발굴하였다.

1980년 영남대학교 팀이 파괴된 고인돌을 발굴 조사하여 4기의 무덤방을 찾았다.

무덤방은 냇돌을 쌓은 돌덧널과 넓적한 판자돌로 만든 돌널이 섞여 있고 돌널은 튼튼하게 하기 위하여 주위에 냇돌을 쌓은 것도 있다(그림 4-12).

껴묻거리는 민무늬토기·붉은간토기·간돌검·화살촉 등이 찾아졌고, 돌널 안에서 사람 머리뼈·이빨·허벅지뼈 등이 발견되었다.

* 강인구, 〈달성 진천동의 지석묘〉, 《한국사연구》(한국사연구회) 28, 1980.

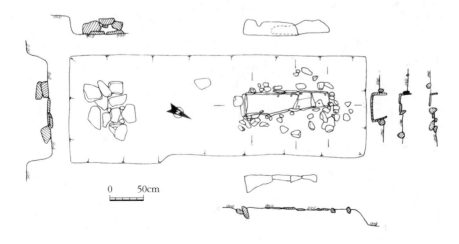

0   50cm

그림 4-12. 진천동 고인돌 무덤방

(33) 경주 방내리유적

이 유적은 경북 경주시 건천읍 방내리의 경부고속도로 건천휴게소 바로 옆에 위치하며, 1993~1994년 경주문화재연구소에서 발굴 조사하였다.

덮개돌이 있는 4기 고인돌을 발굴한 결과, 6기의 무덤방이 찾아졌다. 몇몇 고인돌의 덮개돌 밑에는 굄돌이 있었고, 무덤방은 막돌로 만들어진 아주 엉성한 형태로, 생김새는 긴 네모꼴과 타원형이 섞여 있으며, 일부는 돌덧널의 형태이고 바닥에는 잔자갈을 깔아 놓았다.

껴묻거리는 6호 고인돌에서 민무늬토기 조각 1점이 찾아졌을 뿐 다른 유물은 없었다.

한편 이 방내리 고인돌 유적은 경주를 중심으로 영천·영일지역에서 발굴된 다른 고인돌처럼 무덤방의 짜임새가 일정하지 않고 껴묻거리도 거의 찾아지지 않는 공통점을 지니고 있다.

* 경주문화재연구소,《건천휴게소 신축부지 발굴조사보고서》, 1995.

(34) 거창 산포유적

이 유적은 경남 거창군 남하면 무릉리 산포마을 황강 옆의 충적대지 위에 있으

사진 4-42. 산포 고인돌(3호)

며, 1986~1987년 합천댐 수몰지역조사 때 동의대학교 박물관 팀이 발굴하였다.

고인돌이 분포한 모습을 보면, 동서 방향으로 거의가 5줄로 자리하고 있어 처음 부터 의도적으로 축조하였음을 알 수 있다.

발굴 결과 33기의 무덤방이 찾아졌는데, 대부분 주위에 돌을 깔아 일정한 묘역을 이루고 있으며, 무덤방은 냇돌을 가지고 만든 돌덧널이다(사진 4-42). 그러나 일부 는 무덤방의 크기가 너무 작고 묘역이 없어 고인돌에 딸린 무덤방이었을 가능성이 많다.

껴묻거리는 간돌검·화살촉·반달돌칼·민무늬토기·붉은간토기이다.

* 임효택 · 곽동철 · 조현복, 《거창 · 합천 큰돌무덤》(동의대학교 박물관), 1987.

(35) 거창 대야리유적

경남 거창군 남하면 대야리 대야마을의 황강 옆 충적대지 위에 있는 이 유적은 1986~1987년 동의대학교 박물관에서 합천댐 수몰지역조사의 일환으로 발굴하였다.

4기의 개석식 고인돌이 발굴 조사되었는데, 무덤방은 모두 냇돌을 4~5단 쌓아 만든 돌덧널로 무덤방 주변에 돌을 깔아 묘역을 만들었던 것 같다.

사진 4-43. ① 대야리 고인돌(2호)

사진 4-43. ② 대야리 화살촉 출토모습(2호)

껴묻거리는 간돌검과 화살촉이 찾아졌다. 간돌검은 부러진 것을 재가공하여 다시 사용하였으며, 화살촉은 많이(1호 28점, 2호 42점) 껴묻기되어 주목된다. 특히 고인돌에 화살촉이 이렇게 많이 껴묻기된 것은 묻힌 사람의 신분관계나 당시 사회의 경제활동과 연관이 있을 것으로 여겨진다(사진 4-43 ①, ②).

* 임효택과 · 곽동철 · 조현복, 《거창 · 합천 큰돌무덤》(동의대학교 박물관), 1987.

(36) 합천 저포리유적

이 유적은 경남 합천군 봉산면 저포리에 위치하며, 부산대학교 박물관 팀이 합천댐 수몰지역조사 때 발굴하였다.

8기의 개석식 고인돌이 발굴되었는데, 무덤방은 2줄로 분포하고 돌널과 강돌을 쌓은 돌덧널로 이루어진 무덤방 옆에는 돌을 깔아 묘역시설을 하였는데, 특히 5호 고인돌은 네모꼴의 묘역이 뚜렷이 남아 있었다.

껴묻거리는 무덤방과 묘역을 이룬 돌 사이에서 대부분 찾아졌는데, 간돌검 · 화살촉 · 반달돌칼 · 붉은간토기 · 민무늬토기 등이 있다. 그런데 5호 고인돌의 붉은간토기는 무덤방 안과 바깥에서 찾아진 것이 같은 개체로 밝혀져 고인돌의 축조과정에서 의도적으로 토기를 깨뜨려 의식을 행하였던 것으로 여겨진다.

* 부산대학교 박물관, 《합천 저포리 E지구 유적》, 1987.

(37) 진주 대촌유적

이 유적은 경남 진주시 귀곡동 대촌마을에 있으며, 1997년 남강댐 수몰지역조사 때 부산시립박물관에서 고인돌과 돌널무덤을 발굴하였다.

덮개돌이 있는 고인돌 3기와 돌널무덤 9기가 조사되었는데, 돌널무덤은 고인돌과 연관이 있을 것으로 여겨진다.

고인돌은 모두 개석식으로 무덤방은 땅 위에 있는 것과 땅 속에 있는 것이 섞여 있어 그 변천 과정을 이해하는 데 중요하다. 껴묻거리는 화살촉과 돌도끼가 찾아졌다.

돌널무덤은 고인돌 바로 옆에서 발굴되어 서로 관련이 있으며, 넓적한 판자돌을 이용하여 만든 무덤방의 크기는 여러 가지(길이 0.75~1.7m)이며, 긴 방향은 구릉과 나란하였다.

껴묻거리는 간돌검·화살촉·대롱옥·곱은옥·둥근옥 등 여러 가지 꾸미개가 발견되었다.

* 부산광역시립박물관 복천분관, 《진주 귀곡동 대촌유적》, 1998.

(38) 사천 이금동유적

나즈막한 구릉에 위치한 경남 사천시 이금동유적에서는 동서 방향으로 길게 늘어진(120×10m) 묘역에서 62기의 고인돌 무덤방이 경남고고학연구소 팀에 의하여 1998년 발굴 조사되었다.

덮개돌은 모두 3기만 찾아져, 조사된 무덤방에 비하여 그 수가 매우 적어 무덤을 나타내는 묘표(墓標)의 기능을 지닌 것으로 여겨진다. 무덤방은 모두 지하에 만들었는데 그 짜임새는 돌널·돌덧널로 나눌 수 있다. 무덤방의 가장자리는 큰 돌을 가지고 구획을 하였고, 바닥은 납작한 돌이나 막돌을 깔아 놓았다(사진 4-44).

껴묻거리는 여러 가지의 토기와 석기, 그리고 청동기·꾸미개 등이 찾아졌다. 토기는 민무늬토기를 비롯하여 붉은간토기·가지무늬토기가, 석기는 돌검과 화살촉·돌도끼 등이, 청동기는 비파형동검과 화살촉이, 그리고 꾸미개는 대롱옥과 둥근구슬 등이 있다.

특히 고인돌 주위에서는 민무늬토기와 석기의 조각들이 많이 찾아져 당시의 제의와 관련 있는 것으로 여겨진다.

사진 4-44. 이금동 고인돌 무덤방

* 윤호필, 〈사천 이금동유적 발굴조사 개요〉, 《20세기에 대한 역사적 평가》(제42회 전국역사학대
  회 발표요지), 1999.

(39) 사천 신월리유적

이 유적은 경남 사천시 정동면 소곡리 신월마을의 냇가 바로 옆에 위치하며, 덮
개돌은 이미 없었고 홍수로 유구가 드러나자 1969년 단국대학교 박물관 팀이 발굴
조사하였다.

돌널과 돌덧널로 만들어진 무덤방은 주위에 납작한 돌을 깔았고 둥근꼴의 다각형
형태를 이루며, 가장자리를 따라 갓돌을 박아 묘역을 만들었다. 무덤방은 이웃의 강
물 흐름과 나란하며, 크기가 작아 묻기는 굽혀묻기나 두벌묻기를 하였던 것 같다.

묘역을 이룬 'ㄴ구역'에서는 6기의 무덤방이 발견되어 가족무덤의 성격이 강한
것으로 보인다(그림 4-13).

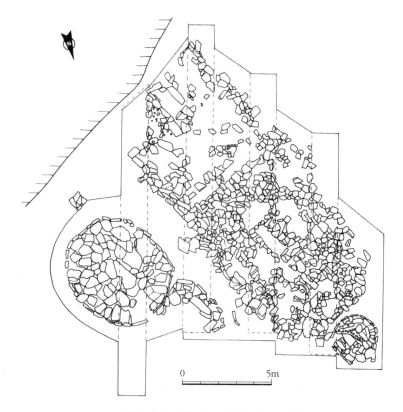

0   5m

그림 4-13. 신월리 고인돌 무덤방 배치도

껴묻거리는 민무늬토기 및 붉은간토기 조각, 화살촉, 가락바퀴 등이 대부분 무덤
방의 주변에서 발견되어 당시 사회의 제의와 관련 있는 것으로 여겨진다.

* 단국대학교 박물관, 《소곡리 신월의 청동기시대 무덤》, 1988.

(40) 함안 도항리유적

경남 함안군 가야읍 도항리 길목마을에 위치한 이 유적은 1991년 국립창원문화
재연구소에서 발굴 조사하였다. 함안 도항리 가야 고분군(사적 제84호) 안에 자리
한 이곳에서는 개석식 고인돌 8기가 조사되었으며, 부분적으로 가야고분을 만들
때 고인돌이 파괴되었음을 알 수 있었다.

고인돌의 무덤방은 돌덧널과 구덩이[土壙]로 나누어진다. 돌덧널은 넓적하면서

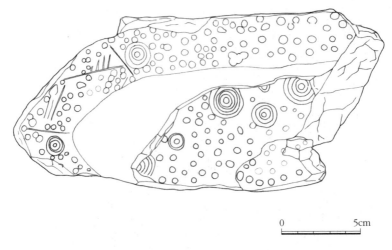

그림 4-14. 도항리 고인돌 덮개돌('다'호)

얇은 돌을 차곡차곡 쌓아서 만들었고, 구덩이는 깊어(1m쯤) 단(段)을 이루고 있다.

'바'호 고인돌은 이 유적의 가운데에 놓여 있고, 무덤방이 가장 크며 껴묻거리도 다른 고인돌에서보다 많이 출토되어 중심적인 역할을 하였던 것으로 판단된다.

껴묻거리는 붉은간토기·돌끌·화살촉이 찾아졌으며, 붉은간토기 가운데에는 귀때[注口]가 달린 것이 발견되어 주목된다.

한편 '다'호 고인돌의 덮개돌에는 동심원(7개)과 크고 작은 구멍(260여 개)이 빽빽하게 새겨져 있었다(그림 4-14).

* 국립창원문화재연구소,《함안 암각화 고분》, 1996.

(41) 의령 석곡리유적

경남 의령군 정곡면 석곡리의 도로 옆에 위치한 이 유적은 동아대학교 박물관 팀이 1988년 바둑판과 개석식 고인돌 9기를 발굴 조사하였다.

무덤방은 돌널·돌덧널·구덩이의 3형식이 모두 있었다. 돌널의 경우 그 주위에 돌을 깔아 묘역시설을 하였고, 3호 돌널은 넓적한 점판암을 이용하여 긴 벽을 만들고 막돌을 쌓아 짧은 벽을 만들었으며, 6호 무덤방은 뚜껑돌을 이중으로 하여 특이하다.

껴묻거리는 완전한 붉은간토기·간돌검·화살촉·천하석제 옥 등이 찾아졌다.

* 심봉근, 〈의령 석곡리 지석묘군〉, 《고고역사학지》(동아대학교 박물관) 5 · 6, 1990.

(42) 창녕 유리유적(경상남도 기념물 제2호)

국립박물관에서 발굴한(1962년) 이 유적은 경남 창녕군 장마면 유리의 낮은 구릉의 꼭대기에 위치하여 주로 강 옆이나 평지에 있는 이 지역의 고인돌과는 입지에 차이가 있다.

바둑판 고인돌 1기를 발굴한 결과, 무덤방은 바위를 파내고 손질을 많이 한 판자돌을 차곡차곡 정교하게 쌓아 만든 돌덧널이다. 무덤방의 뚜껑돌은 이중으로 되어 있었는데, 먼저 판자돌 1개를 이용하여 무덤방을 완전히 덮고 그 위에 여러 개를 잇대어 덮었다. 그리고 뚜껑돌 위에는 사람머리 크기만한 돌들을 쌓아 돌무지를 만들어 보호한 무덤방의 크기가 매우 작아(67cm×27cm) 두벌묻기를 하였던 것 같다(그림 4-15).

이 유리유적은 고인돌이 있는 곳의 지세와 함께 무덤방의 구조가 특이하여 고인돌 축조에 대한 여러 문제를 살펴보는 데 중요하다.

* 김재원 · 윤무병, 《한국지석묘연구》(국립박물관), 1967.

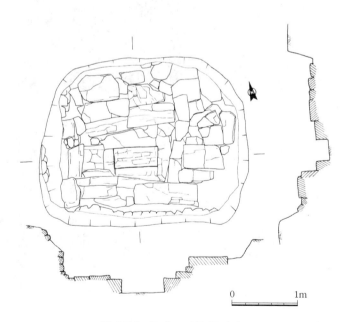

0   1m

그림 4-15. 유리 고인돌 무덤방

(43) 마산 곡안리유적

이 유적은 경남 마산시 진전면 곡안리의 작은 냇가 옆 논에 위치하며, 1966년 국립박물관에서 고인돌 1기를 발굴 조사하였다.

덮개돌은 아주 작은 편(길이 1.45m)이며, 무덤방은 막돌을 쌓아 만든 돌덧널이고, 바닥은 고운 흙을 다진 맨바닥이다. 뚜껑돌은 판자돌을 여러 개 이용하여 덮었으며, 그 사이에는 찰흙을 발라 놓은 점이 특이하다. 또 뚜껑돌 위에는 사람머리 크기의 돌을 쌓아 놓았는데, 이러한 예는 창녕 유리, 창원 덕천리와 상남 고인돌 유적에서도 찾아졌다.

껴묻거리는 완전한 붉은간토기 1점뿐이었다.

* 김재원 · 윤무병, 《한국지석묘연구》(국립박물관), 1967.

(44) 마산 신촌리유적

이 유적은 경남 마산시 진북면 신촌리 구릉의 꼭대기에 위치하며, 개석식 고인돌

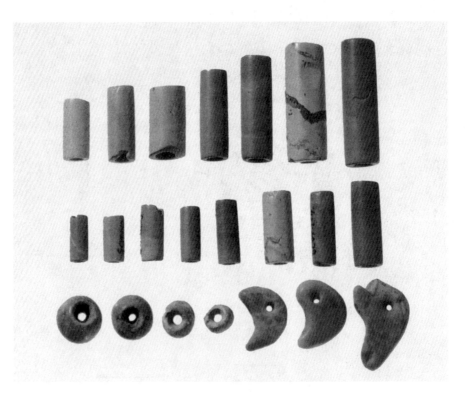

사진 4-45. 신촌리 고인돌 출토유물

로 추정되는 3기를 국립경주박물관에서 발굴하였다.

뚜껑돌이 있는 무덤방은 모두 막돌을 가지고 만든 돌덧널이며, 껴묻거리는 붉은간토기를 비롯하여 대롱옥·곱은옥·청동으로 만든 둥근 구슬이 찾아졌다(사진 4-45).

고인돌이 있는 곳의 지세는 이웃의 창원 상남 고인돌 유적과 비교된다.

* 최종규 · 안재호, 〈신촌리 분묘군〉, 《중도 Ⅳ》(국립중앙박물관), 1983.

(45) 창원 상남유적

경남 창원시 토월동 얕은 구릉지대에 자리하는 이 유적은 국립창원문화재연구소에서 1997~1998년 발굴 조사하였다.

고인돌 2기를 발굴한 결과, 7기의 무덤방이 찾아졌는데, 이 가운데 1기는 전형적인 바둑판 고인돌이고, 나머지는 모두 개석식으로 밝혀졌다.

바둑판 고인돌은 덮개돌에 많은 구멍이 파여 있었으며, 그 바로 밑에는 굄돌이 4개 있었다. 무덤방은 크고 깊게 만들기 위하여 큰 구덩이(4.1m×2.2m×1.8m)를 2단으로 판 다음 돌덧널을 만들고, 그 바로 위에는 4~6겹으로 돌을 쌓아 놓았다. 이렇게 큰 무덤방을 만든 것은 당시의 고인돌 축조기술은 물론 고인돌을 만든 사회적인 배경을 이해하는 데 많은 도움이 된다. 이러한 구조나 크기를 지닌 고인돌은 창원 덕천리유적에서도 찾아졌다.

개석식 고인돌은 일정한 범위의 묘역을 지니고 있었으며, 무덤방은 돌덧널과 구덩이가 섞여 있었다.

껴묻거리는 여러 종류의 화살촉과 붉은간토기, 민무늬토기 조각들이 나왔는데, 특히 의도적으로 깨뜨린 민무늬토기가 고인돌 주변에 많이 흩어져 있어 당시 사회의 제의와 관련 있는 것 같다.

* 창원문화재연구소 · 창원시, 《창원 상남지석묘군》, 1999.

(46) 창원 덕천리유적

이 유적은 경남 창원시 동면 덕천리 낮은 구릉지대의 경사진 곳에 있으며, 1992~1993년 경남대학교 박물관 팀이 발굴 조사를 하여 고인돌 3기와 석축시설·돌널무덤·움무덤·환호를 찾았다.

남북방향으로 있는 고인돌을 발굴한 결과, 단(段)이 지게 무덤방을 파고 그 아래에 돌덧널을 만들었다. 그리고 뚜껑돌을 1겹 이상 덮고 뚜껑돌 사이나 그 위에는 많은 돌을 쌓아 돌무지를 이루고 있었다.

1호 고인돌을 보면 8×6m 크기의 구덩을 3단으로 파고 4.5m 아래에 돌덧널을 만들었다. 그리고 아래의 뚜껑돌은 5개로 덮여 있고, 그 위에 30～50cm 크기의 돌(표력) 800여 개를 쌓고, 또 그 위에 12개의 뚜껑돌을 덮어 이중으로 하였다. 넓적한 판자돌을 깐 무덤방의 바닥에서 나무조각이 찾아져 나무관이 사용되었을 가능성을 시사하고 있다.

고인돌에서 찾아진 껴묻거리는 비파형동검을 비롯하여 붉은간토기·간돌검·화살촉·반달돌칼·돌끌·대롱옥, 그리고 옻칠이 된 나뭇조각 등이 있다.

한편 고인돌 옆에서는 묘역과 구분되는 석축시설이 발견되었다. 남은 석축의 크기는 남북 56.2m, 동서 17.5m이고 손질한 돌을 쌓아 만들었는데, 아래쪽은 모두 앞으로 조금 튀어 나오게 하였다. 그리고 맨 아래쪽의 앞부분 1.5m 범위에 넓적한 돌을 깔았으며, 일정한 간격으로 구분된다. 이 석축시설은 무덤을 구획하고 주위에서 많은 토기조각이 출토된 점 등으로 보아 제단의 기능을 가졌던 것으로 여겨진다(사진 4-46).

움무덤은 넓적한 돌을 뚜껑돌로 이용하였으며, 무덤방에는 나무관을 사용하였던 흔적이 찾아지고 있다.

환호시설은 무덤에서 조금 떨어져 작은 골짜기 쪽에서 발견되었는데, 남은 길이

사진 4-46. 덕천리유적

는 150m, 너비 3m쯤 되며 단면은 V자 모양이다.

이 덕천리유적의 고인돌 구조는 지금까지 찾아진 것과 다르면서 그 규모가 상당히 큰 편으로, 축조에 대한 당시의 기술 문제를 이해하는 데 도움이 된다. 그리고 제단에 사용된 돌을 다듬고 쌓은 기술로 볼 때 전문적인 기술을 가진 집단이 있었을 가능성을 보여 준다. 또 당시 사회의 생활과 무덤 공간이 분리되었음을 시사하고 있다.

* 이상길, 〈창원 덕천리유적 발굴조사보고〉,《삼한사회와 고고학》(제17회 한국고고학 전국대회 발표요지), 1993.

(47) 김해 내동유적(경상남도 기념물 제61호)

이 유적은 경남 김해시 내동에 위치하며, 3기의 고인돌 가운데 2기의 바둑판 고인돌을 1976년 부산대학교 박물관 팀이 발굴하였다.

굄돌은 2호 고인돌의 경우 상당히 큰 막돌 3개를 이용하여 덮개돌을 받치고 있는데, 영남지역에서는 이렇게 큰 돌(1.3m×1.2m×0.5m)을 이용한 것은 드문 예이다(그림 4-16).

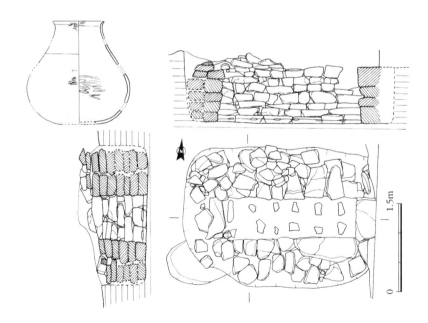

그림 4-16. 내동 고인돌 무덤방과 출토유물(2호)

고인돌의 무덤방은 긴 네모꼴의 움을 파고 그 안에 돌덧널을 만들었다. 1호 고인돌은 무덤방 바닥에 막돌을 깔았고 넓적한 뚜껑돌이 찾아졌다.

한국식동검을 비롯하여 붉은간토기·검은간토기·화살촉 등의 껴묻거리 가운데 한국식동검과 검은간토기는 고인돌에서 찾아지지 아니하여, 내동 고인돌의 연대를 이해하는 데 도움이 된다.

* 하인수, 〈영남지방 지석묘의 형식과 구조〉, 《가야고고학논총》 1, 1992.

(48) 부산 감천동유적

도로공사를 하면서 간돌검이 발견된 이 유적은 부산광역시 서구 감천동에 위치하며, 5기의 고인돌이 조사되었다.

1호 고인돌은 덮개돌 밑의 가장자리에 둥근꼴의 큰 막돌이 놓여 있어 바둑판 고인돌이었던 것 같다. 무덤방은 긴 네모꼴 구덩이를 파고 돌덧널을 만들었는데, 바닥에는 잔자갈을 깔아 놓았다. 껴묻거리는 간돌검이 찾아졌다.

고인돌이 집중된 이 감천동유적은 부산지역에서는 드문 예로 청동기시대의 다양한 유물이 출토되는 이웃의 괴정동유적과 비교된다.

* 박상헌, 〈부산 감천동 지석묘〉, 《고고미술》 7-1, 1966.

2) 돌널무덤

(1) 익산 다송리유적

전북 익산시 함열읍 다송리의 말무덤이라고 부르는 낮은 구릉지대에 위치한 이 유적은 1975년 전주시립박물관 팀이 돌널무덤 1기를 조사하였다.

돌널(길이 1.8m쯤)의 짜임과 뚜껑돌 위에 많은 돌들이 쌓여 있어서 이 시기의 돌널무덤과 그 구조가 비슷한 것 같다.

껴묻거리는 거친무늬거울(1점)을 비롯하여, 청동단추(2점), 둥근꼴의 청동꾸미개, 옥구슬 등이 찾아졌다.

* 전영래, 〈익산 다송리 청동유물 출토묘〉, 《전북유적 조사보고》(전주시립박물관) 5, 1975.

3) 돌덧널무덤

(1) 완주 상림리유적

전북 완주군 이서면 상림리에 위치한 이 유적은 1975년 마을사람들이 묘목을 캐

다가 발견되어 전주시립박물관 팀이 조사하였다.

지표 밑 약 60cm 되는 곳에 동검 26점이 가지런히 수평으로 놓여 있었는데, 돌덧널이었을 가능성이 많다.

이 동검은 도씨검(桃氏劍, 중국식 동검)으로 자루와 동검의 몸체 부분이 함께 주조되었고 날 부분은 갈아서 만들었다. 자루 부분에는 둥근 모양의 돌기가 2개 있으며, 자루 끝에는 삿갓형 꼭지가 붙어 있다.

이 동검은 모두 크기와 무게가 다르며, 붉은 색을 띤 황동질로 사용한 흔적이 없이 그대로 남아 있어 저장된 상태에서 찾아진 것으로 여겨진다.

서해안지역에서 중국식 동검인 도씨검이 발견된 것은 황해를 중심으로 중국과의 교류 가능성을 시사하고 있어 주목된다.

* 전영래. 〈완주 상림리 출토 중국식 동검에 관하여〉, 《전북유적조사보고》(전주시립박물관) 6, 1976.

(2) 함평 초포리유적

전남 함평군 나산면 초포리 사촌마을의 얕은 구릉지대에 위치한 이 유적은 1987

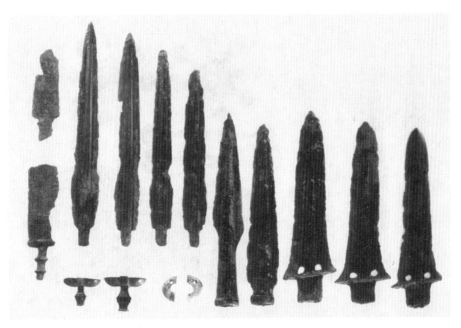

사진 4-47. 초포리 출토유물

년 마을 길을 만들다가 발견되어 국립광주박물관 팀이 조시히였디.

무덤방은 풍화암반층을 파고 만들었는데, 아래로 갈수록 점차 좁아지며 묻힌 사람의 머리쪽이 넓고 발쪽은 좁다.

조사과정에서 사람머리 크기만한 막돌이 많이 나온 점으로 보아 나무관을 놓고 그 위에 돌을 쌓아 놓았던 것 같다.

껴묻거리는 여러 종류가 많이 출토되었는데, 검자루 끝장식이 있는 한국식동검을 비롯하여 도씨검(1점)·청동꺽창·청동투겁창·청동도끼·청동밀개·청동끌·장대방울·가지방울·청동거울·곱은옥 등이 있다(사진 4-47).

* 이건무 · 서성훈,《함평 초포리유적》(국립광주박물관 · 전라남도 · 함평군), 1988.

(3) 화순 대곡리유적

이 유적은 전남 화순군 도곡면 대곡리에 있는데, 1971년 영산강이 바라보이는 산기슭의 낮은 언덕 위에 있는 집에서 도랑을 파다가 발견되어 문화재연구소 팀이 조

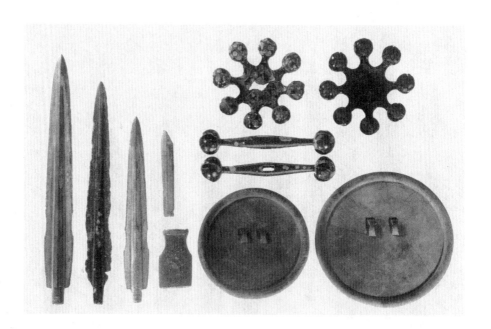

사진 4-48. 대곡리 출토유물

사하였다.

무덤방은 풍화암반층에 이중으로 단(段)이 지게 긴 네모꼴의 구덩이를 파고 만들었다. 조사 결과 바닥 부분에서 나뭇조각이 찾아졌고, 구덩이의 벽과 바닥에는 강가에 있는 진흙이 10cm 안팎으로 발라져 있어 나무관을 사용하였던 것 같다.

껴묻거리는 주로 낙동강지역에서 출토되는 가지방울(4점)과 한국식동검 · 청동거울 · 청동도끼 · 청동끌 등이 있다(사진 4-48).

한편 나무관 부분을 방사성탄소연대측정을 한 결과 2,560 bp(다시 계산하면 B.C. 910~390)로 밝혀졌다.

* 조유전, 〈전남 화순 청동유물 일괄 출토 유적〉,《윤무병박사회갑기념논총》, 통천문화사, 1984.

(4) 제주 용담동유적

이 유적은 제주시 용담동 먹돌셍이의 바닷가 넓은 대지에 위치하며, 1985년 제주대학교 박물관 팀이 발굴하였다.

3기의 돌덧널무덤을 발굴한 결과, 무덤방은 막돌을 긴 타원형으로 쌓아 만들었고 뚜껑돌이 있었다. 이 가운데 3호 무덤은 크기가 매우 작아(길이 1.4m) 묻힌 사람이 어린 아이일 것으로 해석된다.

껴묻거리는 구멍무늬토기 · 구멍무늬＋골아가리토기 · 대팻날 등이 출토되었다.

* 제주대학교 박물관,《용담동 고분》, 1989.

(5) 대구 비산동유적

대구광역시 북구 비산동 와룡산 중턱에 위치한 이 유적은 1956년 마을주민이 5~6m 범위의 점판암 조각에서 50여 점의 청동기를 우연히 발견하여 알려지게 되었다.

청동유물 가운데에는 한국식동검(5점), 청동투겁창(3점), 청동꺾창(2점), 검자루끝장식(1점), 소뿔모양청동기(3점), 수레 부속의 하나인 일산살대투겁(2점), 호랑이모양 띠고리(1점) 등 그 종류가 여러 가지이다.

한국식동검은 등날이 검 끝까지 있는 후기 형식이고, 피홈이 있는 것도 찾아졌다. 검자루 끝장식 가운데 1점은 두 마리의 새(백조?)가 서로 등을 대고 머리를 뒤로 돌린 모습을 한 이른바 안테나 식으로, 북방 청동기문화인 스키타이 청동문화의 요소를 보여 주고 있어 주목된다(사진 4-49). 호랑이 모양 띠고리는 안테나식 검자

236

사진 4-49. 비산동 출토유물

루 끝장식처럼 스키타이 계통의 동물 장식무늬를 나타내고 있어 한국 청동기의 기원을 밝히는 데 중요한 것으로 여겨진다.

비산동유적의 여러 유물 가운데 청동투겁창(길이 67cm)과 청동꺾창(길이 40cm)은 상당히 커 의기화되고 있는데, 이것은 한국과 일본의 청동기문화 교류관계를 잘 보여 주고 있다.

* 국립중앙박물관 · 국립광주박물관,《한국의 청동기문화》, 1992.

(6) 대구 평리동유적

대구광역시 서구 평리동의 와룡산 구릉에 위치한 이 유적은 1974년 아파트를 짓기 위하여 터파기를 하던 중 발견되었다.

사진 4-50. 평리동 청동거울

이곳에서는 무기류와 마구류, 그리고 의식에 사용된 것으로 보이는 여러 종류의 청동거울이 찾아졌다.

무기류에는 크기가 비슷하면서 등날이 슴베 부분까지 있는 한국식동검(3점), 의기화된 청동꺽창·청동꺽창집 등이 있고, 마구류는 청동재갈(2쌍), 청동방울(4점), 원형 청동기가 있다. 원형 청동기는 겉면은 장식이 없고 뒷면에 고리가 2개 붙어 있다. 청동거울은 꼭지가 여럿인 거울, 한경(漢鏡), 본뜬 거울〔倣製鏡〕 등이 있다(사진 4-50).

그런데 평리동유적에서 찾아진 청동유물은 종류와 수량으로 보아 여러 무덤에 껴묻기되었던 것으로 여겨진다.

* 윤용진,〈한국 청동기문화 연구〉,《한국고고학보》(한국고고학회) 10·11, 1981.

4) 독무덤

(1) 익산 석천리유적

이 유적은 전북 익산시 낭산면 석천리의 마을 뒤 구릉지대에 위치하며, 1989년 국립부여박물관 팀에서 조사하였다.

1m 정도의 거리를 두고 나란히 자리한 2기의 독무덤은 풍화된 암반을 파내고 그 속에 독을 수직으로 세워서 만들었다(사진 4-51).

1호 독무덤을 보면 구덩이 바닥에 모래질 찰흙을 깔고 그 위에 화강암의 손질된 받침돌을 놓고 독을 설치한 다음, 뚜껑으로 편평한(두께 4cm쯤) 판자돌을 덮고 그 위에 다시 큰 판자돌을 덮어 놓았다. 독은 황갈색의 민무늬토기로 곧은 목을 지니며, 입술에 골아가리 무늬가 있고 바닥 가운데에 지름 3cm 되는 구멍이 뚫려 있다.

2호 독무덤은 완전히 파괴되어 그 형태를 알 수 없다. 이 독무덤은 부여 송국리에서 조사된 것과 서로 비교된다.

* 이건무 · 신광섭, 〈익산 석천리 옹관묘에 대하여〉,《고고학지》(한국고고미술연구소) 6, 1994.

사진 4-51. 석천리 독무덤

(2) 거창 대야리유적

이 유적은 경남 거창군 남하면 대야리에 위치하며, 합천댐 수몰지역조사의 일환으로 동의대학교 박물관 팀이 발굴하였다.

집터 옆에서 찾아진 2기의 독무덤은 모두 둥근꼴의 구덩이를 파고 수직으로 독을 설치한 다음 넓적한 돌을 덮었다. 구덩이의 바닥에는 막돌의 받침돌을 깔고 독과 벽 사이에 돌을 채워놓은 점은 지금까지 조사된 독무덤 형식과는 다르다. 1호 독은 바닥에 구멍이 뚫려 있지만, 2호는 몸통 부분에 구멍이 있어 좀 특이하다.

독은 모두 바닥이 납작하고 배가 부르며, 목은 없으나 아가리 쪽이 조금 밖으로 바라진 '송국리형 토기'를 사용하였다.

* 임효택과, 《대야리 주거지 Ⅱ》(동의대학교 박물관), 1989.

5) 움무덤

(1) 전주 여의동유적

이 유적은 전북 전주시 여의동 용정마을의 낮은 구릉지대에 위치하며, 1985년 마을사람들이 나무를 심기 위하여 구덩이를 파다가 발견하였다.

지표 아래 약 70cm 되는 지점에서 찾아진 움무덤은 긴 방향이 동서쪽이며, 남북의 짧은 벽쪽에 돌을 부분적으로 깔고 넓적한 돌을 덮었다. 무덤방의 길이는 약 1m 정도밖에 되지 않아 이 시기의 움무덤으로서는 상당히 작은 편이다.

껴묻거리는 한국식동검과 청동꺾창·청동투겁창·청동거울〔前漢鏡〕이 찾아졌다.

* 전영래, 〈금강유역 청동기문화권 신자료〉, 《마한백제문화》(원광대학교 마한백제문화연구소) 10, 1987.

3. 선 돌

1) 대구 진천동유적(사적 제411호)

1997~1998년 경북대학교 박물관 팀이 발굴 조사한 이 유적은 대구광역시 달서구 진천동에 위치하며, 7, 8단 쌓았던 긴 네모꼴의 기단(25m×10m) 위에 선돌이 1

사진 4-52. 진천동 선돌

기 있고, 기단의 북쪽 가장자리에서 돌널 3기가 발견되었다.

선돌은 기단의 한가운데에 자리하며 기단의 너비 방향과 나란하다. 선돌을 세운 방법은 움을 파서 세운 다음 작은 돌로 메우고 흙을 쌓았던 것 같다. 그리고 선돌의 앞쪽 위에는 겹동그라미 무늬가, 뒤쪽에는 6개의 굼이 파여 있다(사진 4-52).

돌널은 넓적한 판자돌을 가지고 만들었는데 크기는 길이가 1m 안팎이다.

기단 주위에서는 많은 양의 민무늬토기 바닥, 붉은간토기 조각, 숫돌, 덜된 석기와 흙으로 만든 대롱구슬 등이 찾아져 기단 주변에서 제의가 있었던 것으로 해석된다.

* 박천수, 〈대구 진천동 입석유적 발굴 조사〉, 《3~5세기 금강유역의 고고학》(제22회 한국고고학 전국대회 발표요지), 1998.

4. 바위그림

1) 고령 양전동유적(보물 제605호)

낙동강의 샛강인 회천이 안림천 및 대가천과 합해지는 지역인 경북 고령군 개진면 양전동에 위치하며, 1971년 영남대학교 조사단이 발견하였다.

사진 4-53. 양전동 바위그림

　바위그림은 강쪽으로 뻗어내린 산기슭의 끝자락에 있는 수직의 큰 바위(3m×
6m)에 새겨져 있다. 그림의 배치 모습은 바위 한가운데에 겹동그라미가 있고, 그
양쪽에 많은 가면(방패무늬?) 같은 그림이 자리한다. 가면으로 보이는 그림은 가
장자리에 짧은 깃을 새겼고, 그 안쪽은 2, 3단으로 구분하여 구멍을 2, 3개씩 팠다.
바위그림은 갈기수법으로 새겼으며, 울산 천전리 바위그림과 서로 비교된다.
　한편 가면그림을 얼굴로 해석하여 신상(神像) 또는 태양신과 연관시키기도 하
며, 이곳을 당시 사회의 풍요를 기원하는 제단으로 여기기도 한다(사진 4-53).

*이은창, 〈고령 양전동 암각화 조사 약보〉,《고고미술》(한국미술사학회) 112, 1971.

2) 고령 지산동유적

　경북 고령군 고령읍 지산동의 대가야 고분군에 있으며, 1994~1995년 영남매장
문화재연구원에서 발굴 조사하였다.
　이 유적은 대가야 고분군의 전시관 건립을 위하여 제30호 돌덧널무덤을 조사하

사진 4-54. 지산동 바위그림

던 과정에 무덤의 뚜껑돌에 바위그림이 새겨져 있어서 조사하게 되었다. 이 바위그림은 가야 무덤을 만들 때 새긴 것이 아니고, 이미 바위그림이 새겨진 돌을 무덤에 이용한 것 같다.

바위그림이 새겨진 넓적한 돌은 2개인데, 하나는 판판하면서 넓은 면에 여러 사람들의 모습을 단순하게 표현하였다. 이 사람들은 정면과 옆면의 모습이 선으로 새겨져 있으며, 남녀 모두 성기를 강조하여 표현한 점이 주목된다. 다른 하나는 넓적한 돌의 옆면에 방패무늬를 새겼는데 위·아래가 깨어져 나갔다(사진 4-54).

새긴 수법은 모두 쪼으기 또는 갈아서 표현을 하였다.

* 영남매장문화재연구원 · 고령군, 《고령 지산동 30호분》, 1998.

3) 영일 칠포유적

경북 포항시 흥해읍 칠포리의 영일만이 바라보이는 곤륜산의 여러 골짜기에 있는 수직 또는 수평의 바위에 새겨져 있으며, 1989년 포철고문화연구회 팀이 발견하였다.

새긴 그림의 주제는 대부분 방패무늬(또는 검파형)이며, 수법은 먼저 쪼아 새긴

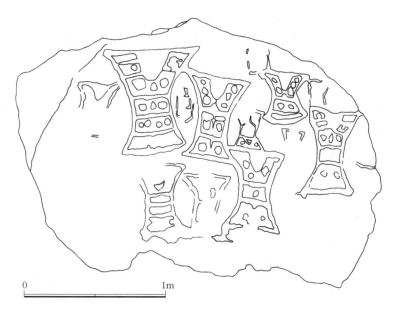

0   1m

그림 4-17. 칠포 바위그림

밑그림 위에 갈아 새긴 것이 많다. 방패무늬는 기본적으로 위·아래가 직선이고 옆면은 오목하게 들어가 곡선을 이룬다. 안쪽에는 가로 방향으로 여러 줄을 새겨 구획하였고, 윗부분은 대체로 U자 모양으로 패여 있으며, 그 속에 갈아서 새긴 굼이 있다. 그런데 이 바위그림은 고령 양전동보다 훨씬 크며, 새긴 선과 굼이 매우 깊고 굵다(그림 4-17).

한편 주변에는 여자의 성기로 보이는 바위그림과 고인돌의 덮개돌로 보이는 곳에 삼각형(화살촉?)이 새겨져 있는 것이 찾아졌다.

* 이하우,《칠포마을 바위그림》(포철고문화연구회), 1994.

4) 경주 금장대유적(경상북도 기념물 제98호)

경북 경주시 석장동 서천 옆의 금장대라고 부르는 곳에 있으며, 1994년 동국대학교 팀이 발견하였다. 이곳은 서천과 북천이 합하여 형산강으로 흘러드는 곳이며, 바위가 깎아지르는 절벽으로 주변과는 격리되어 있는 입지조건을 갖추고 있다.

244

바위그림은 6개 면에 나누어져 모두 93개체가 새겨져 있는데, 그림의 주제는 방패무늬(또는 검파형)·이등변삼각형·사람발자국·여성성기·배·사람 등이고, 새긴 수법은 쪼아파기를 기본적으로 하였고, 그 위에 갈거나 그어파기를 한 것도 있다.

금장대 바위그림은 다른 유적에 비하여 새긴 주제가 비교적 다양하며, 유적의 입지로 보아 종교적인 성소(聖所)일 가능성이 높다.

이 유적 옆에서는 청동기시대의 집터와 고인돌이 찾아지고 있어 서로 관계가 있을 것으로 여겨진다.

* 김길웅, 〈금장대 암각화에 대한 고찰〉, 《신라 왕경 연구》(신라문화선양회), 1995.

5) 울산 천전리유적(국보 제147호)

울산광역시 울주군 두동면 천전리에 있으며, 반구대유적으로부터 강 상류 쪽으로 2km쯤 떨어져 위치한다.

1970년 대곡천이 굽이치는 계곡의 튀어 나온 바위에 새겨진 바위그림을 동국대학교 조사단이 발견하였다.

사진 4-55. 천전리 바위그림

높이 2.7m, 길이 10m의 커다란 수직 바위에 많은 그림들이 빽빽히 새겨져 있으며, 새긴 주제와 수법이 위쪽과 아래쪽으로 구분된다.

위쪽은 쪼아새긴 사람·사슴이 사실적으로 표현되어 있으며, 갈아새긴 탈, 그리고 기하무늬인 겹동그라미·마름모·물결무늬 등이 있다. 아래쪽은 가는 선으로 새긴 기마행렬·항해그림(?)·용(?)·사람 등이 있고, 부분적으로 삼국시대의 글씨가 새겨져 있다(사진 4-55).

이와 같이 위쪽의 쪼아새긴 그림은 있는 그대로 표현하고 있어 반구대 바위그림과 비교되며, 갈아새긴 그림들은 풍요를 기원하는 뜻으로 풀이하기도 한다.

천전리 바위그림은 쪼아새긴 그림 바로 위에 갈아새긴 그림이 겹쳐 있고, 그 위에 또 삼국시대의 글씨가 새겨져 있어 상당히 오랜 기간 동안 중복되어 새겨졌던 것 같다.

* 황수영·문명대,《반구대》, 동국대학교출판부, 1984.

6) 울산 대곡리 반구대유적(국보 제285호)

1971년 찾아진 이 바위그림은 울산광역시 울주군 언양읍 대곡리의 반구동에 위치하며, 천전리유적에서 강 하류 쪽으로 2km쯤 떨어져 있다.

바위그림은 높이 70m 되는 절벽 아래쪽(3m×8m)의 넓고 편편한 부분에 집중적으로 새겨져 있으며, 주변의 바위에서도 드물게 바위그림이 찾아진다. 바위그림이 집중되어 있는 곳은 앞쪽으로 비스듬하게 튀어 나와 있어 지금까지 보존이 비교적 잘 되었던 것 같다.

바위그림은 크게 평면 그림과 선 그림으로 나누어진다. 평면 그림은 물짐승과 뭍짐승으로 구분되는데, 고래를 비롯하여 거북·사슴·멧돼지·순록·사람(성기 달린 남자)·배 등이 그 주제이다. 선 그림은 교미하는 멧돼지와 고래고기를 분배하는 모습, 그물과 울안에 갇힌 짐승, 사슴, 사람얼굴 등이 있다. 이처럼 반구대 바위그림은 배를 타고 고래를 잡거나 사냥하는 모습, 물고기잡이, 새끼를 등에 업은 어미 고래, 탈 등 믿음 행위와 관련 있는 모습 등 모두 220여 개체가 새겨진 우리나라의 대표적인 바위그림유적이다(사진 4-56).

평면 그림과 선 그림이 겹쳐 있는데, 새긴 순서는 평면 그림이 먼저인 것 같다. 그래서 전체적인 바위그림의 배치상태로 보아 평면 그림이 더 짜임새 있다.

246

사진 4-56. 대곡리 바위그림

반구대 바위그림은 새긴 대상이나 수법이 한반도 주변지역의 여러 바위그림들과 비교된다.

* 황수영 · 문명대,《반구대》, 동국대학교출판부, 1984.
* 정동찬,《살아있는 신화 바위그림》, 혜안, 1996.

이 밖에 남부지방에서 청동기가 출토 보고된 유적을 살펴보면 다음의 표와 같다.

〈표 4-1〉 남부지방 청동기 출토 유적

	유적 이름	위 치	출토 유물	비 고
1	완주 상림리유적	전북 완주군 이서면 상림리	도씨검	돌덧널무덤
2	익산 다송리유적	전북 익산시 함열읍 다송리	거친무늬 거울, 청동단추, 청동꾸미개	돌널무덤
3	익산 용제동유적	전북 익산시 용제동	청동끌, 청동껍창, 청동밀개, 한국식동검	
4	익산 오금산유적	전북 익산시	거친무늬 거울	

5	익산 평장리유적	전북 익산시 왕궁면 평장리	한국식동검, 청동꺾창, 청동투겁창, 청동거울	돌덧널무덤
6	전주 여의동유적	전북 전주시 여의동	거친무늬 거울, 청동끌, 청동도끼	움무덤
7	전주 효자동유적	전북 전주시 효자동	청동투겁창	
8	장수 남양리유적	전북 장수군 천천면 남양리	한국식동검, 잔무늬거울, 청동꺾창	돌널무덤(?), 철기 출토
9	순천 내우유적	전남 순천시 송광면 우산리 내우	비파형동검	고인돌
10	고흥 운대리유적	전남 고흥군 두원면 운대리	비파형동검 조각	고인돌
11	고흥 소록도유적	전남 고흥군 금산면 소록동	거친무늬 거울	
12	보성 신기유적	전남 보성군 문덕면 덕치리 신기	청동화살촉, 비파형동검	고인돌
13	여천 산본유적	전남 여천시 평여동 산본	비파형동검	고인돌
14	여천 월앙유적	전남 여천시 봉계동 월앙	비파형동검	고인돌
15	여천 상적유적	전남 여천시 적량동 상적	비파형동검, 청동투겁창	고인돌
16	여수 오림동유적	전남 여수시 오림동	비파형동검	고인돌
17	보성 봉릉리유적	전남 보성군 조성면 봉릉리	청동투겁창	고인돌
18	보성 봉릉리유적	전남 보성군 조성면 봉릉리	청동투겁창	고인돌
19	화순 대곡리유적	전남 화순군 도곡면 대곡리	한국식동검, 잔무늬거울, 청동도끼, 청동끌, 청동밀개, 가지방울	돌덧널무덤
20	함평 초포리유적	전남 함평군 나산면 초포리	한국식동검, 도씨검, 청동꺾창, 청동투겁창, 청동도끼, 청동밀개, 청동끌, 장대방울, 가지방울, 잔무늬거울	돌덧널무덤
21	청도 예전동유적	경북 청도군 매전면 예전동	비파형동검	매납유적(?)
22	경주 신당리유적	경북 경주시 천북면 신당리	청동화살촉	
23	경주 입실리유적	경북 경주시 외동읍 입실리	잔무늬거울, 가지방울, 말종방울, 방울, 한국식동검, 청동투겁창, 청동꺾창	돌덧널무덤
24	경주 조양동유적	경북 경주시 조양동	민무늬거울, 말종방울	
25	경주 죽동리유적	경북 경주시 외동읍 죽동리	가지방울, 말종방울, 장대방울, 청동꺾창, 청동투겁창, 한국식동검, 검자루끝장식	돌덧널무덤
26	경주 구정리유적	경북 경주시 구정동	청동방울, 청동투겁창, 방울, 한국식동검	돌덧널무덤
27	경주 안계리유적	경북 경주시 강동면 안계리	청동투겁창, 고깔동기	
28	김천 송죽리유적	경북 김천시 구성면 송죽리	비파형동검	고인돌

29	영천 어은동유적	경북 영천시 금호읍 어은동	한식 청동거울, 띠고리(말, 호랑이 모양), 원형 청동기, 청동고리	돌덧널무덤
30	대구 비산동유적	대구광역시 서구 비산동	한국식동검, 청동투겁창, 청동껴창, 소뿔모양 청동기, 일산 살대투겁, 띠고리	돌덧널무덤
31	대구 평리동유적	한국식동검, 청동껴창, 청동재갈, 대구광역시 서구 평리동 십자모양검끝장식	청동방울, 원형 청동기, 청동거울, 방울,	돌덧널무덤
32	대구 서변동유적	대구광역시 북구 서변동	청동도끼	
33	대구 신천동유적	대구광역시 동구 신천동	가지방울, 말종방울, 청동껴창, 청동투겁창	돌덧널무덤(?)
34	대구 지산동유적	대구광역시 수성구 지산동	이형 청동기, 검자루끝장식, 청동거울, 팽이모양동기	돌덧널무덤(?)
35	대구 만촌동유적	대구광역시 수성구 만촌동	한국식동검, 청동껴창, 검끝장식	
36	마산 진동리유적	경남 마산시 진동면 진동리	비파형동검	돌널무덤
37	김해 무계리유적	경남 김해시 장유면 무계리	청동화살촉	고인돌
38	김해 내동유적	경남 김해시 내동	한국식동검	고인돌
39	김해 회현리유적	경남 김해시 회현동	청동밀개	
40	김해 양동리유적	경남 김해시 주촌면 양동리	한국식동검, 청동투겁창	
41	창원 덕천리유적	경남 창원시 동면 덕천리	비파형동검	고인돌
42	산청 백운리유적	경남 산청군 단성면 백운리	청동밀개	
43	사천 마도동유적	경남 사천시 마도동	한국식동검, 청동투겁창, 청동고리	

Ⅲ. 연구과제

광복 이후 청동기시대의 규명을 위하여 많은 노력과 연구가 있어 왔으며, 그 결과에 따라 이제는 모두 청동기시대의 존재를 인정하고 있다.

특히 한국 청동기시대의 연구는 1970년대부터 상당히 활발하게 이루어져 왔다.

다른 시대의 유적보다도 많은 발굴 조사가 있었고, 또한 이것을 바탕으로 연구가 심화되어 큰 성과를 얻게 되었다. 하지만 이런 조사와 연구에도 불구하고 사회 복원에 대한 것은 물론 유물의 연대나 형식분류방법에서도 연구자들 사이의 시각과 견해가 큰 차이를 보이기도 한다.

　1. 청동기시대의 개념에 대한 문제이다.

　현재 넓은 의미에서 민무늬토기를 사용한 시기를 일반적으로 청동기시대라고 개념을 설정하여 왔다. 그러나 민무늬토기시대를 곧 청동기시대라고 하는 데는 문제가 있으며, 서로는 그 계통과 성격이 다르다는 의견이 제시되고 있다. 또한 민무늬토기가 실제로 초기철기시대까지 사용되어 청동기시대를 대표하는 토기라고 할 수 없다는 견해도 있다.

　실제로 이 개념 문제는 연대설정은 물론 문화권 범위, 청동기문화의 기원 문제와 밀접한 관계가 있어 상당히 중요하다.

　이런 점에서 청동기문화의 보편성과 특수성의 문제를 모두 포괄하는 문화요소에 대한 것을 폭넓게 연구하여야 할 것이다.

　2. 청동기문화권의 범위설정에 관한 문제이다.

　이 문제는 한국 청동기의 기원은 물론 연대 및 민족 문제와 관련이 있어 일찍부터 많은 논의가 있어 왔다.

　지금까지 한국 청동기의 연구경향은 문화권의 범위를 한반도에 제한적으로 국한시키려는 연구자와 비슷하거나 같은 문화요소를 지닌 요령지역을 중심으로 한 중국 동북지역을 적극적으로 포함시키려는 연구자가 있었다. 요령 등 동북지역을 포함시키자는 의견은 고조선 문제와 관련시켜 주로 북한에서 주장하여 왔으며, 남한학자들은 대부분 문화권의 범위에는 제한되고 소극적인 의견을 제시하였다.

　남한학자의 이러한 의견 제시에는 한국 청동기문화가 요령지역의 문화와 비슷한 점이 많지만 여러 문화상으로 볼 때 진정한 한국 청동기문화는 한반도의 독특한 한국식동검문화라는 인식이 폭넓게 자리하였기 때문이다.

　한편 문화권의 설정에는 주변지역 서로간의 문화 양상에 대한 비교 검토가 활발하고, 더욱 적극적인 연구방법론으로 진행되면 다른 견해들이 하나로 모아질 수 있을 것으로 기대된다.

　3. 지역단위의 연구가 필요하다.

　청동기시대의 문화상을 살펴보면 지역적인 특성이 많이 나타난다. 이러한 문화상은 지역 단위로 독사석인 변화과정을 보여 주는데, 지금까지는 대부분 청동기문화를 전파론적 입장에서 이해하여 왔다.

그러나 앞으로는 단선적인 전파의 관점보다는 지역적으로 나타나는 문화의 특성과 이런 특성에 따른 변천과정을 검토하면 지역단위의 문화권 설정이 가능할 것이고, 이 문화권에 따라 한국 청동기문화의 변천과정을 이해하면 좀더 실체적인 사실에 다가갈 수 있을 것이다.

4. 과학적인 연구방법의 적극적인 수용 문제다.

청동기문화의 기원이나 특성을 객관적이고 사실적으로 규명하기 위하여는 과학적인 연구방법론이 필요하다. 방사성연대측정, 청동기의 성분분석이나 토기를 만든 바탕흙·방법, 농경 관련 자료들에 대하여는 과학적인 분석이 부분적으로 이루어지고 있지만, 더 적극적인 활용이 기대된다.

최근 납 동위원소에 의한 청동기의 성분분석이나 청동기에 따른 성분의 함량 차이는 청동기 기원이나 산지(産地) 추정에 도움이 되고 있다.

5. 연구분석방법론에서 지나친 형식분류에 대한 문제이다.

고고학 연구에서 유물이나 유구의 형식분류는 연구방법의 수단으로서 필요하다. 하지만 청동기시대의 대표적인 유적인 고인돌이나 집터에 대한 연구결과를 보면, 지나친 형식분류 때문에 혼란을 일으키는 것은 물론 당시의 문화 모습을 살펴보는 데 객관성을 잃고 있는 경우가 많다.

고인돌의 경우 다른 고고학자료처럼 연구가 시작되면서부터 지금까지 1차적인 관심의 대상이 형식분류가 되어 연구의 중심적인 역할을 하였다고 볼 수 있다. 이렇게 되자 너무 많고 복잡한 형식분류는 똑같은 것을 가지고도 연구자에 따라 서로 다른 것으로 나누어 고인돌의 실체에 관한 연구를 어렵고 동시에 더디게 하는 원인이 되고 있다.

한편 형식분류는 고고학 연구의 목적이 아니라 단지 연구방법의 하나이므로 누구나 보편적으로 이해할 수 있는 객관성이 요구된다.

6. 활발한 조사와 연구성과에 의한 집터의 해석 문제이다.

최근 대규모 발굴 조사에 힘입어 청동기시대의 집터 연구는 새로운 전환기를 맞이하면서 여러 가지 문제를 제기하고 있다.

먼저 대규모의 마을에 대한 조사와 이것을 둘러싸고 있는 환호와 목책과 같은 방어시설이다. 마을유적은 울산 검단리유적이 조사된 다음 김천 송죽리유적, 보령 관창리유적, 진주 대평리유적, 천안 백석동유적, 대구 동천동유적, 하남 미사동유적, 논산 마전리유적 등이 발굴되어 거의 전국적인 조사 모습을 보이고 있다. 더구나 이런 마을유적 옆에서는 직접적으로 관련되는 방어시설이 찾아졌는데, 검단리와 동천동·대평리 등에서는 환호가, 미사동유적에서는 목책시설이 조사되었다.

그런데 마을을 이루고 있는 많은 집터와 이런 방어시설 사이에는 환호의 설치과정, 집터의 중복 관계, 보수 문제 등에 관한 직접적인 문제들이 아직까지 밝혀지지 않아 당시의 전체적인 모습을 해석하는 데는 어려움이 많다.

이런 문제는 당시 사회의 인구증가에 따른 마을의 형성과정이나 농경과 같은 생산기반시설의 확대 등이 더 구체적으로 밝혀져야 할 문제로 지적된다.

다음은 집터의 연구가 새로운 관점에서 진행되고 있다는 점이다. 초기의 연구는 청동기시대 집터의 평면 생김새에 따른 분류와 대표되는 토기의 출토상황에 따라서 시기와 분포 문제가 주로 다루어졌다. 그러나 최근 활발한 발굴 조사에 따라서 평면이 네모꼴인 집터와 송국리형 집터로 크게 분류하고 있다. 더구나 송국리형의 집터 조사가 많이 진행되면서 집터 안의 타원형 구덩이의 위치와 기둥구멍에 따라 좀더 자세한 분류가 이루어지고 있다.

이와 같이 조사와 연구 덕분에 '미사리형', '흔암리형', '송국리형', '둔산형' 등의 유형 설정이 이루어질 수 있었다. 이는 주로 집터의 평면모습·불땐자리·기둥구멍의 위치 등에 따라 분류되는데, 이것을 바탕으로 미사리형 → 흔암리형 → 둔산형 → 송국리형으로 발전되었다는 견해가 제시되고 있다. 그러나 이러한 외형적인 분류에 의한 방법은 좀더 객관적이고 과학적인 연구방법의 뒷받침이 없어 아쉬움을 더하고 있다. 이런 관점에서 집터의 절대연대 측정방법은 앞으로의 연구에 새로운 전기를 마련할 것으로 기대된다.

또한 송국리형 집터도 조사자료가 증가되면서 여러 가지 사실이 밝혀지고 있다. 대체적으로 평면이 둥근꼴은 금강유역을 중심으로 한 서남부지역에서 많이 찾아지며, 천안 백석동, 보령 관창리, 진주 대평리, 사천 본촌리유적 등 동남부 내륙이나 중서부지역에서는 네모꼴의 집터가 찾아지고 있어 주목된다. 특히 보령 관창리에서는 둥근꼴과 네모꼴이 서로 겹친 상태로 조사되었는데, 발굴 결과 네모꼴이 조금 이른 시기에 해당하는 것으로 밝혀져 시사하는 점이 많다. 이런 점에서 보면 평면 생김새가 단순히 지역적인 특색을 반영한다기보다는 문화의 보편화에 따른 시기문제와 관련이 있지 않을까 생각된다.

7. 청동기시대의 논이나 밭, 그리고 여러 곡식 등 더욱 구체적인 농경자료가 발굴되고 있어 당시의 생업경제에 대한 실체에 접근하고 있다.

1990년대에 들어와 대규모 발굴조사가 이루어지면서 청동기시대의 농경에 대한 새로운 자료들이 계속 밝혀지고 있다. 대표적으로 논농사의 직접적인 증거인 논 흔적이 발견된 것이다. 울산 옥현유적을 비롯하여 울산 야음동, 진해 자운동, 논산 마전리유적에서 찾아졌으며, 논이 위치한 지세는 대부분 구릉 아래의 계곡이나 끝부분으로 당시의 공간배치에 관한 것을 알 수 있다. 특히 야음동이나 마전리유적에서는 계단식 논이, 그리고 옥현에서는 물을 이용하였던 수로가 발견되어 논의 모습과 그 변천과정은 물론 관개시설 문제를 이해할 수 있는 중요한 자료가 되고 있다.

또한 진주 대평리, 진안 여의곡, 대구 동천동유적에서 청동기시대의 밭이 발굴되었다. 이 가운데 대평리유적에서는 이랑과 고랑의 구분이 뚜렷하고, 돌보습·돌팽이·반달돌칼 등의 농기구, 그리고 쌀·조·기장·콩 등의 곡식이 찾아져 당시의 농경에 대한 구체적인 사실에 접근할 수 있게 되었다. 이런 조사에 힘입어 밭의 구조에 대한 연구가 이루어져 재배식물의 종류, 밭의 사용 정도까지도 시론적인 견해가 제시되고 있어 앞으로 청동기시대의 농경에 관하여는 상당 부분 실체에 접근할 수 있을 것으로 기대된다.

하지만 여기서 하나 지적할 것은 대규모의 집터가 발굴되고 있는 상황에서 집안의 흙에 대한 체 분석(체질)이 이루어지면 더 많은 농경자료를 얻을 수 있을 것이므로, 앞으로의 발굴에서는 이런 정밀조사방법이 반드시 실시되어야 할 것이다.

주

1) 조유전, 〈청동기시대〉, 《한국선사고고학사》, 까치, 1992.

2) 한창균, 〈북한의 1950년대 선사유적 발굴과 그 연구 동향〉, 《한민족》(한민족학회) 2, 1990.

3) 김원룡, 〈한국 문화의 고고학적 연구〉, 《한국문화사대계》(고려대 민족문화연구소) 1, 1964.

4) 윤무병, 〈무문토기 지역 분류 시고〉, 《진단학보》(진단학회) 39, 1975.

5) 노혁진, 〈시대 구분에 대한 일견해〉, 《삼불김원룡교수정년퇴임기념논총》 1, 일지사, 1987.

6) 임병태, 〈한국 청동기 연구의 오늘과 내일〉, 《선사문화》(충북대 선사문화연구소) 1, 1992.

7) 최몽룡, 〈청동기시대의 시기 구분〉, 《한국사》(국사편찬위원회) 3, 1997.

8) 이영문, 〈한국 청동기시대 연구의 반세기〉, 《한국 고고학의 반세기》(한국고고학회), 1995.

9) 이청규, 〈광복 후 남북한 청동기시대의 연구 성과〉, 《한국고고학보》(한국고고학회) 21, 1988.

10) 최몽룡·최성락 엮음,《한국 고대국가 형성론》, 서울대출판부, 1998.

11) 임병태, 앞의 글(1992).

12) 김원룡,〈강릉 포남동 주거지 문제―선사문화의 복원〉,《역사학보》(역사학회) 43, 1969.

13) 조현종,〈송국리형 토기에 대한 일고찰〉(홍익대 석사학위논문), 1989 ; 안재호,〈송국리 유형의 검토〉,《영남고고학》(영남고고학회) 11, 1992 ; 이홍종,〈송국리식 토기 문화의 등장과 전개〉, 《선사와 고대》(한국고대학회) 4, 1993.

14) 김정기,〈한국수혈주거지고(二)〉,《고고학》(한국고고학회) 3, 1974.

15) 김홍식,〈선사시대 살림집 구조에 대한 연구〉,《문화재》(문화재연구소) 11, 1977.

16) 임영진,〈움집의 분류와 변천〉,《한국고고학보》(한국고고학회) 17·18, 1985.

17) 윤기준,〈우리나라 청동기시대 집터에 관한 연구〉,《백산학보》(백산학회) 32, 1985.

18) 최몽룡,〈여주 흔암리 선사 취락지의 성격〉,《삼불김원룡교수정년퇴임기념논총》1, 일지사, 1987.

19) 한흥수,〈조선의 거석문화 연구〉,《진단학보》(진단학회) 3, 1935.

20) 손진태,〈조선 Dolmen에 관한 조사 연구〉,《조선 민족문화의 연구》, 을유문화사, 1948.

21) 임병태,〈한국 지석묘의 형식 및 연대 고찰〉,《사총》(고려대 사학회) 9, 1964.

22) 김재원·윤무병,《한국지석묘연구》, 국립박물관, 1967.

23) 방선주,〈한국 거석제의 제문제〉,《사학연구》(한국사학회) 20, 1968.

24) 이융조,〈양평 앙덕리 고인돌 발굴 보고〉,《한국사연구》(한국사연구회) 11, 1975.

25) 김약수,〈금호강유역의 지석묘 연구〉,《인류학연구》(영남대 문화인류학과) 3, 1986 ; 하문식, 〈금강과 남한강유역 고인돌문화의 비교 연구〉,《손보기박사정년기념 고고인류학논총》, 지식산업사, 1988 ; 이영문,〈전남지방 지석묘 사회의 연구〉(한국교원대 박사학위논문), 1993.

26) 도유호,《조선원시고고학》, 과학원출판사, 1960.

27) 김병모,〈한국 거석문화 원류에 관한 연구(Ⅰ)〉,《한국고고학보》(한국고고학회) 10·11, 1981.

28) 최몽룡 등 엮음,《한국 지석묘(고인돌)유적 종합 조사·연구》, 문화재청·서울대학교 박물관, 1999.

29) 이종선,〈한국 석관묘의 연구〉,《한국고고학보》(한국고고학회) 1, 1976 ; 지건길,〈청동기문화 : 무덤〉,《한국사 3 : 청동기문화와 철기문화》(국사편찬위원회), 1997.

30) 이청규, 앞의 글(1988).

31) 김정학,〈한국 무문토기문화의 연구〉,《백산학보》(백산학회) 3, 1967.

32) 조유전, 앞의 글(1992).

33) 임병태,〈한강유역 무문토기의 연대〉,《이홍직박사회갑기념 한국사논총》, 1969.

34) 이백규,〈한강유역 전반기 민무늬토기의 연대에 대하여〉,《영남고고학》(영남고고학회) 2, 1986.

35) 이청규,〈남한지방 무문토기문화의 전개와 공렬토기문화의 위치〉,《한국상고사학보》(한국상고사학회) 1, 1988.

36) 최몽룡·신숙정,〈한국 고고학에 있어서 토기의 과학 분석에 대한 검토〉,《한국상고사학보》(한국상고사학회) 1, 1988.

37) 윤덕향,〈청동기시대의 유물 : 석기〉,《한국사 3》(국사편찬위원회), 1997.

38) 윤덕향,〈한반도 마제 석검의 일고찰〉(서울대 석사학위논문), 1977.

39) 최숙경, 〈한국 적수 석도의 연구〉, 《역사학보》(역사학회) 13, 1960.

40) 안승모, 〈한국 반월형석도의 연구〉(서울대 석사학위논문), 1985.

41) 위와 같음.

42) 김상면, 〈삼각형석도의 일연구〉(영남대 석사학위논문), 1985.

43) 임세권, 〈우리나라 마제 석촉의 연구〉, 《한국사연구》(한국사연구회) 17, 1977 ; 최성락, 〈한국 마제 석촉의 고찰〉, 《한국고고학보》(한국고고학회) 12, 1982.

44) 이강승, 〈요령지방의 청동기문화〉, 《한국고고학보》(한국고고학회) 6, 1978.

45) 윤무병, 〈한국 청동 유물의 연구〉, 《백산학보》(백산학회) 12, 1972.

46) 이청규, 〈세형동검의 형식 분류 및 그 변천에 대하여〉, 《한국고고학보》(한국고고학회) 13, 1982.

47) 이형구, 〈주변지역 청동기문화와의 비교〉, 《한국사》(국사편찬위원회) 3, 1997.

48) 이융조와, 〈한국 선사시대 벼농사에 관한 연구〉, 《성곡논총》(성곡학술문화재단) 25(상), 1994.

49) Nelson, S. M., "The Question of Agricultural Impact on Sociopolitical Development in Prehistoric Korea", *Pacific Northeast Asia in Prehistory*, 1992.

50) 지건길·안승모, 〈한반도 선사시대 출토 곡류와 농구〉, 《한국의 농경문화》 1, 경기대출판부, 1983 ; 길경택, 〈한국 선사시대 농경과 농구의 발달에 관한 연구〉, 《고문화》(한국대학박물관협회) 27, 1985.

51) 안승모, 〈한국 선사 농경 연구의 성과와 과제〉, 《선사와 고대》(한국고대학회) 7, 1996 ; 조현종, 〈도작 농경의 기원과 전개〉, 《한국 고대문화의 변천과 교섭》, 서경문화사, 2000.

52) 이상길, 〈청동기시대 의례에 관한 고고학적 연구〉(대구효성가톨릭대학교 박사학위논문), 2000.

53) 이은창, 〈고령 양전동 암화 조사 약보〉, 《고고미술》(한국미술사학회) 112, 1971.

54) 황수영·문명대, 《반구대》, 동국대출판부, 1984.

55) 정동찬, 《살아있는 신화 바위그림》, 혜안, 1996.

56) 이융조·하문식, 〈한국 고인돌의 다른 유형에 관한 연구〉, 《동방학지》(연세대 국학연구원) 63, 1989.

57) 김원룡, 〈십이대영자의 청동 단검묘〉, 《역사학보》(역사학회) 16, 1961.

58) 김정학, 〈한국 청동기문화의 연구〉, 《한국고고학보》(한국고고학회) 5, 1978.

59) 김원룡, 《제3판 한국고고학개설》, 일지사, 1986.

60) 김정배, 〈한국 청동기문화의 기원에 관한 소고〉, 《고문화》(한국대학박물관협회) 17, 1979.

61) 전영래, 〈한국 청동기문화의 계보와 편년〉, 《전북유적 조사보고》(전주시립박물관) 7, 1977.

62) 최성락, 〈방사성탄소 측정 연대 문제의 검토〉, 《한국고고학보》(한국고고학회) 13, 1982.

참고문헌

1. 구석기

고고학연구소, 《조선의 구석기시대》, 사회과학출판사, 1977.

───, 《덕천 승리산유적 발굴보고》(유적발굴보고 제11집), 1978.

권이구, 〈한국 구석기시대의 인류화석에 대한 형질인류학적 고찰〉, 《한국고고학보》 19, 1986, pp.105~127.

김교경, 〈덕천 승리산 유적의 연대에 대하여〉, 《고고민속론문집》 7집, 1979.

───, 〈전자스핀공명 년대측정방법에 대하여〉, 《조선고고연구》 2, 1987ㄱ, pp.46~48.

───, 〈핵분렬 흔적법에 의한 절대년대측정의 몇가지 문제〉, 《조선고고연구》 4, 1987ㄴ, pp.30~35.

김근식, 〈룡곡 제1호 동굴유적의 포유동물상에 대한 연구〉, 《과학원통보》 3, 1991.

김신규, 〈우리나라 구석기시대 포유동물상〉, 《조선고고연구》 2, 1986, pp.2~5.

───, 〈승호 제3호 동굴에서 새로 알려진 만달 짧은 턱 하에나에 대하여〉, 《조선고고연구》 4, 1987.

김신규와, 《평양부근 동굴유적 발굴보고》(유적발굴보고 제14집), 1985.

김용간, 《조선의 구석기시대》, 사회과학출판사, 1984.

김원용·정영화, 〈전곡리 아슐리안 양면 핵석기 문화 예보〉, 《진단학보》 46·47, 1979, pp.7~47.

김원용과, 《한국구석기문화연구》, 한국정신문화연구원, 1981.

김원용과, 《전곡리》, 문화재관리국 문화재연구소, 1983.

김주용, "Quaternary Straitigraphy of the Terrace Gravel Sequences in the Pohang Area(Korea)"(서울대 박사학위논문), 1990.

량홍모와, 〈열형광법에 의한 자연동굴 퇴적층의 나이결정〉, 《지질과학》 3, 1990.

력사연구소, 〈조선사람의 기원과 인종적 특징〉, 《조선전사 1─원시편》, 1979, pp.307~360.

류정길, 〈포자─화분〉, 《룡곡동굴유적》, 1986, pp.131~164.

───, 〈우리나라 제4기 하세(구세 하부층)층의 특징〉, 《조선고고연구》 4, 1988.

리상우, 〈제4기 층서구분에서 제기되는 몇가지 문제〉, 《조선고고연구》 3, 1987, pp.45~47.

───, 〈우리나라 북부지역에 발달되여 있는 제4기 상세층에 대한 연구〉, 《지질과학》 2, 1991.

박동원, 〈유적의 고환경 및 지형조사〉, 《전곡리》, 1983, pp.515~530.

박문숙, 〈한국 후기 홍적세의 자연환경 연구〉(충북대 석사학위논문), 1986.

박선주, "Current Major Aspects and Problems of the Pleistocene Study in Korea", 《손보기박사성년 기념 고고인류학논총》, 1988ㄱ, pp.125~136.

──, "The Paleoenvironmental Changes and Mammalian Evolution", 《제4기 학회지》 2-1, 1988ㄴ, pp.51~86.

── 〈한국 민족의 뿌리에 관한 여러 문제〉, 《충북사학》 3, 1990, pp.1~20.

── · 이융조, "A New Discovery of the Upper Pleistocene Child's Skeleton from Hungsu Cave(Turubong Cave Complex), Chongwon, Korea", 《제4기 학회지》 4-1, 1990, pp.1~14.

──, "The Pleistocene Hominid Fossils in Korea" (*Korea-China Quaternary-Prehistory Symposium*), 1992, pp.112~114.

박영철, 〈점말 용굴의 자연환경〉, 《점말 용굴 발굴보고》(연세대학교 박물관), 1980.

──, 〈구석기시대의 타제 석기의 분류에 관하여(Ⅰ)〉, 《인문논총》(경북대학교 인문대학) 8집, 1983.

──, 〈두루봉 2굴 출토 뼈연모의 전자현미경 관찰〉, 《한국의 구석기문화(Ⅱ)》, 탐구당, 1984, pp.161~171, 356~367.

──, 〈한국의 구석기문화〉, 《한국고고학보》 28, 1992, pp.5~130.

박희현, 〈동물상과 식물상〉, 《한국사론》(국사편찬위원회) 12, 1983, pp.91~186.

──, 〈창내 후기 구석기 문화층의 석기 분석〉, 《손보기박사정년기념 고고인류학논총》, 1988, pp.69~95.

──, 〈제원 창내 후기 구석기문화의 연구〉(연세대학교 박사학위논문), 1989.

──, 〈창내의 후기 구석기시대 막집의 구조와 복원〉, 《박물관기요》 6, 1990, pp.5~28.

──, 〈창내유적의 구석기문화〉, 《동아시아의 구석기문화》(문화재연구소), 1992, pp.123~133.

배기동, 〈전곡리 출토 주먹도끼류 석기의 성격에 대하여〉, 《고문화》 22, 1983, pp.1~23.

──, "L'industrie Lithique du site Paleolithique Ancien de Chongokni, Coree," *L'Anthropologie* 91-3, 1987, pp.787~796.

──, "The Significance of the Chongokni Paleolithic Stone Industry in the Paleolithic Tradition of East Asia"(미국 버클리대 박사학위논문), 1988.

──, 《全谷里—1986년도 발굴조사보고서》(서울대학교 고고인류학총간 제15책), 1989ㄱ.

──, 〈전곡리 구석기문화와 동북 아시아 홍적세 고인류 생존활동〉, 《학술원논문집(인문과학 편)》(대한민국학술원) 28, 1989ㄴ, pp.1~31.

──, "The Development of the Hantan River Basin, Korea and Age of the Sediment on the Top of the Chongok Basalt", 《제4기 학회지》 3-1, 1989ㄷ, pp.87~101.

──, 〈구석기시대〉, 《한국선사고고학사》, 까치, 1992, pp.9~75.

──, 〈진주 내촌리 구석기유적과 석기공작〉, 《영남지방의 구석기문화》(영남고고학회), 1999.

── · 임영옥, 《진주 내촌리 주거지 및 구석기유적》(한양대학교 박물관 · 문화인류학과), 1999.

부산대학교 박물관, 〈진주-집현간 4차선 도로건설 구간내 장흥리구석기유적〉(현장지도위원회자 료), 2001.

서영남, 〈밀양 고례리 구석기유적 발굴조사개요〉, 《통일과 역사교육》(제41회 전국역사학대회발표 요지), 1998.

서영남과, 〈경남 밀양시 고례리유적 후기구석기문화〉, 《영남지방의 구석기문화》(영남고고학회), 1999.

손보기, 〈石壯里 후기 구석기시대 집자리〉, 《한국사연구》 9, 1973ㄱ, pp.3~57.

──, The Upper Palaeolithic Sokchang-ni, Korea, 연세대학교 박물관, 1973ㄴ.

──, 〈구석기문화〉, 《한국사》(국사편찬위원회) 1, 1973ㄷ, pp.9~46.

──, 〈한국 구석기시대의 자연─특히 점말 동굴의 꽃가루분석과 기후의 추정〉, 《한불연구》 1, 1974, pp.9~31.

──, "The Early Paleolithic Industries of Sockchangni, Korea", Early Paleo lithic in South and East Asia I(Fumiko-Smith ed.), The Hague: Mouton Co., 1978, pp.233~245

──, 〈점말 용굴 발굴〉, 《점말동굴유적 발굴보고》(연세대학교 박물관), 1980.

──, 《두루봉 9굴 살림터》(연세대학교 선사연구실), 1983ㄱ.

──, 《상시 1그늘 옛 살림터》(연세대학교 선사연구실), 1983ㄴ.

──, 〈인종과 주거지〉, 《한국사론》(국사편찬위원회) 12, 1983ㄷ, pp.187~212.

──, "Paleoenvironment of Middle and Upper Pleistocene, Korea", The Evolution of East Asian Environment, Univ. of Hong Kong 2, 1984ㄱ, pp.877~893.

──, 〈체질-형질인류학상으로 본 한국 겨레의 뿌리〉, 《한국사론》 14, 1984ㄴ, pp.43~72.

──, "Homo sapiens sansiensis", L'Anthropologie 89-1, 1985ㄱ, pp.140~142.

──, 〈단양 도담리 금굴유적 발굴조사보고〉, 《충주댐 수몰지구 문화유적 연장발굴 조사보고서》(충북대학교 박물관 조사보고 제16책), 1985ㄴ, pp.1~99.

──, "Bone tools of Yonggul Cave at Chommal, Korea", The Palaeoenvirment of the East Asia from Mid-Tertiary and Pleistocene Period, Univ. of Hong Kong 2, 1988, pp.1124~1185.

──, 〈상무룡리에서 발견된 흑요석의 고향에 대하여〉, 《상무룡리》(강원대학교 박물관·강원도), 1989, pp.781~796.

──, 〈한민족의 형질〉, 《한민족》(한민족학회) 2, 1990ㄱ, pp.67~103.

──, 《구석기유적》(한국선사문화연구소), 1990ㄴ.

──, Korea·China Quaternary - Prehistory Symposium (단국대학교 민족학연구소·한국선사문화연구소·한국자원연구소), 1992.

── · 이융조, 〈구석기시대〉, 《고고학·미술사용어 심의자료집》, 1979, pp.1~104.

── · 한창균, 〈점말동굴유적〉, 《박물관기요》(단국대학교 중앙박물관) 5, 1989, pp.149~172.

손송이, "Contribution à l'Etudes Restes Humaine des Os Pariètaux Dècouverts à Sansi, Corèe du Sud", 《손보기박사 정년기념 고고인류학논총》, 1988, pp.137~176.

순천대학교 박물관·순천시, 《순천시의 문화유적(Ⅱ)》, 2000.

윤용현, 〈화순 대전 구석기문화의 연구〉(청주대학교 석사학위논문), 1990.

윤 진, 〈화석감정 : 인류화석〉, 《룡곡동굴유적》, 1986, pp.67~86.

윤호필, 〈사천 이금동유적 발굴조사 개요〉, 《20세기에 대한 역사적 평가》(제42회 전국역사학대회 발표요지), 1999.

이기길, 〈전곡리유적의 구석기연구〉, 《고문화》(한국대학박물관협회) 27, 1985, pp.1~87.

──, 〈구석기시대의 석기에서 관찰된 쓴 자국의 연구〉, 《고문화》 32, 1988, pp.3~18.

258

———,〈한국 광주 산월동 구석기〉,《동북아 구석기문화》(한국 국립충북대학교 선사문화연구소 · 중국 요령성 문물고고연구소), 1996.

이기길과,《광주 치평동유적─구석기 · 갱신세층 시굴조사 보고서》(조선대학교 박물관 · 광주광역시 도시개발공사), 1997.

이기길과,《순천 죽내리유적》(조선대학교 박물관 · 순천시청 · 익산지방국토관리청), 2000.

이대성과,〈추가령열곡의 지구조적 해석〉,《지질학회지》 19-1, 1983, pp.19~38.

이동영,"Quaternary Deposite in the Coastal Fringe of the Korean Peninsula"(벨지움 브뤼셀자유대학 박사학위논문), 1985.

———,〈한반도의 제4기 지층의 층서적 고찰〉,《제4기 학회지》 1, 1987, pp.3~20.

———,〈상무룡리유적의 염토질 광물분석〉,《상무룡리》, 1989, pp.753~757.

———,〈제4기 지질학과 고고학의 공동연구〉,《선사고고학과 자연과학과의 만남》(충북대학교 선사문화연구소), 1992ㄱ, pp.1~23.

———,〈유적의 지형과 지질〉,《양평 병산리 유적》(단국대학교 중앙박물관), 1992ㄴ, pp.11-16.

——— · 김주용, Geological Excursion for Quaternary Terrace Deposite and Their Stratigraphy along the East Coast of the Korean Peninsula(한국자원연구소), 1990.

———,"Review on the Quaternary Stratigraphy of the Korean Peninsula", Korea · China Quaternary - Prehistory Symposium, 1992ㄱ, pp.69-99.

———,《한강유역과 동해안지역의 제4기 지층 및 구석기유적지 답사》(한국자원연구소), 1992ㄴ.

——— · 한창균,〈홍천 하화계리유적의 지형 및 지질〉,《중앙고속도로 건설구간내 문화유적 발굴조사 보고서》, 1992, pp.245~260.

이동영과,《한강유역의 제4기 지질조사 연구》(한국자원연구소), 1992.

이상만,〈유적의 지질학적조사〉,《전곡리》, 1983, pp.531~561.

이선복,〈유적의 지질고고학적 성격〉,《전곡리》, 1983, pp.577~585.

———,"Geoarchaeological Observation of Chongokni, Korea", Korea Journal 24-9, 1984.

———,"Lower and Middle Paleolithic of Northeast Asia : A Geoarchaeological Review"(미국 애리조나주립대학 박사학위논문), 1986.

———,〈구석기시대〉,《한국고고학보》 21, 1988ㄱ, pp.25~34.

———,"Quaternary Geology and Paleoecology of Hominid Occupation of Imjin Basin,《제4기 학회지》 3-1, 1988ㄴ.

———,〈舊石器時代〉,《韓國の考古學》, 講談社, 1989ㄱ, pp.43~52.

———,《동북아시아 구석기연구》, 서울대학교출판부, 1989ㄴ.

이선복과,《옥과구석기유적》(서울대학교 박물관 · 곡성군), 1990.

이선복과,〈신평리 금평 · 덕산리 죽산 후기구석기유적〉,《주암댐 수몰지역 문화유적 발굴조사 보고서(Ⅶ) ─구석기 · 주거지》(전남대학교 박물관), 1990.

이선복과,〈신평리 금평 · 덕산리 죽산 후기구석기유적〉,《주암댐 수몰지역 문화유적 발굴조사 보고서(Ⅶ) ─구석기 · 주거지》(전남대학교 박물관), 1990b.

이융조,〈구석기시대〉,《한국사론》(국사편찬위원회) 1, 1978, pp.1~32.

———,《청원 두루봉 제2굴 구석기문화 중간보고서》(충북대학교 박물관 조사보고 제2집), 1981.

———, 〈고구려영토안의 구석기문화〉, 《동방학지》 30, 1982, pp.1~87.

———, 〈청원두루봉 제2굴 구석기사회 복원의 한 연구〉, 《한국사연구》 42, 1983ㄱ, pp.1~36.

———, 〈한국 홍적세의 자연환경연구〉, 《동방학지》 38, 1983ㄴ, pp.1~49.

———, 〈구석기시대 : 편년〉, 《한국사론》(국사편찬위원회) 12, 1983ㄷ, pp.364~414.

———, 〈청원 두루봉 제2굴 구석기문화의 연구〉(연세대학교 박사학위논문), 1983ㄹ.

———, 《한국의 구석기문화(Ⅱ)》, 탐구당, 1984.

———, 〈단양 수양개 구석기유적 발굴조사보고〉, 《충주댐 수몰지구 문화유적 연장발굴 조사보고서》, 1985, pp.101~252.

———, 〈한국 구석기문화에서의 두루봉문화〉, 《역사학보》 109, 1986ㄱ, pp.203~234.

———, 〈한국 구석기시대의 동물상〉, 《한국고고학보》 19, 1986ㄴ, pp.19~62.

———, 〈한국 구석기유적과 식물상의 분석연구〉, 《동방학지》 54·55·56, 1987, pp.545~573.

———, 〈청원 두루봉 새굴·처녀굴의 자연환경 연구〉, 《손보기박사정년기념 고고인류학논총》, 1988ㄱ, pp.29~68.

———, 〈단양 수양개 후기 구석기시대의 자연환경연구(Ⅰ)〉, 《우인김용덕박사정년기념 사학논총》, 1988ㄴ, pp.7~44.

———, 〈단양 수양개 배모양석기의 연구〉, 《고문화》 35, 1989ㄱ, pp.3~77.

———, 〈상무룡리 구석기유적의 꽃가루분석〉, 《상무룡리》, 1989ㄴ, pp.759~780.

———, "The Upper Paleolithic Stone Artifacts with Special Reference to Microblade-Cores from Suyanggae Site, Korea", Paper presented to Int'l. Sym. on Palaeo-anthropology in Commemerration of the 60th Anniversary of the First Skull of 'Peking Men' (Beijing), 1989ㄷ, pp.1~30.

———, 〈구석기시대 유적〉, 《북한의 문화유산Ⅰ》, 고려원, 1990, pp.87~117.

———, 〈한강유역의 구석기문화〉, 《선사와 고대》(한국고대학회) 1, 1991ㄱ, pp.9~53.

———, 〈북한의 구석기 연구성과와 분석〉, 《국사관논총》(국사편찬위원회) 29, 1991ㄴ, pp.1~69.

———, 〈청원 두루봉동굴의 구석기문화〉, 《동아시아의 구석기문화》(문화재연구소), 1992ㄱ, pp.81~121.

———, 〈한국 구석기연구의 오늘과 내일〉, 《선사문화》(충북대학교 선사문화연구소) 1, 1992ㄴ, pp.5~20.

———·박선주, 〈청원 두루봉 처녀굴에서 발굴된 하이에나과 화석연구〉, 《고고미술사론》(충북대학교 고고미술사학과) 1, 1990, pp.7~32.

———·———, 《청원 두루봉 흥수굴 발굴조사보고서》(충북대학교 박물관), 1991.

———·———, 〈단양 구낭굴출토 곰화석 연구〉, 《박물관기요》 8, 1992ㄱ, pp.33~68.

———·———, 〈우리 겨레의 뿌리에 관한 고인류학적 연구〉, 《선사문화》 1, 1992ㄴ, pp.47~142.

———·우종윤, 《단양 구낭굴 발굴보고(Ⅰ)》(충북대학교 박물관), 1991.

———·우종윤과, 〈우산리 곡천 선사유적〉, 《주암댐 수몰지역 문화유적발굴조사보고서(Ⅴ)—구석기·立石·도요지》(전남대학교 박물관), 1988.

———·윤용현, 〈우산리 곡천 구석기유적〉, 《주암댐 수몰지역 문화유적 발굴조사 보고서(Ⅶ)—구석기·주거지》(전남대학교 박물관), 1990ㄱ.

──── · ────, 〈전남지역의 구석기문화〉, 《전남문화재》 2, 1990ㄴ, pp.151~173.

──── · ────, 《화순 대전 구석기유적 발굴보고서》(충북대학교 고고미술사학과), 1991.

──── · ────, 《화순 대전 구석기시대 집터 복원》(충북대학교 선사문화연구소), 1992ㄱ.

──── · ────, 〈화순 대전 후기 구석기문화―배모양석기와 집터를 중심으로〉, 《선사와 고대》 3, 1992ㄴ, pp.3~38.

──── · ────, 〈한국 좀돌날몸돌의 연구〉, 《선사문화》(충북대학교 선사문화연구소) 2, 1994.

──── · ────, "Reconstruction of Upper Paleolithic Dwelling at Daejon, Korea" Paper presented to Int'l. Sym. on Paleoecology and Settling of the Ancient men in North Asia and America(Russia : Krasnoyarsk), 1992, pp.1~25.

──── · ────, "Micro-Blade Cores from Suyanggae Site, Korea", Chronostratigraphy of Paleolithic of North, Central East, and America(Novosibirsk, Russia), 1992, pp.135~146.

──── · ────, "Tanged-points and Micro-blade Cores from Suyanggae Site, Korea", Submitted Paper to International Symposium "Micro-blade Industry in Northern Eurasia and Northern America"(Sapporo University, Japan), 1992, pp.1~30.

────, 〈수양개유적의 후기구석기시대 문화―좀돌날몸돌을 중심으로〉, 《수양개와 그 이웃들》(단양향토문화연구회 · 충북대학교박물관), 1996, pp.1~17.

────, 〈수양개 좀돌날몸돌과 한국의 좀돌날몸돌의 비교연구〉, 《동북아구석기문화》(중국요령성 문물고고연구소 · 충북대학교 선사문화연구소), 1996, pp.83~110.

────, "Micro-Blade Cores in Korea(in English)", International Symposium on late Paleolithic- Early Neolithic of Eastern Asia and North America(Vladivostok, Russia), 1996, pp.168~183.

────, 小畑弘己 譯, 〈韓國細石刃石核の研究(上)―垂楊介手法との比較あ中心にしろ〉, 《古文化談叢》 41(九州古文化研究會), 1998, pp.173~206.

────, 小畑弘己 譯, 〈韓國細石刃石核の研究(下)―垂楊介手法との比較あ中心にしろ〉, 《古文化談叢》 42(九州古文化研究會), 1999, pp.137~170.

──── · 이동성과, 〈남계리유적의 꽃가루분석을 통한 자연환경〉, 《연천 남계리 구석기유적》(문화재연구소), 1991, pp.28~41.

이헌종, 〈함평 장년리 당하산구석기유적의 문화적 성격〉, 《한국구석기학보》(한국구석기학회) 2, 2000.

────, 〈호남지방 후기구석기문화의 최근 연구성과〉, 《수양개와 그 이웃들》(제6회 국제학술회의, 단양군 · 충북대학교박물관), 2001ㄱ.

────, 〈우리나라 자갈돌 석기전통의 문화적 성격〉, 《한국구석기학회 제2차학술대회발표요지》(한국구석기학회), 2001ㄴ.

────, 〈전남서해안 도서지역의 구석기시대 석기문화와 주거체계〉, 《호남고고학보》(호남고고학회) 14, 2001ㄷ.

임병태 · 이선복, 〈신평리 금평 구석기〉, 《주암댐 수몰지역 문화유적 발굴조사 보고서(Ⅴ)―구석기 · 입석 · 도요지》(전남대학교 박물관), 1988.

장우진, 〈조선사람 이발의 인종적 특징에 관한 연구〉, 《고고민속론문집》 7, 1979, pp.40~44.

────, 〈조선사람의 시원문제에 대하여〉, 《조선고고연구》 3, 1987, pp.2~5.

──, 《조선사람의 기원》, 사회과학출판사, 1989.

전재헌, 〈열형광법에 의한 퇴적층의 나이결정〉, 《룡곡동굴유적》, 1986, pp.164~169.

──·윤진과, 《룡곡동굴유적》, 김일성종합대학출판사, 1986.

정영화, 〈회고와 전망(1973-1975) : 구석기시대〉, 《역사학보》 72, 1976ㄱ, pp.142~148.

──, 〈구석기의 명칭 및 형태분류(Ⅰ)〉, 《한국고고》 3, 1976ㄴ, pp.89~148.

──, 〈구석기의 명칭 및 형태분류(Ⅱ)〉, 《영남사학》 3, 1978, pp.89~148.

──, 〈한국 구석기문화의 연구〉, 《인류학연구》 1, 1980, pp.55~99.

──, 〈한국의 구석기〉, 《한국고고학보》 19, 1986, pp.63~103.

──, 《전곡리》(영남대학교 박물관), 1983.

──, 〈전곡리 구석기문화〉, 《동아시아의 구석기문화》(문화재연구소), 1992, pp.11~30.

조선대학교 박물관, 《순천 월평유적》(학술발굴지도위원회자료), 2001.

──, 〈진안 진그늘 구석기시대유적〉(용담댐 수몰지구내 문화유적 발굴조사 현장설명회자료), 2000.

조선대학교 박물관·광주광역시, 《광주 산월·뚝뫼·포산유적》, 1995.

조태섭, 〈점말동굴의 뼈연모연구〉(연세대학교 석사학위논문), 1986.

──, 〈화석환경학이란 무엇인가〉, 《박물관기요》 5, 1989, pp.133~148.

지동식·박종국, 〈덕산리 죽산 지석묘〉, 《주암댐 수몰지역 문화유적 발굴조사 보고서(Ⅱ)─'87 지석묘 1》(전남대학교 박물관), 1988.

채희국, 〈구석기시대 연구에서 주체를 세울 때 대한 당의 현명한 방침〉, 《조선고고연구》 87-1, 1987.

최삼용, 〈점말 용굴 사슴과(科) 화석 연구〉(연세대학교 석사학위논문), 1984.

──, 〈상노대도 유적의 동물뼈화석에 나타난 자른 자국〉, 《손보기박사정년기념 고고인류학논총》, 1988, pp.227~274.

──·한창균, 〈우리나라 신석기시대 짐승잡이의 예〉, 《박물관기요》 2, 1986, pp.15~36.

최무장, "The Paleolithic Age in Korea", 《학술지》(건국대학교 학술연구원) 24, 1980.

──, "Report of the Third Excavation in Cheonkok Paleolithic Site", 《건국대학교 인문과학논총》 제14권, 1982, pp.207~239.

──, "Some heavy-duty tools in Chongok Paleolithic Site", 《한국과학사학회지》 5-1, 1983, pp.37~41.

──, 《한국의 구석기문화》, 예문출판사, 1986ㄱ.

──, 〈한국 구석기시대의 자연환경〉, 《한국고고학보》 19, 1986ㄴ, pp.5~18.

──, "Paléolithique de Corée", L'Anthropologie 91-3, 1987.

──, 《중국의 고고학》(대우학술총서 35), 민음사, 1989.

──, 《연천 남계리 구석기유적》(문화재연구소), 1991.

──, 〈한국 구석기문화의 석재〉, 《동아시아의 구석기문화》(문화재연구소), 1992, pp.31~45.

── 옮김, 《중국 동북 구석기시대 문화연구》, 삼문, 1992.

──, 《중국 길림 후기 홍적세 포유동물군》, 삼문, 1993.

최복규, 〈한국과 주변지역의 중석기문화〉(연세대학교 박사학위논문), 1984.

───· 황용훈과,《상무룡리》(강원대학교 박물관·강원도), 1989.

───· 김용백과,〈홍천 하화계리 중석기시대유적 발굴조사보고〉,《중앙고속도로 건설구간 내 문화유적 발굴조사보고서》(강원도), 1992, pp.13~260.

최성락·이헌종,《함평 장년리 당하산유적》(목포대학교 박물관), 2001.

하인수,〈해운대 중동·좌동 구석기문화〉,《영남지방의 구석기문화》(영남고고학회), 1999.

───.〈부산 해운대 신시가지 조성지역 발굴조사 개보〉,《제36회 전국역사학대회 발표요지》, 1993.

한창균,〈제4기의 지질 및 자연환경〉,《한국사론》 12, 1983.

───.〈점말 용굴 퇴적의 제4기 박쥐화석〉,《고문화》 33, 1988, pp.3~21.

───.〈북한 고고학계의 구석기시대 연구 동향〉,《동방학지》 68, 1990ㄱ, pp.1~32.

───.〈룡곡동굴유적을 다시 논함〉,《동방학지》 68, 1990ㄴ, pp.1~32.

───.《북한의 선사고고학(Ⅰ) : 구석기시대와 문화》, 백산문화, 1991.

───.〈용곡 제1호 동굴유적의 시기구분과 문제점〉,《박물관기요》 8, 1992, pp.69~88.

───· 최삼용,〈젖먹이 짐승뼈에 나타난 자른 자국의 관찰과 분석〉,《사천 구평리유적》(단국대학교 중앙박물관), 1993, pp.59~94.

황용훈,〈회고와 전망(1976~1978) : 구석기시대〉,《역사학보》 84, 1979ㄱ, pp.594~598.

───. "Brief Survey of Newly Discovered Jongokni Handaxe Culture", *Korea Journal* 19-6, 1979ㄴ.

───.〈죽산리 '가' 군 지석묘〉,《주암댐 수몰지역 문화유적 발굴조사 보고서(Ⅲ)─'87지석묘 1》(전남대학교 박물관), 1988.

───· 신복순,〈죽산리 '가' 지구 유적〉,《주암댐 수몰지역 문화유적 발굴조사 보고서(Ⅶ)─구석기·주거지》(전남대학교 박물관), 1990.

───.〈죽산리 구석기유적 발굴조사보고〉,《보성강·한탄강유역 구석기유적발굴조사보고서》(문화재관리국 문화재연구소), 1994

高橋昌弘,〈玄武岩(岩石) 年代測定〉,《全谷里》, 1983, pp.586~588.

中山淸隆,〈韓國 居昌任佛里遺蹟の晩期舊石器についこ〉,《舊石器考古學》 39, 1989.

2. 중석기

손보기,〈석장리의 후기 구석기시대 집자리〉,《한국사연구》 9, 1973ㄱ, pp.3~57.

───.〈구석기문화〉,《한국사》(국사편찬위원회) 1, 1973ㄴ, pp.9~46.

───.《구석기유적》, 한국선사문화연구소, 1990.

손보기와,〈한국석기시대의 문화─그 연구와 전망〉,《현상과 인식》, 1982, pp.166~168.

이융조,〈한국의 구석기·중석기문화〉,《한국사연구입문》(한국사연구회), 지식산업사, 1981, pp.76~82.

이융조와,〈우산리 곡천 선사유적〉,《주암댐 수몰지역 문화유적 발굴조사 보고서(Ⅴ)─구석기·立石·도요지》(전남대학교 박물관), 1988.

이융조·윤용현,〈우산리 곡천 구석기유적〉,《주암댐 수몰지역 문화유적 발굴조사 보고서(Ⅶ)─

구석기 · 주거지》(전남대학교 박물관), 1990ㄱ.

──── ,《화순 대전 구석기시대 집터 복원》(충북대학교 선사문화연구소), 1992ㄱ.

최복규, 〈한국에 있어서의 중석기문화의 존재가능성〉,《백산학보》16, 1974, pp.1~45.

──── , 〈중석기문화〉,《한국사론》(국사편찬위원회) 12, 1983, pp.415~478.

──── , 〈한국과 주변지역의 중석기문화〉(연세대학교 박사학위논문), 1984.

최복규와, 〈홍천 하화계리 중석기시대 유적발굴조사보고〉,《중부고속도로 건설구간 내 문화유적
발굴조사보고서》, 강원도, 1992, pp.13~244.

3. 신석기

(1) 시대개괄

강창화, 〈제주 초기 신석기 문화와 대마도 서북구주〉,《탐라문화》21, 2000.

김건수, 〈군산 노래섬패총 식료자원의 계절성 파악〉,《한국신석기연구》2, 2001.

──── ,《한국 원시 · 고대의 어로문화》, 학연문화사, 1999.

──── , 〈호남지방의 신석기시대 생업〉,《호남고고학보》7, 1998.

──── , 〈한반도의 원시 · 고대어업〉,《한국상고사학보》20, 1995.

김석훈, 〈황해 중부지역의 선사문화 — 인천지역을 중심으로〉,《인하사학》5, 1997.

김영희, 〈중국 동북지역 최근의 발굴성과 — 신석기시대 조기의 취락지 유적을 중심으로〉,《선사와
고대》8, 1997.

──── , 〈요동반도와 한반도 중서부의 관련성 문제 검토〉,《암사동 선사주거지 국제학술심포지
엄》(한국선사고고학회), 2001.

김장석 · 양성혁, 〈중서부 신석기시대 편년과 패총 이용전략에 대한 새로운 이해〉,《한국 고고학
보》45, 2001.

김희찬, 〈요동지역 신석기시대 주거문화에 대한 연구〉,《고구려연구》3, 1997.

──── , 〈서해중부 섬지역의 신석기문화 — 조사 및 연구현황을 중심으로〉,《인하사학》4, 1996.

──── , 〈신석기시대 식량획득과 저장성〉,《석계황용훈교수정년퇴임기념논총 아세아고문화》, 학
연문화사, 1995.

──── , 〈신석기시대 주거내 공간활용과 주거인원수에 관한 연구〉,《경희사학》19, 1995.

박선주, 〈인골의 출토〉,《한국사 2 : 구석기문화와 신석기문화》(국사편찬위원회), 탐구당, 1997.

백홍기, 〈요하유역의 신석기문화연구—요동반도북부지역을 중심으로〉,《국사관논총》69, 1996.

──── , 〈서북한 · 동북한지역와 요동반도의 신석기문화〉,《한국사 2 : 구석기문화와 신석기 문화》
(국사편찬위원회), 탐구당, 1997.

──── , 〈요동반도지역의 신석기문화에 대한 재검토(1)—평저토기 편년을 중심으로〉,《문화사학》
11 · 12 · 13, 1999, pp.63~80.

송은숙, 〈입지로 본 한국내륙지역 신석기문화의 특징〉,《한국선사고고학보》4, 1997.

──── , 〈신석기시대 생계방식의 변천과 남부 내륙지역 농경의 개시〉,《호남고고학보》14, 2001.

264

신숙정, 〈유적분포와 시기구분〉, 《한국사 2 : 구석기문화와 신서기문화》(국사편찬위원회), 탐구
　　당, 1997.

──, 〈식물상과 동물상〉, 《한국사 2 : 구석기문화와 신석기문화》(국사편찬위원회), 탐구당,
　　1997.

──, 〈한국 신석기-청동기시대의 전환과정에 대하여 — 문화발달과정에 대한 자연스러운 이해
　　를 위한 몇가지 제언〉, 《서울대학교 박물관연보》 10, 1999, pp.15~44.

──, 〈신석기시대에서 청동기시대로의 전환과정에 대하여〉, 《전환기의 고고학(1)》(한국상고
　　사학회 제20회 학술발표회), 1998.

──, 〈해수면변동과 고고학〉, 《고고학연구방법론 — 자연과학의 응용》(최몽룡 편), 서울대학교
　　출판부, 1998.

──, 〈신석기 시대와 문화〉, 《북한 선사문화 연구》, 백산자료원, 1995.

──, 《우리나라 남해안지방의 신석기문화연구》, 학연문화사, 1994.

──, 〈신석기시대 남해안지방 조개더미 유적의 성격〉, 《동아시아의 신석기문화》(문화재연구
　　국제학술대회발표논문 제2집, 문화재관리국 문화재연구소), 1994.

──, 〈북한의 신석기문화 연구 40년〉, 《북한의 고대사 연구와 성과》(대륙연구소), 1994.

──, 〈한강유역의 신석기문화〉, 《고고학상으로 본 한강》(제11회한국상고사학회발표요지),
　　1994.

──, 〈우리나라 신석기문화 연구동향—1945년까지〉, 《한국상고사학보》 12, 1993.

──, 〈신석기시대 조개더미 유적의 성격—남해안 지방을 중심으로〉, 《한국상고사학보》 14,
　　1993.

──, 〈우리나라 신석기시대의 자연환경—남해안을 중심으로〉, 《한국상고사학보》 10, 1992.

──, 〈우리나라 신석기문화 연구의 어제와 오늘〉, 《박물관휘보》(서울시립대 박물관) 3, 1992.

안덕임, 〈산소동위원소를 이용한 패류 채집활동의 복원〉, 《동방학》(한서대 동방학연구소) 2,
　　1996.

──, 〈산소동위원소법을 이용한 선사시대 조개채집의 계절성 결정에 관한 연구〉, 《선사와 고
　　대》 8, 1997.

──, 〈유기물 화학분석법을 이용한 선사시대의 식생활 패턴 기초연구〉, 《한국선사고고학보》 6,
　　1999.

안승모, 〈생업〉, 《한국사 2 : 구석기문화와 신석기문화》(국사편찬위원회), 탐구당, 1997.

──, 〈한민족과 농경문화의 기원에 대한 비판적 소고〉, 《인문연구논집 2 : 역사와 문화》(동의대
　　학교 인문과학연구소), 1997.

──, 〈한국과 일본의 초기도작〉, 《호남고고학보》 13, 2001.

──, 〈신석기시대의 식물성식료(1)—야생식용식물 자료소개〉, 《한국 신석기시대의 환경과 생
　　업》(동국대 매장문화재연구소 제1회학술회의), 2001.

──, 《아시아 재배벼의 기원과 분화》, 학연문화사, 1999.

──, 〈서해안 신석기시대의 편년문제〉, 《고문화》 54, 1999, pp.3~26.

──, 《동아시아 선사시대의 농경과 생업》, 학연문화사, 1998.

──, 〈중국 재배벼 기원 · 분화의 이원설에 대하여〉, 《호남고고학보》 7, 1998.

──, 〈중국 초기도작의 신자료〉, 《호남고고학보》 8, 1998.

──, 〈중국에 있어서 재배도의 기원, 분화와 전파 ─ 벼식물유체를 중심으로〉, 《한국의 농경문화》(경기대학교 박물관) 4, 1994.

──, 〈재배식물로 본 동아시아의 신석기시대 농경〉, 《동아시아의 신석기문화》(문화재연구 국제학술대회발표논문 제2집, 문화재관리국 문화재연구소), 1994.

안춘배, 〈영남지방의 신석기시대 토기 연구 현황〉, 《고문화》 54, 1999, pp.27~60.

양성혁, 〈서해안 신석기문화에 대한 일연구〉(서울대 고고미술사학과 석사학위논문), 2001.

염경화, 〈한국 중서부지역 빗살무늬토기의 무늬 베푼 범위 ─ 연구현황 및 유적 고찰을 병행하여〉, 《전농사학》 4, 1998, pp.59~112.

윤순옥, 〈화분분석을 중심으로 본 일산지역의 홀로세 환경변화와 고지리복원〉, 《대한지리학회지》 32-1, 1997.

이경아, 〈식물유체 복원법의 발달과 식물규소체 분석의 고고학적 의의〉, 《한국선사고고학보》 6, 1999.

이기길, 〈전남의 신석기문화 ─ 연구현황과 전망〉, 《선사와 고대》 7, 1996.

이동주, 〈빗살문토기 문화의 성격 ─ 발생과 확산과정을 중심으로〉, 《선사와 고대》 13, 1999, pp.5~30.

──, 〈한국 초기신석기시대의 문화적 성격〉, 《전환기의 고고학(1)》(한국상고사학회 제20회학술발표회), 1998.

──, 〈환동해지역의 구석기시대말~신석기시대 초기의 문화교류양상에 대하여〉, 《동아시아 구석기문화 연구의 제문제》(한국고대학회), 1995.

──, 〈동아시아에 있어서 한국의 초기 신석기문화에 대하여〉, 《동아시아의 신석기문화》(문화재연구 국제학술대회발표논문 제2집, 문화재관리국 문화재연구소), 1994.

이상균, 〈신석기시대의 남해안과 서북구주지방의 생업〉, 《전주사학》 4, 1996.

──, 〈동물고고학의 활용방안에 대한 기초적 고찰〉, 《한국선사고고학보》 4, 1997.

──, 〈동아시아 속에서의 한국 신석기시대 문화 ─ 한일문화교류의 시점에서〉, 《선사와 고대》 8, 1997.

──, 〈빗살문양토기 문화의 기원과 전파문제에 관한 소고〉, 《선사와 고대》 13, 1999, pp.35~39.

──, 〈한반도 신석기인의 묘제와 사후세계관〉, 《고문화》 56, 2000.

──, 《신석기시대의 한일문화교류》, 학연문화사, 1998.

──, 《신석기시대에 있어서 한국남안과 구주지방의 문화교류》(東京大 박사학위논문) 1995.

이준정, 〈수렵·채집경제에서 농경으로의 전이 과정에 대한 이론적 고찰〉, 《영남고고학》 28, 2001.

이융조와, 《우리의 선사문화(Ⅱ)》, 지식산업사, 2000.

이헌종, 〈우리나라 후기구석기 최말기의 성격과 신석기시대로의 이행과정〉, 《전환기의 고고학(1)》(한국상고사학회 제20회학술발표회), 1998.

임상택, 〈서해중부지역 빗살무늬토기 편년연구 ─ 신석기후기 편년 세분화 시론〉, 《한국고고학보》 40, 1999, pp.23~56.

──, 〈한반도 중부지역 신석기시대 중기토기의 양상〉, 《선사와 고대》 13, 1999, pp.31~62.

266

———, 〈호서신석기 문화의 시공적 위치〉,《호서고고학》 창간호, 1999.

———, 〈패총 유적의 성격 — 적응전략과 관련된 유적의 성격을 중심으로〉,《과기고고연구》(아주대학교 박물관) 3, 1998.

임효재, 〈신석기시대의 시기구분〉,《한국사 2 : 구석기문화와 신석기문화》(국사편찬위원회), 탐구당, 1997.

———, 〈유적분포의 특성〉,《한국사 2 : 구석기문화와 신석기문화》(국사편찬위원회), 탐구당, 1997.

———, 〈신석기시대 한국과 중국 요령지방과의 문화적 관련성에 대하여〉,《선사와 고대》 8, 1997.

———,《한국 신석기문화》, 집문당, 2000.

———, 〈강원도 신석기시대의 제문제〉,《한국선사고고학보》 5, 1998.

———, 〈해방후 50년간의 신석기 연구성과〉,《한국학보》 81, 1995.

———, 〈한일 문화교류사의 새로운 발굴자료〉,《동아문화》(서울대학교 동아문화연구소) 32, 1994.

———, 〈한국신석기연구의 오늘과 내일〉,《선사문화》(충북대학교 선사문화연구소) 1, 1992.

——— · 鈴木三男, 〈김포 니탄층과 그 당시의 고환경연구〉,《한국선사고고학보》 7, 2000.

장호수, 〈후빙기의 자연환경〉,《한국사 2 : 구석기문화와 신석기문화》(국사편찬위원회), 탐구당, 1997.

정징원, 〈주요 신석기유적〉,《한국사 2 : 구석기문화와 신석기문화》(국사편찬위원회), 탐구당, 1997.

———, 〈신석기시대 연구동향〉,《한국사론》 23, 1993.

——— · 하인수, 〈남해안지방과 구주지방의 신석기시대 문화교류연구〉,《한국민족문화》(부산대학교 민족문화연구소) 12, 1998.

조빈복 저 / 최무장 역,《중국동북신석기문화》, 집문당, 1996.

진소래, 〈요동반도 신석기문화연구 — 생업경제를 중심으로〉,《한국상고사학보》 24, 1997.

최기룡, 〈한반도 후빙기의 식생 및 기후 변천사〉,《한국 신석기시대의 환경과 생업》(동국대 매장문화재연구소 제1회학술회의), 2001.

최정필, 〈농경도구를 통해 본 한국 선사농경의 기원〉,《한국선사고고학보》 7, 2000.

최종혁, 〈생업활동으로 본 한반도 신석기문화 — 중서부지방과 동북지방의 패총유적을 중심으로〉,《한국신석기연구》 2, 2001.

한영희, 〈한민족의 기원〉,《한국 민족의 기원과 형성》, 소화, 1996.

———, 〈사회〉,《한국사 2 : 구석기문화와 신석기문화》(국사편찬위원회), 탐구당, 1997.

———, 〈신석기시대의 유적〉,《한국사 2 : 구석기문화와 신석기문화》(국사편찬위원회), 탐구당, 1997.

———, 〈한반도 신석기문화의 영역구분과 지역성〉,《한국사 2 : 구석기문화와 신석기문화》(국사편찬위원회), 탐구당, 1997.

———, 〈동아시아 신석기문화의 이동〉,《한국사 2 : 구석기문화와 신석기문화》(국사편찬위원회), 탐구당, 1997.

———, 〈호남지역의 신석기시대 문화〉,《호남고고학보》 7, 1998.

———, 〈신석기시대〉,《한국고고학의 반세기》(제19회 한국고고학전국대회 발표요지), 1995.

———, 〈신석기시대의 사회와 문화〉,《한국사 1 : 원시사회에서 고대사회로》 1, 한길사, 1994.

———, 〈신석기시대 패총〉, 《한국고고학보》 29, 1993.

———, 〈한반도 신석기시대의 지역성〉, 《계간고고학》 38, 1992.

황상일 · 윤순옥, 〈울산 태화강 중 · 하류부의 Holocene 자연환경과 선사인의 생활 변화〉, 《한국고
　　　고학보》 43, 2000.

왕웨이 저 / 김정희 역, 〈중국 선사시대 도작유적의 새로운 발견과 한반도로의 전파〉, 《한국선사고
　　　고학보》 7, 2000.

甲元眞之, 《中國新石器時代の生業と文化》, 福岡 : 中國書店, 2001.

Lee, Jung-Jeong, "From Shellfish Gathering to Agriculture in Prehistoric Korea: The Chulmun to
　　　Mumun Transition", Ph.D. dissertation, Dept. of Anthropology, University of Wisconsin-
　　　Madison, 2001.

佐藤達夫 著 / 이상균 譯, 〈朝鮮有文土器의 變遷〉, 《韓國新石器硏究》 創刊號, 2001.

田中聰一, 〈한국 신석기시대 융기문토기에 대하여〉, 《文物硏究》 創刊號, 1997.

———, 〈한국 중동부지방 신석기시대 토기에 대하여 ― 양양 오산리유적출토 오산리식토기의 검
　　　토를 중심으로〉, 《文物硏究》 4, 2000.

———, 〈한국신석기전기의 일양상 ― 남부지방 영선동식토기 편년시론〉, 《考古歷史學誌》 13 · 14,
　　　1998.

西谷正 著 / 최종혁 譯, 〈일본 원시농경과 한국과의 관계〉, 《한국선사고고학보》 7, 2000.

(2) 유적조사

길경택, 〈중원지방의 신석기문화 개요〉, 《예성문화》 (예성동호회) 14, 1993.

김건수 · 이순엽, 〈여수 거문도와 손죽도의 신석기시대 패총〉, 《순천대박물관지》 1, 1999, pp.5~27.

김병모, 《안면도고남리패총―제3 · 4차발굴조사보고서》 (한양대학교 박물관), 1993.

김병모 · 김충배, 〈강화도 여비리 빗살무늬토기산포지〉, 《안면도고남리패총 ― 제5 · 6차발굴조사
　　　보고서》 (한양대학교 박물관), 1995.

김병모 · 유병린, 《안면도고남리패총 ― 제7차발굴조사보고서》 (한양대학교 박물관), 1997

김병모와, 《안면도고남리패총 ― 제8차발굴조사보고서》 (한양대학교 박물관), 1998.

김병모와, 《안면도고남리패총 ― 제5 · 6차발굴조사보고서》 (한양대학교 박물관), 1995.

김석훈, 〈황해 중부 섬 지역의 신석기유적 현황〉, 《한국신석기연구》 2, 2001.

———, 〈강화도의 선사문화〉, 《박물관지》 (인하대학교 박물관) 3, 2000.

———, 〈인천 섬지역의 신석기유적 신례 ― 신도, 시도를 중심으로〉, 《인하사학》 7, 1999, pp.1~41.

———, 〈황해의 해수면 변동과 선사유적과의 관련성〉, 《인하사학》 6, 1998.

김규동, 〈부안 계화도의 신석기유적〉, 《한국신석기연구》 2, 2001.

김영희, 〈암사동 신석기문화와 중국 동북지역과의 관계〉, 《한국선사고고학보》 8, 2001.

———, 〈중국 동북지역 신석기시대 조 · 전기의 취락지분석 ― 서요하유역을 중심으로〉 《과기고고
　　　연구》 (아주대학교 박물관) 4, 1998.

김양미, 《목도패총》 (국립진주박물관), 1999.

김은정 · 김선주, 〈진안 진그늘 신석기유적〉, 《제9회 호남고고학회 학술대회 발표요지》, 2001.

김종찬, 〈울산 세죽유적의 절대연대〉, 《한국 신석기시대의 환경과 생업》(동국대 매장문화재연구소 제1회학술회의), 2001.

박순발과, 〈가도패총〉, 《군장국가공단조성지역(군산지구) 문화유적 발굴조사보고서 Ⅲ》(충남대학교 박물관), 2001.

박희현과, 《영종도 송산 선사유적》(서울시립대학교 박물관·인천광역시립박물관), 1996.

배성혁, 〈경북 김천 송죽리 신석기유적〉, 《신석기시대 패총과 동물유체》(제4회 한일신석기문화학술세미나), 2001.

서미정·고희재, 〈새로 발견된 강릉 초당동 신석기유적·유물에 대하여〉, 《박물관지》(관동대학교 박물관) 창간호, 2001.

서영남, 〈오진리 암음 발굴 개요〉, 《제37회 전국역사학대회발표요지》, 1994.

송은숙, 〈호남 내륙지역 신석기문화에 대한 고찰〉, 《호남고고학보》 7, 1998.

신숙정, 〈신석기시대의 중원문화〉, 《선사문화》(충북대학교 선사문화연구소) 4, 1994.

신종환, 〈암사동유적의 층위학적 검토〉, 《한국 신석기시대의 환경과 생업》(동국대 매장문화재연구소 제1회학술회의), 2001.

──, 〈금강식토기〉, 《고고학지》 11, 2000.

──, 《청원 쌍청리 주거지》(국립청주박물관), 1993.

신희권, 〈'98~'99 고성 문암리 신석기유적 발굴조사〉, 《한국 신석기시대의 환경과 생업》(동국대 매장문화재연구소 제1회학술회의), 2001.

심봉근·이동주, 《우봉리유적》(동아대학교 박물관), 1997.

안덕임·임혜연, 《대죽리유적》(한서대학교 박물관), 2001.

──, 〈안면도고남리패총(8차발굴조사)출토 척추동물유체에 관한 연구〉, 《선사와 고대》 13, 1999, pp.177~193.

안승모, 〈한강유역의 신석기문화〉, 《한강유역사》, 민음사, 1993.

유병일, 〈새로 찾은 울산지역의 신석기시대 유적─지표조사자료를 중심으로〉, 《울산연구》 1, 1999, pp.145~175.

윤근일, 〈고성 문암리 신석기유적 발굴조사개요('98~'99년도)〉, 《문화사학》 11·12·13, 1999, pp.81~100.

이강승·박순발, 《둔산》(충남대학교 박물관), 1995.

이기길, 〈전남 여천군에서 찾은 신석기시대 유적〉, 《호남고고학보》 1, 1994.

이동주, 〈부산의 신석기시대 유적과 유물〉, 《항도부산》 17, 2001.

──, 〈울산 우봉리유적의 성격〉, 《한국 신석기시대의 환경과 생업》(동국대 매장문화재연구소 제1회학술회의), 2001.

──, 〈상촌리 신석기유적〉, 《남강댐 수몰지구의 발굴성과》(영남고고학회 제7회 학술발표회), 1998.

──, 〈남해안 도서지방의 선사문화자료(Ⅰ) ─ 욕지도와 주변도서〉, 《고고역사학지》 8, 1992.

이상율, 《북정패총》(부산수산대학 박물관), 1992.

이영덕, 〈부안 대항리패총의 검토〉, 《한국신석기연구》 창간호, 2001.

──, 〈부안 위도의 신석기패총〉, 《한국신석기연구》 2, 2001.

———, 〈진안 갈머리(葛頭)유적 발굴조사 개보〉, 《한국 신석기시대의 환경과 생업》(동국대 매장문화재연구소 제1회학술회의), 2001.

———, 〈군산 노래섬 패총 3차 발굴조사 개보〉, 《호남지역의 신석기문화》(제6회 호남고고학회 학술대회), 1998.

이영주와, 《김해 화목동유적》(경성대학교 박물관), 2000.

이융조·우종윤, 〈충주 조동리유적 발굴조사 개보〉, 《충북대학교박물관연보》 5, 1996.

이융조·우종윤·이재돈, 〈충주 조동리유적 발굴조사 개보(2차)〉, 《충북대학교박물관연보》 6, 1997.

이청규·강창화·고재원·오연숙, 《제주고산리유적 — 도판》(제주대학교 박물관), 1998.

임상택, 〈군산 가도패총〉, 《제4회 한일신석기문화학술세미나》, 2001.

임학종, 〈통영 연대도 조개더미 발굴조사(4차)〉, 《제16회 한국고고학전국대회 발표요지》(한국고고학회), 1992

임효재, 〈암사동 신석기문화 연구의 전망〉, 《한국선사고고학보》 8, 2001.

———, 〈한국중부지방의 신석기문화〉, 《예성문화》(예성동호회) 14, 1993.

——— 외, 《영종도 는들 신석기유적 — 신공항고속도로건설지역 발굴조사보고서》(서울대학교 인문학연구소), 1999.

임효재·이준정, 〈백령도 신석기시대 패총에 대하여〉, 《한국고고학보》 31, 1994.

정성희, 〈암사동주거지에 대하여〉, 《마을의 고고학》(한국고고학회), 1994.

정영호와, 《사천 구평리 유적—신석기시대 조개더미 발굴보고》(단국대학교 중앙박물관), 1993.

정징원과, 《청도 오진리 암음유적》(부산대학교 박물관), 1994.

조영현, 〈금릉 송죽리유적 발굴조사〉, 《제17회 한국고고학전국대회 발표요지》(제18회 한국고고학전국대회 발표요지, 한국고고학회), 1993.

조현종과, 〈여천군도서 지표조사 보고〉, 《돌산 세구지 유적》(국립광주박물관), 1994.

추연식, 〈패총의 형성과정—수가리패총의 후퇴적과정에 대한 검토를 중심으로〉, 《한국고고학보》 29, 1993.

최몽룡과, 《덕적군도의 고고학적 조사연구》(서울대학교 박물관), 1999.

최복규, 〈최근 강원도에서 새로 조사된 선사유적〉, 《강원문화사연구》창간호, 1996.

최성락·이헌종, 《함평 장년리 당하산유적》(목포대학교 박물관) 72, 2001.

최완규와, 〈노래섬패총 Ⅰ〉, 《군장국가공단조성지역(군산지구) 문화유적발굴조사보고서》(원광대학교 박물관·마한백제문화연구소), 2001.

———, 〈띠섬패총〉, 《군장국가공단조성지역(군산지구) 문화유적발굴조사보고서 Ⅱ》(원광대학교 박물관), 2001.

최종택, 〈미사리유적의 주거양상과 변천〉, 《마을의 고고학》(제18회 한국고고학전국대회 발표요지, 한국고고학회), 1994.

하인수, 《범방패총 Ⅱ》(부산시립박물관), 1996.

———, 〈동삼동 1호주거지 출토 식물유체〉, 《한국신석기연구》 2, 2001.

———, 〈동삼동패총 정화지역 발굴성과〉, 《제23회 한국고고학전국대회 발표요지》(한국고고학회), 1999.

270

하인수와,《범방패총》(부산시립박물관) 1, 1993.

한수영,〈군산지역 패총의 현황과 그 성격〉,《호남지역의 신석기문화》(제6회 호남고고학회학술대
　　회), 1998.

한영희와,《암사동》(국립박물관고적조사보고 제26책), 1994.

──────,《암사동》(국립박물관고적조사보고 제26책 Ⅱ), 1995.

한영희·임학종,《연대도 1》(국립진주박물관), 1993.

홍진근,〈경주시 양남동 하서리 신석기시대 유적〉,《국립경주박물관연보》, 1996.

황의한,〈울산 황성동 세죽유적〉,《제1회 학술회의》(동국대학교 매장문화재연구소), 2001.

경남고고학연구소·대한주택공사,《함안 도항리 택지개발지역 시굴 및 발굴조사》, 2000.

계명대학교 박물관,《금릉송죽리유적 특별전도록》, 1994.

국립문화재연구소,《군사보호구역 문화유적 지표조사보고서(경기도편)》, 2000.

──────,《양양 가평리》, 1999.

미사리선사유적발굴조사단,《미사리》제1~5권, 1994.

부산여자대학 박물관,《가덕도 문화유적 지표조사보고서》, 1992.

인천직할시립박물관,《영종·용유지역문화유적지표조사보고서》, 1994.

인하대학교 박물관,《강화지역의 선사유적·유물―인천지역유적·유물지명표(2)》, 2000.

한양대학교 박물관,《용유·무의 관광지구 문화유적 지표조사보고서》, 2000.

──────,《영종도 문화유적―신공항고속도로건설지역내 문화유적조사종합보고》, 1999.

한국문화재보호재단,《서해안고속도로(남포~웅천)건설구간내문화유적발굴조사보고서》, 2000.

한국선사문화연구소,《일산 신도시 개발지역 학술조사보고Ⅰ》, 1992.

(3) 유물연구

곽종철과,〈신석기시대 토기태토에서 검출된 벼의 plant-opal〉,《한국고고학보》32, 1995.

강원종,〈장수 월곡리유적 수습 신석기시대 유물〉,《한국신석기연구》2, 2001.

김아관,《한국신석기시대의 골각기연구―패총유적을 중심으로》(한양대학교 석사학위논문), 1993.

김영희,《중국 동북지역 신석기시대 '之' 자문토기의 연구》(서울대학교 석사학위논문), 1995.

김선지,《남해안의 신석기시대 석부에 대한 일고찰》(서울대학교 석사학위논문), 2000.

김혜진,〈도항리출토 신석기시대 토기편의 의의〉,《함안 도항리 택지개발지역 시굴 및 발 굴조
　　사》, 2000.

박선주,〈부산 범방패총출토 신석기시대 어린아이인골〉,《범방패총》(부산시립박물관) 1, 1993.

박준범,《한강유역 출토 돌화살촉에 대한 연구》(홍익대학교 교육대학원 석사학위논문), 1998.

백홍기,《동북아 평저토기의 연구》, 학연문화사, 1994.

──────,〈동북아 평저토기의 연구―요동반도와 한반도 북부지역을 중심으로〉,《한국상고사학보》
　　12, 1993.

서국향,〈장수 남양리유적 수습 신석기시대 유물〉,《한국신석기연구》2, 2001.

신숙정,〈신석기시대 토기에 대한 논의〉,《한국사 2 : 구석기문화와 신석기문화》(국사편찬위원

　　　　　회), 탐구당, 1997.

───, 〈토기의 쓰임새와 성분분석〉, 《한국사 2 : 구석기문화와 신석기문화》(국사편찬위원회),
　　　　　탐구당, 1997.

───, 〈석기와 뼈연모〉, 《한국사 2 : 구석기문화와 신석기문화》(국사편찬위원회), 탐구당, 1997.

───, 〈예술품〉, 《한국사 2 : 구석기문화와 신석기문화》(국사편찬위원회), 탐구당, 1997.

신종환, 〈신석기시대 금강식토기에 대한 소고〉, 《영남고고학보》 7, 1995.

심봉근, 〈울산 우봉리유적 출토 신석기시대 마제석기〉, 《영남고고학》 18, 1996.

───, 〈진주 상촌리유적출토 신석기시대 옹관〉, 《문물연구》(동아시아문물연구학술재단) 2,
　　　　　1998.

안덕임, 〈패총 출토 동물유체 ― 안면도 고남리패총을 중심으로〉, 《한국고고학보》 29, 1993.

───, 〈물고기유체와 고고학 ― 안면도 고남리패총 출토자료를 중심으로〉, 《선사와 고대》 4,
　　　　　1993.

───, 〈패총 출토 육지달팽이 ― 남해안지방 신석기시대 패총 자료를 중심으로〉, 《박물관기요》
　　　　　(단국대학교 중앙박물관) 7, 1993.

안덕임 · 이인성, 〈산소동위원소분석을 이용한 대죽리패총 조개채집의 계절성 연구〉, 《한국신석기
　　　　　연구》 2, 2001.

엄익성, 〈한반도 중부 서해안 빗살무늬토기의 연구―오이도패총 출토품을 중심으로〉(숭실대학교
　　　　　석사학위논문), 1992.

염경화, 〈한국 중서부지역 신석기시대 토기의 그릇꼴과 무늬에 관한 연구〉(서울시립대학 석사학
　　　　　위논문), 1997.

───, 〈영종도 송산유적 빗살무늬토기의 특성〉, 《선사와 고대》 15, 2000.

오연숙, 〈제주도 신석기시대 토기변천에 관한 연구〉(한양대학교 석사학위논문), 2000.

───, 〈제주도 신석기시대 토기의 형식과 시기구분〉, 《호남고고학보》 12, 2000.

───, 〈고산리유적과 출토유물〉, 《제41회 전국역사학대회 발표요지》, 1998.

오연순 · 고민정, 〈제주도 신석기후기 토기에 대한 일고찰〉, 《제주도사연구》 5, 1996.

윤형원, 〈원주 법천리 수습 신석기시대 유물〉, 《한국신석기연구》 2, 2001.

이기길, 《우리나라 신석기시대의 질그릇과 살림》, 백산자료원, 1995.

───, 〈토기제작〉, 《한국사 2 : 구석기문화와 신석기문화》(국사편찬위원회), 탐구당, 1997.

───, 〈신석기시대 질그릇 만들기에 대하여〉, 《동아시아의 신석기문화》(문화재연구 국제학술대
　　　　　회발표논문 제2집, 문화재관리국 문화재연구소), 1994.

───, 〈한국 신석기시대 질그릇의 제작 지술 ― 암사동 · 동삼동 · 북촌리 유적을 중심으로〉, 《한
　　　　　국상고사학보》 16, 1994.

이연구 · 윤선, 〈김해 수가리패총의 연체동물화석군집에 대한 고찰〉, 《대한지질학회지》 28-4,
　　　　　1992.

이동주, 〈한국 선사시대 남해안 유문토기연구〉(동아대학교 박사학위논문), 1996.

───, 〈전면시문 침선문토기의 전개와 편년〉, 《고문화》 50, 1997.

───, 〈중동부 해안지역 빗살문토기문화의 성격 ― 남해안 지역과의 관련성을 중심으로〉, 《한국
　　　　　신석기연구》 창간호, 2001.

272

───.〈암사동 빗살문토기의 원류에 대한 새로운 시점〉,《한국선사고고학보》8, 2001.

───.〈상노대도유적 지표채집 석기에 대하여〉,《고고역사학지》16, 2000.

───.〈동북아시아 융기문토기 연구의 제문제 ― 동시베리아·극동지역의 초기 신석기유적을 중심으로〉,《한국선사고고학보》5, 1998.

───.〈욕지도 패총출토 유문토기에 대한 연구〉,《한국상고사학보》18, 1995.

───.〈합천 봉계리출토의 식용식물유체〉,《계간고고학》38, 1992.

이범홍,〈동삼동패총 채집석기〉,《고고역사학지》8, 1992.

이상균,〈융기문(신암리식)토기의 제문제〉,《호남고고학보》3, 1996.

───.〈암사동 빗살문양토기문화의 대외관계〉,《암사동선사주거지 국제학술심포지엄》(한국선사고고학회), 2001.

이영덕,〈군산 노래섬 유적의 신석기시대 토기 연구〉(단국대학교 석사학위논문), 2001.

───.〈노래섬 가지구패총 출토 즐문토기〉,《선사와 고대》13, 1999, pp.145~176.

이청규와,〈고산리유적과 석기유물〉,《석계황용혼교수정년기념논총 아세아고문화》, 학연문화사, 1995.

이헌종,〈호남지역 신석기시대 타제석기 제작기법의 제양상 ― 장년리 당하산 유적을 중심으로〉,《선사와 고대》15, 2000.

임상택,〈중서부 신석기시대 석기에 대한 초보적 검토 I ― 석기조성을 중심으로〉,《한국신석기연구》창간호, 2001.

───.〈빗살무늬토기문화의 지역적 전개 ― 중서부지역과 영동지역을 대상으로〉,《한국신석기연구》창간호, 2001.

───.〈한반도 융기문토기 연구〉(서울대학교 석사학위논문), 1993.

임학종,〈신석기시대 주칠토기 3례〉,《고고학지》10, 1999, pp.5~17.

───.〈신석기시대 구순각목토기 소고〉,《고고학지》(한국고고미술연구소) 6, 1994.

───.〈남해안 신석기시대 초기의 토기문화에 대한 고찰〉(경북대학교 석사학위논문), 1993.

임학종과,〈신석기시대 주칠토기의 과학적 분석〉,《고고학지》11, 2000.

조현복,〈영남내륙지방 즐문토기에 대한 일고찰 ― 형식분류와 편년을 중심으로〉,《고문화》46, 1995.

채우형,〈안면도 고남리패총 토기분석〉,《안면도 고남리패총 제5·6차발굴조사보고서》(한양대학교 박물관), 1995.

최몽룡·강형태,〈미사리 출토 토기의 과학적 분석(II)〉,《고고역사학지》8, 1992.

최몽룡과,〈미사리유적의 지질과 출토토기의 분석〉,《미사리 I》, 1994.

최종혁,〈신석기시대 남해안지역 토기편년에 대한 검토 ― 중기를 중심으로〉,《고고역사학지》(동아대학교 박물관) 16, 2000.

하인수,〈영선동식토기 소론〉,《영남고고학》21, 1997.

───.〈한국 융기문토기의 성립과 전개〉,《한국 신석기시대의 환경과 생업》(동국대 매장문화재연구소 제1회학술회의), 2001.

───.〈오산리토기의 재검토 ― III·V층 출토 토기를 중심으로〉,《박물관연구논집》(부산광역시립박물관) 3, 1995.

──, 〈지두문토기의 고찰〉, 《부산사학》 28, 1995.

──, 〈전기 즐문토기의 일형식〉, 《박물관연구논집》(부산직할시립박물관) 2, 1993.

한영희, 〈신석기시대 중·서부지방 토기문화의 재인식〉, 《한국의 농경문화》 5, 1996.

金子浩昌과, 〈목도패총 출토 척추동물유체〉, 《고고학지》 11, 2000.

金子浩昌·中山淸隆 著 / 안덕임 譯, 〈동삼동 패총과 동물유존체 자료 ─ L. L. Sample씨 등의 조사 자료를 중심으로〉, 《한국고고학보》 31, 1994.

田中聰一, 〈한국중서부지방의 신석기시대 토기에 대하여〉, 《先史學·考古學硏究》Ⅲ(龍田考古 會), 1999.

中山淸隆, 〈한일지역출토 선사패륜소고〉, 《고고역사학지》 8, 1992.

(4) 북한자료

고영남, 〈평양지방 타래무늬그릇갖춤새의 특징〉, 《조선고고연구》 1999-4.

──, 〈중서부조선일대 타래무늬그릇유적들의 질그릇 갖춤새변천에 대하여〉, 《조선고고연구》 1994-1.

──, 〈중서부조선일대의 타래무늬그릇에 대하여〉, 《조선고고연구》 1993-3.

고영남·전일권, 〈소정리유적 제3지점의 신석기시대 집자리에 대하여〉, 《조선고고연구》 1998-3.

김동일·김광철, 〈증산군 룡덕리 신석기시대 집자리에 대하여〉, 《조선고고연구》 2001-3.

김성국, 〈질그릇갖춤새를 통하여 본 남연해주일대 신석기문화의 성격〉, 《조선고고연구》 2000-3.

──, 〈남연해주의 신석기시대 로동도구갖춤새〉, 《조선고고연구》 1995-2.

김영근, 〈북오둔유적에 대하여〉, 《조선고고연구》 2001-1.

김용간, 〈대동강류역에서의 부계씨족사회의 형성〉, 《조선고고연구》 2001-2.

──, 〈대동강유역은 신석기시대문화의 중심지〉, 《조선고고연구》 1999-1.

──, 〈대동강유역 신석기시대의 사회관계〉, 《조선고고연구》 1996-2.

김종혁, 〈후와유적의 조소품에 대하여〉, 《조선고고연구》 1997-3.

──, 〈압록강하류일대의 신석기시대 질그릇갖춤새 변천〉, 《조선고고연구》 1993-3.

──, 〈압록강하류일대 신석기시대유적들의 연대에 대하여〉, 《조선고고연구》 1992-4.

리애경, 〈우리나라 신석기시대의 소와 그 리용〉, 《조선고고연구》 1995-3.

리주현, 〈남부조선지역의 신석기시대 집자리에 대하여〉, 《조선고고연구》 2000-1.

림영규, 〈원시사회의 농업에 대한 고찰〉, 《조선고고연구》 1995-3.

변사성, 〈소정리유적 제1지점의 신석기시대 집자리 발굴보고〉, 《조선고고연구》 1992-3.

서국태, 〈대동강유역에서 농업의 발생발전〉, 《조선고고연구》 1999-2.

──, 〈우리나라 신석기시대 연구에서 이룩된 성과〉, 《조선고고연구》 1992-1.

──, 〈남반부지역 신석기시대 유적들의 편년에 대하여〉, 《조선고고연구》 1992-4.

──, 〈평양일대 신석기시대문화의 특징〉, 《조선고고연구》 1998-1.

──·김성국, 〈평양지방의 신석기시대문화는 전형적인 농경문화〉, 《조선고고연구》 1998-3.

──·리주현, 〈우리나라 신석기시대 문화에 대한 남조선 사가들의 견해의 부당성〉, 《조선고고

274

연구》2000-2.

───·지화산,〈반궁리유적에 대하여(2)〉,《조선고고연구》1995-2.

───〈반궁리유적에 대하여(1)〉,《조선고고연구》1994-2.

유성진,〈평양지방 신석기시대 로동도구 갖춤새와 그 변천의 특성〉,《조선고고연구》2000-3.

전일권,〈소정리유적 제2지점의 신석기시대 집자리에 대하여〉,《조선고고연구》1999-3.

정봉찬,〈올레니 1유적과 서포항유적의 호상관계에 대하여〉,《조선고고연구》1997-2.

지화산,〈황하중류일대의 신석기시대문화〉,《조선고고연구》1999-2.

───〈신석기시대 조선옛유형사람들의 기본생업에 대하여〉,《조선고고연구》1993-2.

한은숙,〈색깔을 통하여 본 평양지방 신석기시대 질그릇의 소성방법에 대하여〉,《조선고고연구》
    2001-3.

───〈평안북도 지방 신석기시대 질그릇의 굳기와 흡수률〉,《조선고고연구》2000-2.

───〈질그릇을 통하여 본 평양지방 신석기시대 사람들의 생활모습〉,《조선고고연구》1999-2.

───〈대동강유역 신석기시대 질그릇의 굳기와 흡수율에 대하여〉,《조선고고연구》1998-1.

───〈평양일대 신석기시대 질그릇의 섞음재료에 대하여〉,《조선고고연구》1995-4.

4. 청동기

길경택,〈한국 선사시대 농경과 농구의 발달에 관한 연구〉,《고문화》(한국대학박물관협회) 27,
    1985.

김병모,〈한국 거석문화 원류에 관한 연구(Ⅰ)〉,《한국고고학보》(한국고고학회) 10·11, 1981.

김약수,〈금호강유역의 지석묘 연구〉,《인류학연구》(영남대 문화인류학과) 3, 1986

김원룡,《제3판 한국고고학개설》, 일지사, 1986.

김재원·윤무병,《한국지석묘연구》, 국립박물관, 1967.

김정배,〈한국 청동기문화의 기원에 관한 소고〉,《고문화》(한국대학박물관협회) 17, 1979.

김정학,〈한국 청동기문화의 연구〉,《한국고고학보》(한국고고학회) 5, 1978.

손진태,〈조선 Dolmen에 관한 조사 연구〉,《조선 민족문화의 연구》, 을유문화사, 1948.

안승모,〈한국 선사 농경 연구의 성과와 과제〉,《선사와 고대》(한국고대학회) 7, 1996

안재호,〈송국리 유형의 검토〉,《영남고고학》(영남고고학회) 11, 1992

윤기준,〈우리나라 청동기시대 집터에 관한 연구〉,《백산학보》(백산학회) 32, 1985.

윤덕향,〈청동기시대의 유물 : 석기〉,《한국사 3》(국사편찬위원회), 1997.

윤무병,〈한국 청동 유물의 연구〉,《백산학보》(백산학회) 12, 1972.

───〈무문토기 지역 분류 시고〉,《진단학보》(진단학회) 39, 1975.

이강승,〈요령지방의 청동기문화〉,《한국고고학보》(한국고고학회) 6, 1978.

이백규,〈한강유역 전반기 민무늬토기의 연대에 대하여〉,《영남고고학》(영남고고학회) 2, 1986.

이상길,〈청동기시대 의례에 관한 고고학적 연구〉(대구효성가톨릭대 박사학위논문), 2000.

이영문,〈전남지방 지석묘 사회의 연구〉(한국교원대 박사학위논문), 1993.

───〈한국 청동기시대 연구의 반세기〉,《한국 고고학의 반세기》(한국고고학회), 1995.

이융조, 〈양평 앙덕리 고인돌 발굴 보고〉, 《한국사연구》(한국사연구회) 11, 1975.

이융조·하문식, 〈한국 고인돌의 다른 유형에 관한 연구〉, 《동방학지》(연세대 국학연구원) 63, 1989.

이융조와·박태식·하문식, 〈한국 선사시대 벼농사에 관한 연구〉, 《성곡논총》(성곡학술문화재단) 25(상), 1994.

이종선, 〈한국 석관묘의 연구〉, 《한국고고학보》(한국고고학회) 1, 1976

이청규, 〈남한지방 무문토기문화의 전개와 공렬토기문화의 위치〉, 《한국상고사학보》(한국상고 사학회) 1, 1988.

──, 〈광복 후 남북한 청동기시대의 연구 성과〉, 《한국고고학보》(한국고고학회) 21, 1988

이형구, 〈주변지역 청동기문화와의 비교〉, 《한국사 3》(국사편찬위원회), 1997.

이홍종, 〈송국리식 토기 문화의 등장과 전개〉, 《선사와 고대》(한국고대학회) 4, 1993.

임병태, 〈한국 지석묘의 형식 및 연대 고찰〉, 《사총》(고려대 사학회) 9, 1964.

──, 〈한국 청동기 연구의 오늘과 내일〉, 《선사문화》(충북대 선사문화연구소) 1, 1992.

임세권, 〈우리나라 마제 석촉의 연구〉, 《한국사연구》(한국사연구회) 17, 1977

임영진, 〈움집의 분류와 변천〉, 《한국고고학보》(한국고고학회) 17·18, 1985.

정동찬, 《살아있는 신화 바위그림》, 혜안, 1996.

조유전, 〈청동기시대〉, 《한국선사고고학사》, 까치, 1992.

조현종, 〈도작 농경의 기원과 전개〉, 《한국 고대문화의 변천과 교섭》, 서경문화사, 2000.

지건길, 〈청동기문화 : 무덤〉, 《한국사 3》(국사편찬위원회), 1997.

지건길·안승모, 〈한반도 선사시대 출토 곡류와 농구〉, 《한국의 농경문화 1》, 경기대출판부, 1983

최몽룡, 〈여주 흔암리 선사 취락지의 성격〉, 《삼불김원룡교수정년퇴임기념논총 1》, 일지사, 1987.

──, 〈청동기시대의 시기 구분〉, 《한국사 3》(국사편찬위원회), 1997.

최몽룡·신숙정, 〈한국 고고학에 있어서 토기의 과학 분석에 대한 검토〉, 《한국상고사학보》 1, 1988.

최몽룡·최성락 엮음, 《한국 고대국가 형성론》, 서울대출판부, 1998.

최몽룡 등 엮음, 《한국 지석묘(고인돌)유적 종합 조사·연구》, 문화재청·서울대학교 박물관, 1999.

최성락, 〈한국 마제 석촉의 고찰〉, 《한국고고학보》(한국고고학회) 12, 1982.

하문식, 〈금강과 남한강유역 고인돌문화의 비교 연구〉, 《손보기박사정년기념 고고인류학논총》, 지식산업사, 1988.

황수영·문명대, 《반구대》, 동국대출판부, 1984.

발굴조사연표

1. 구석기

연도	유적 이름	위 치	조사기관	유적 성격	비 고
1993 (3)	광주 산월·뚝뫼·포산유적	광주시 광산구 산월동	조선대박물관	한데	
	파주 주월리·가월리유적	경기도 파주시 적성면 가월리·주월리	서울대	〃	
	양평 병산리유적	경기도 양평군 강상면 병산 4리	단국대박물관	〃	
1994 (2)	양평 병산리유적	경기도 양평군 강상면 병산 4리	단국대박물관	〃	
	파주 가월리·주월리유적	경기도 파주군 가월리·주월리	서울대	〃	
1995 (3)	동해 발한동유적	강원도 동해시 발한동	강원대 인문과학연구소	〃	
	밀양 고례리유적	경남 밀양군 단장면 고례리 사화동	부산대박물관	〃	시굴
	평택 원정리유적	경기도 평택군 포승면 원정리	아주대/서울대 박물관	〃	
1996 (5)	연천 원당리유적	경기도 연천군 장남면 원당리	건국대박물관	〃	
	순천 죽내리유적	전남 순천시 황전면 죽내리	조선대박물관	〃	
	밀양 고례리유적	경남 밀양시 단장면 고례리	부산대박물관	〃	
	진주 내촌리유적	경남 진주시 내평면 내촌리	한양대박물관	〃	
	산청 옥산리유적	경남 산청군 산청읍 옥산리	경상대/부산대 박물관	〃	2차
1997 (2)	연천 원당리유적	경기도 연천군 장남면 원당2리 701-4	건국대박물관	〃	2차
	청원 소로리유적	충북 청원군 옥산면 소로리 156-1외	충북대박물관	〃	

	광주 산이리유적	경기도 광주군 초월면 산이리 130번지	한양대박물관	한데	시굴
	대전 노은동(A지역) 유적	대전광역시 유성구 노은동 산 10-2번지 외 9필지	한남대박물관	〃	
	대전 노은동(B지역) 유적	대전광역시 유성구 장대동 239번지외 8필지	한남대/충남대 박물관	〃	
	용인 평창리유적	경기도 용인시 양지면 평창리 106-14	경기도박물관/서울대 고고미술사학과	〃	시굴
	연천 원당리유적	경기도 연천군 장남면 원당리 932-1	건국대박물관	〃	
1998 (12)	용인 평창리유적	경기도 용인시 양지면 평창리 산 106-4번지	경기도박물관	〃	
	철원 장흥리유적	강원도 철원군 동송읍 장흥리 10-8외 1필지	강원고고학연구소	〃	시굴
	연천 전곡리유적	경기도 연천군 전곡리 185-4. 5번지	한양대박물관	〃	
	순천 월평유적	전남 순천시 외서면 월암리 204-2외 7필지	조선대박물관	〃	시굴
	영광 원당유적	전남 영광군 원흥리 군동 등 3개 유물산포지	〃	〃	
	단양 구낭굴유적	충북 단양군 가곡면 여천리 산 32	충북대박물관	〃	3차
	동해 구미동유적	강원도 동해시 구미동 산 5-2번지외 3필지	관동대/강원대 박물관	〃	
	대전 용호동유적	대전 대덕구 용호동 27-1	한남대박물관	〃	
	연천 원당리유적	경기도 연천군 장남면 원당리 932-1	건국대박물관	〃	4차
1999 (5)	횡성 둔내 현천리유적	강원도 횡성군 둔내면 현천리	강원고고학연구소	〃	
	진주 장흥리유적	경남 진주시 집현면 장흥리	경남고고학연구소	〃	시굴
	광주 실존삼리유적	경기 광주군 실촌면 삼리 산26-1	기전문화재연구원	〃	시굴
	진주 장흥리유적	경남 진주시 집현면 장흥리	경남고고학연구소	〃	
	광주 삼리유적	경기도 광주군 실촌면 삼리 산26-1	기전문화재연구원	〃	

278

	화순 모산리 도산 구석기유적	전남 화순군 한천면 모산리	전남대박물관	〃	
	철원 장흥리유적	강원도 철원군 동송읍 장흥리 10-8외 1필지	강원고고학연구소	〃	
	무안 피서리유적	전남 무안군 망운면 피서리	목포대박물관	〃	시굴
	연천 전곡리 구석기유적	경기도 연천군 전곡읍 전곡리 288-2, 528-1일원	한양대 문화재연구소	〃	시굴
	홍천 하화계리유적	강원도 홍천군 북방면 하화계리 204-3 외 22필지	강원고고학연구소	〃	시굴
	진안 진그늘유적	전북 진안군 정천면 모정리 진그늘마을	조선대박물관	〃	
	연천 전곡리유적	경기도 연천군 전곡읍 전곡리 614일원	한양대 문화재연구소	〃	시굴
2000 (18)	나주 금곡리유적	전남 나주시 공산면 금곡리 산 24-1외	호남문화재연구원	〃	시굴
	대전 대정동유적	대전광역시 유성구 대정동 300일원	고려대 매장문화재연구소	〃	
	대전 용산동유적	대전광역시 유성구 용산동 산4-1	충남대 백제연구소	〃	
	파주 도리산리유적	경기도 파주시 장단면 도리산리	경기도박물관	〃	
	옥천 가풍리유적	충북 옥천군 옥천읍 가풍리 741-8	한남대박물관	〃	
	동해시 망상동유적	강원도 동해시 망상동 산 189	강원고고학연구소	〃	
	진주 장흥리유적	경남 진주시 집현면 장흥리	부산대박물관	〃	
	상주 분황리유적	경북 상주시 낙동면 분황리	경상북도문화재 연구원	〃	
	포천 송우리유적	경기도 포천군 소흘읍 송우리	한양대박물관	〃	

2. 신석기

연도	유적 이름	위　　치	조사기관	유적 성격	비고
1993 (3)	광주 첨단과학산업단지 조성부지내 유적	광주광역시	전남대·조선대· 목포대·국립광주 박물관	선사- 원삼국	
	청원 쌍청리유적	충북 청원군 강외면 쌍청리	국립청주박물관	신석기- 삼국	
	청도 운문댐수몰지역 내 유적	경북 청도군 운문댐수몰지역 내	경북대박물관 등 7개기관	선사- 삼국	
1995 (13)	주문진-인구간 도로 공사구간내 유적	강원도 양양군 현남면 지경리	강릉대박물관	신석기· 원삼국	
	서천 장암리 패총	충남 서천군 장항읍 장암리	충남대박물관	신석기	빗살무늬토 기편 등 10점
	남강댐 수몰지역내 문화유적(시굴)	경남 진주시 대평리, 산청군 소남리	동의대박물관	신석기- 청동기	
	청주 상당산성 (남문앞, 서장대)	충북 청주시 상당구 산성동	충북대 호서문연구소	신석기- 조선	빗살무늬토 기편 등 57점
	인천 운서동 삼목도 신공항건설부지내 유적	인천광역시 중구 운서동	인하대박물관	신석기	
	양양 가평리 선사유적 (2차)	강원도 양양군 손양면 가평리	국립문화재연구소	신석기- 초기철기	
	울산 망양리, 우봉리 유적	경남 울산시 울주구 망양리,우봉리	동아대박물관	신석기	
	하동 목도리 신월-하동 도로공사구간내 유적	경남 하동군 하동읍 목도리		신석기	
	산청 묵곡리 고속도로 건설구간내 유적	경남 산청군 산청읍 묵곡리	신라대박물관	신석기- 원삼국	
	울산 우봉리유적	경남 울산시 울주구 온산면 우봉리	동아대박물관	신석기	
	평택 원정리유적	경기도 평택군 포승면 원정리	아주대박물관	구석기- 신석기	
	인천 중산동 선사유적	인천광역시 중구 중산동	인하대박물관	신석기- 삼국	
	산청 소남리유적	경남 산청군 단성면 소남리	신라대박물관	신석기- 원삼국	남강댐수 몰지역내

	군산 오식도동 노래섬 패총	전북 군산시 오식도동	원광대박물관	신석기	석부 등 55점
	충주 조동리 조동제 축조예정지역내 유적	충북 충주시 동량면 조동리	충북대박물관	신석기- 청동기	돌도끼 등 152점
	경주 황성동 현대아파트 신축예정부지내 유적(시굴)	경북 경주시 황성동	동국대 경주박물관	신석기	
	상주 청리 지방공단 조성부지내유적(시굴)	경북 상주시 청리면 마공리 일원	한국문화재보호 재단	신석기	
	진주 대평리 옥방1지구 선사유적	경남 진주시 대평면 대평리	국립진주박물관	신석기- 청동기	남강댐수 몰지역내
	진주 대평리 옥방4지구 선사유적	경남 진주시 대평면 대평리	동의대박물관	〃	〃
	진주 대평리 어은2지구 선사유적	경남 진주시 대평면 대평리	국립창원문화재 연구소	〃	〃
	진주 상촌리 선사유적	경남 진주시 대평면 상촌리	동아대박물관	〃	〃
1996 (22)	진주 상촌리 지석묘 (2호) 및 선사유적	경남 진주시 대평면 상촌리	한양대박물관	〃	〃
	산청 묵곡리 선사유적	경남 산청군 단성면 묵곡리	신라대 가야 문화재연구소	〃	〃
	진주 대평리 옥방 선사유적 2·3지구	경남 진주시 대평면 대평리	경상대박물관	〃	〃
	진주 대평리 어은 선사유적 1지구	경남 진주시 대평면 대평리	전남대박물관	〃	〃
	진주 상촌리 지석묘 및 토기산포지	경남 진주시 대평면 상촌리	동의대박물관	〃	〃
	파주 주월리유적 (긴급수습)	경기도 파주시 적성면 주월리	경기도박물관	신석기· 삼국	
	양양 가평리 선사유적 (3차)	강원도 양양군 손양면 가평리	국립문화재연구소	신석기· 초기철기	
	경부고속도로 확장구 간(회덕-중약)내유적	대전광역시 대덕구 신대동	충남대박물관	신석기- 고려	
	파주 주월리(수해지역) 유적	경기도 파주시 적성면 주월리	경기도박물관/ 한양대박물관	신석기· 삼국	
	강릉 교동2지구 택지 개발지역내유적(시굴)	강원도 강릉시 교동	강릉대박물관	신석기	
	대평 옥방 선사유적 5지구	경남 진주시 대평면 대평리	선문대역사학과/ 부산여대박물관	신석기- 청동기	남강댐수 몰지역내

	부산 동삼동패총주변 문화재보호구역내 유적	부산광역시 영도구 동삼동	부산광역시립박 물관	신석기	
	북제주 고산리 선사유적	제주도 북제주군 한경면 고산리	제주대박물관	신석기	
	산청 소남리유적 (2차)	경남 산청군 단성면 소남리	부산여대 가야 문화재연구소	신석기- 원삼국	남강댐수 몰지역내
	충주 조동리유적 (2차)	충북 충주시 동량면 조동리 1364-2외	충북대박물관	신석기- 청동기	발화석 등 50점
	군산 노래섬 패총 (3차)	전북 군산시 오식도동 산106	원광대 마한백 제문화연구소	신석기- 청동기	
	북제주 김녕리 국도 확포장공사구간내 유적	제주도 북제주군 구좌 읍 서김녕리 1055-1외	제주도민속자연 사박물관	신석기	석촉 등 11점
	서산 대죽리 대산 지방산업단지 조성 부지내 유적	충남 서산시 대산읍 대죽리 산108번지외	충청매장문화재 연구원	신석기	빗살무늬 토기 등 16점
	울산 황성동 공장 신축부지내유적(시굴)	울산광역시 남구 황성동 679 번지외	제주도민속자연 사박물관	신석기	
1997 (12)	북제주 김녕리 국도 확포장공사 구간내 유적(2차)	제주도 북제주군 구좌읍 동 김녕리 1087-1번지	제주도민속자연 사박물관	신석기	석촉 등 10점
	진주 상촌리 제1토기 산포지(2차)	경남 진주시 대평면 상촌리524-2 번지외	동아대박물관	신석기	남강댐수 몰지역내
	산청 소남리유적 (2차)	경남 산청군 단성면 소남리 28-2번지외	신라대 가야 문화재연구소	신석기· 청동기	남강댐수 몰지역내
	진주 대평리 선사유적	경남 진주시 대평면 대평리	부산여대 가야 문화재연구소	신석기· 청동기	〃
	진주 상촌리 선사유적 (추가시굴)	경남 진주시 대평면 상촌리949-1번지외	동아대박물관	신석기· 청동기	남강댐, 석 부 등 3점
	진주 중촌리 선사유적 (추가시굴)	경남 진주시 대평면 중촌리	동아대박물관	신석기· 청동기	남강댐, 홍 동 등 6점
	진주 내촌리 선사유적 (추가시굴)	경남 진주시 대평면 내촌리 314-1번지 외	대전보건대 박물관	신석기· 청동기	남강댐수 몰지역내
	태안 고남리 패총 (8차)	충남 태안군 고남면 고남리 1499번지	한양대박물관	신석기- 청동기	돌화살촉 등 27점
	서울 암사동 선사 주거지 원시생활관 건립부지내 유적	서울시 강동구 암사동 139-2번지외 2필지	국립중앙박물관	신석기	
	인천국제공항 고속도 로건설구간내 유적	인천광역시 중구 운서동 1500외 3필지	한양대박물관	신석기	출토유물 없음

1998 (7)	울산 황성동 공장신축부지내 유적	울산광역시 남구 황성동 661-700	동국대 경주박물관	신석기	
	인천 운서동 신공항고속도로 건설지역내 유적	인천광역시 중구 운서동 1500 번지 외 4필지	한양대박물관	신석기	빗살무늬 토기편 등 39점
	제주 고산리 선사유적	제주도 북제주군 한경면 고산리 3671-1, 3729	제주대박물관	신석기	
	고성 문암리 선사유적	강원도 고성군 문암진리 1-1	국립문화재연구소	신석기	
1999 (12)	인천 운서동 신공항고속도로건설지역내 유적(시굴)	인천시 중구 운서동 산55	서울대 인문학연구소	신석기	빗살무늬 토기 등 26점
	부산 동삼동패총 정화지역내 유적	부산광역시 영도구 동삼동 750-5, 6일원	부산광역시립박물관	신석기	
	공주 행정-정안간 국도확포장공사구간내 유적	충남 공주시 정안면 장원리 산440-4 외 4필지	충청매장문화재연구원	신석기-조선	빗살무늬 토기편 등 239점
	시흥 오이도패총	경기도 시흥시 정왕동 1073-2	서울대 인문학연구소	신석기	빗살무늬 토기편 등 50점
	청양 농업기술원 축산시험장부지내 유적	충남 청양군 정산면 학암리 산20-1	공주대박물관	신석기, 청동기, 고려,조선	토기 등 106점 외 일괄17상자
	창원 국가산업단지내 유적	경남 창원시 창곡동 385-1	경남문화재연구원	신석기, 조선	
	진안 용담댐수몰지구내 유적	전북 진안군 정천면 모정리 일원	전북대박물관	신석기, 청동기	
	연천 군남면 삼거리선사유적	경기 연천군 군남면 삼거리 722-2 일원	경기도박물관	신석기	
	진주-집현간 도로확포장구간내유적(시굴)	경남 진주시 집현면 장흥리	경남고고학연구소	구석기-삼국	빗살무늬토기 등 10점
	김해 농소리유적 (국도대체구간내시굴)	경남 김해시 주촌면 농소리 17-2 외	경남문화재연구원	신석기, 청동기	
	경주 황성동 강변로 개설구간내유적(시굴)	경북 경주시 황성동 919-7 외	한국문화재보호재단	신석기-조선	
	충주 조동리 선사유적	충북 충주시 동량면 조동리 1386-2	충북대박물관	신석기-청동기	

2000 (5)	진해 안골동 패총 발굴	진해시 안골동	경남문화재연구원	신석기	
	황성동 세죽 패총	울산시 남구 황성동 662-1	동국대 매장문화재연구소	신석기	
	시흥 오이도 안말 패총(시굴)	경기도 시흥시 정왕동 1078 일원	서울대박물관	신석기	
	울산 황성동 패총 (처용공원조성예정 부지내 시굴)	울산시 남구 황성동 696-5 일대	동국대 매장문화재연구소	신석기	
	중부서해안 도서 지역소연평도패총Ⅱ	옹진군 연평면 연평리 1010 외	국립문화재연구소	신석기	

3. 청동기

연도	유적 이름	위 치	조사기관	유적 성격	비 고
1993 (13)	진주 무촌·속사리 유적	경남 진주시 사봉면 무촌리	국립진주박물관	집터	
	창원 가음정동유적	경남 창원시 가음정동	창원문화재연구소	고인돌	
	부여 송국리유적	충남 부여군 초촌면 송국리	국립공주박물관	집터	
	익산 부송동유적	전북 익산시 부송동	원광대 마한백제 연구소	집터	
	청원 다락리유적	충북 청원군 강내면 다락리	국립청주박물관	고인돌	
	광주 오룡동유적	광주광역시 북구 오룡동	목포대박물관	유물 산포지	
	경주 석장동유적	경북 경주시 석장동	동국대 경주박물관	집터	
	담양-승주간 호남고속 도로 확장구간내 유적	전남 담양군 고서면 일원	전남대박물관 등	고인돌 등	
	대전 구성동유적	대전광역시 유성구 구성동	한남대박물관	집터	
	파주 다율리·당하리 유적	경기 파주시 교하면 당하리	한양대박물관 등	고인돌· 집터	
	경주 건천휴게소 신축부지 유적	경북 경주시 건천읍 방내리	경주문화재연구소	고인돌	
	여수 미평동유적	전남 여수시 미평동 양지	전남대박물관	유물 산포지	
	청원 궁평리유적	충북 청원군 강외면 궁평리	충북대 선사문화연구소	집터· 가마	

1994 (16)	대구 이천동유적	대구광역시 남구 이천동	경북대박물관	고인돌	
	경주 천군동유적	경북 경주시 천군동	국립경주박물관등	유물 산포지	
	아산 군덕리유적	충남 아산시 선장면 군덕리	공주대박물관	집터	
	무안 성동리유적	전남 무안군 몽탄면 성동리	목포대박물관	고인돌	
	포천 영송리유적	경기 포천군 영중면 영송리	한양대박물관	집터	
	영양 신원리유적	경북 영양군 수비면 신원리	국립경주박물관	집터	
	서천 오석리유적	충남 서천군 서천읍 오석리	공주대박물관	돌널 무덤	
	천안 백석동유적	충남 천안시 백석동	공주대박물관	집터	
	영암 망산리·채지리 유적	전남 영암군 삼호면 망산리 등	목포대박물관	고인돌	
	보령 관창리유적	충남 보령시 주교면 관창리	고려대박물관 등	집터·돌 널무덤	
	창원 가음정동유적	경남 창원시 가음정동	창원대박물관	생활 유적	
	함안 오곡리유적	경남 함안군 칠원면 오곡리	창원대박물관	집터· 고인돌	
	김해 대성동 토지 구획지구내 유적조사	경남 김해시 대성동· 화목동·동성동 일원	부경대박물관	유물 산포지	
	통영 미수동유적	경남 통영시 미수동	경남대박물관	고인돌	
	천안 남관리유적	충남 천안시 풍세면 남관리	공주대박물관	집터	
	안성 망이산성	경기 안성시 일죽면 금산리	단국대박물관	유물 산포지	
1995 (26)	창원 용잠리유적	경남 창원시 동읍 용잠리	경남대박물관	돌널 무덤	
	서천 오석리유적	충남 서천군 서천읍 오석리	공주대박물관	돌널무 덤	
	천안 청당동유적	충남 천안시 청당동	국립중앙박물관	유물 산포지	
	완주 반교리유적	전북 완주군 이서면 반교리	국립전주박물관	집터	2차
	춘천 칠전동유적	강원 춘천시 칠전동	한림대박물관	집터	
	보령 평라리유적	충남 보령시 미산면 평라리	충북대박물관	고인돌· 돌덜무덤	
	울산 교동리유적	울산광역시 울주군 삼남면 교동리	동아대박물관	유물 산포지	

	울산 망양리유적	울산광역시 울주군 온양면 망양리	창원대박물관	유물산포지	
	울산 호계리유적	울산광역시 울주군 농소읍 호계리	경남대박물관	유물산포지	
	익산 영등동유적	전북 익산시 영등동	원광대 마한백제연구소	집터	
	순천 조례동유적	전남 순천시 조례동	순천대박물관	유물산포지	
	대전 상서동유적	대전광역시 대덕구 상서동	충남대박물관	유물산포지	
	천안 백석동유적	충남 천안시 백석동	공주대박물관	집터	2차
	춘천 신매리유적	강원 춘천시 서면 신매리	한림대박물관	집터	
	해남 고현리유적	전남 해남군 현산면 고현리		유물산포지	
1995 (26)	남원 고죽동유적	전남 남원시 고죽동	전북대 전라문화연구소	집터	
	순천 용당동유적	전남 순천시 용당동	순천대박물관	고인돌	
	김해 대청리유적	경남 김해시 장유면 대청리	부산대박물관	유물산포지	
	울산 구영리유적	울산광역시 울주군 범서면 구영리	경남대박물관	유물산포지	
	울산 다운동유적	울산광역시 다운동	창원대박물관	집터	
	김해 내동유적	경남 김해시 내동	동의대박물관	고인돌	
	청주 가경동유적	충북 청주시 가경동	충북대박물관	집터	
	경주 석장동유적	경북 경주시 석장동	동국대 경주박물관	유물산포지	
	진안 용담댐 수몰지역 유적	전북 진안군 용담면 등	전북대박물관 등	고인돌	
	사천 본촌리유적	경남 사천시 곤명면 본촌리	경상대박물관	유물산포지	
	순천 상삼리유적	전남 순천시 상삼리	순천대박물관	고인돌	
	광주 치평동유적	광주광역시 서구 치평동	전남대박물관	집터	
	울산 구영리유적	울산광역시 울주군 범서면 구영리	경남대박물관	집터	2차
1996 (52)	대전-진주간 고속도로 건설구간내 유적	경남 진주시·산청군· 함양군 일원	부산대박물관 등	집터·유 물산포지	
	울산 방기리유적	울산광역시 울주군 삼남면 방기리	창원대박물관	유물산포지	
	천안 백석동유적	충남 천안시 백석동	공주대박물관	집터	3차
	천안 쌍용동유적	충남 천안시 쌍용동	충남대박물관	집터	
	춘천 하중도유적	강원 춘천시 중도동	한림대박물관	집터	

대구 팔달동유적	대구광역시 북구 팔달동	영남매장문화재연구원	집터	시굴
익산 영등동유적	전북 익산시 영등동	원광대 마한백제연구소	집터	2차
울산 천상리유적	울산광역시 울주군 범서면 천상리	동아대박물관	집터	
광주 풍암동유적	광주광역시 서구 풍암동	전남대박물관	유물산포지	
부산 선동 오류대유적	부산광역시 금정구 선동	부산광역시립박물관	유물산포지	
창원 서상동유적	경남 창원시 서상동	창원대박물관	유물산포지	시굴
천안 석곡리유적	충남 천안시 성남면 석곡리	고려대 매장문화재연구소	유물산포지	
여천 화장동유적	전남 여천시 화장동	순천대박물관	고인돌	
양산 평산리유적	경남 양산시 웅상읍 평산리	동아대박물관	유물산포지	
대구 칠곡3지구 택지개발지역	대구광역시 북구 구암동·구우동	영남매장문화재연구원	유물산포지	시굴
목포-광양간 고속화도로건설구간	전남 보성군 보성읍 득량면	전남대박물관	고인돌·유물산포지	
부천 고강동유적	경기 부천시 고강동	한양대박물관	집터	
태안 고남리 조개더미	충남 태안군 고남면 고남리	한양대박물관	집터	7차
거제 아주동유적	경남 거제시 아주동	동아대박물관	고인돌	
산청 옥산리유적	경남 산청군 산청읍 옥산리	부산대박물관	유물산포지	
순천 죽내리유적	전남 순천시 황전면 죽내리	조선대박물관	집터	
여수 미평동유적	전남 여수시 미평동	순천대박물관	고인돌	
진주 옥방 1지구유적	경남 진주시 대평면 대평리	국립진주박물관	집터 등	
진주 옥방 4지구유적	경남 진주시 대평면 대평리	동의대박물관	집터 등	
진주 어은 2지구유적	경남 진주시 대평면 대평리	창원문화재연구소	집터 등	
진주 상촌리유적	경남 진주시 대평면 상촌리	동아대/한양대/건국대박물관	집터 등	
산청 묵곡리유적	경남 산청군 단성면 묵곡리	신라대 가야문화재연구소	집터	
경주 손곡동유적	경북 경주시 손곡동	경주문화재연구소	유물산포지	

1996
(52)

	광명 가학동유적	경기 광명시 가학동	한양대박물관	고인돌	
	동해 송정동유적	강원 동해시 송정동	관동대박물관	유물산포지	
	산청 성내리유적	경남 산청군 단성면 성내리	부경대박물관	집터 등	
	진주 내촌리유적	경남 진주시 대평면 내촌리	동아대박물관	집터·고인돌	
	진주 옥방 2·3지구유적	경남 진주시 대평면 대평리	경상대박물관	집터·고인돌	
	진주 어은 1지구유적	경남 진주시 대평면 대평리	경남대박물관	집터·돌널무덤 등	
	진주 상촌리유적	경남 진주시 대평면 상촌리	동의대박물관	고인돌·유물산포지	
	청원 오창과학산업단지 조성지역	충북 청원군 오창면	한국문화재보호재단	집터	
	김해 산문리유적	경남 김해시 장유면 산문리	부산대박물관	집터	
	영주 갈산리유적	경북 영주시 장수면 갈산리	안동대박물관	유물산포지	
	서천 한성리유적	충남 서천군 마서면 한성리	국립부여박물관	집터	3차
1996 (52)	부여 송국리유적	충남 부여군 초촌면 송국리	국립부여박물관	집터	
	서천 당정리유적	충남 서천군 종천면 당정리	부여문화재연구소	유물산포지	
	산청 옥산리유적	경남 산청군 산청읍 옥산리	경상대/부산대박물관	집터 등	
	대구 시지지구 택지개발지역	대구광역시 수성구 신매동	영남매장문화재연구원	유물산포지	
	청원 황탄리유적	충북 청원군 강내면 황탄리	국립청주박물관	유물산포지	
	진주 대촌유적	경남 진주시 귀곡동	국민대/동의대박물관	고인돌	
	진주 귀곡동유적	경남 진주시 귀곡동	세종대/동아대박물관	고인돌·집터	
	진주 옥방 5지구유적	경남 진주시 대평면 대평리	선문대역사학과/신라대박물관	집터 등	
	진주 상촌리유적	경남 진주시 대평면 상촌리	대전보건대/건국대박물관	고인돌·유물 산포지	
	창원 서상동유적	경남 창원시 서상동	창원대박물관	유물산포지	
	산청 소남리유적	경남 산청군 단성면 소남리	신라대 가야문화재연구소	집터 등	

	유적명	소재지	조사기관	성격	비고
	대구 송현동유적	대구광역시 달서구 송현동	동국대 경주박물관	집터	
	김해 내덕리유적	경남 김해시 장유면 내덕리	동의대박물관	유물 산포지	2차
	태안 고남리유적	충남 태안군 고남면 고남리	한서대/한양대 박물관	조개더미	
	고흥 도천리유적	전남 고흥군 과역면 도천리	국립광주박물관	고인돌	
	영덕 남산리유적	경북 영덕군 영덕읍 남산리	영남매장문화재 연구원	유물 산포지	
	충주 조동리유적	충북 충주시 동량면 조동리	충북대박물관	집터·유 물산포지	1차
	영주 용산리유적	경북 영주시 안정면 용산리	안동대박물관	유물 산포지	
	군산 도암리유적	전북 군산시 성산면 도암리	전북대박물관	유물 산포지	
	괴산 미암리유적	충북 괴산군 증평읍 미암리	충북대 중원문화연구소	유물 산포지	
	무안 사창리유적	전남 무안군 몽탄면 사창리	목포대박물관	유물 산포지	
1997 (41)	무안 청용리유적	전남 무안군 몽탄면 청용리	목포대박물관	유물 산포지	
	단양 기동리유적	충북 단양군 적성면 기동리	단국대 한국민족학연구소	고인돌	
	천안 용원리유적	충남 천안시 성남면 용원리	공주대박물관	집터	
	대구 이천동유적	대구광역시 남구 이천동	영남대박물관	고인돌	
	포항 초곡리유적	경북 포항시 흥해읍 초곡리	영남매장문화재 연구원	유물 산포지	시굴
	보령 화산동유적	충남 보령시 화산동	충청매장문화재 연구원	고인돌	
	공주 귀산리유적	충남 공주시 우성면 귀산리	충청매장문화재 연구원	유물 산포지	
	광주 매월동유적	광주광역시 서구 매월동	전남대박물관	유물 산포지	
	부천 고강동유적	경기 부천시 고강동	한양대박물관	집터	2차
	대구 서변동유적	대구광역시 북구 서변동	영남매장문화재 연구원	유물 산포지	시굴
	강릉 지변동유적	강원 강릉시 지변동	강릉대박물관	집터	
	상주 마공리유적	경북 상주시 청리면 마공리	한국문화재보호재단	유물 산포지	

	천안 대흥리유적	충남 천안시 성남면 대흥리	충남대박물관	집터	
	창원 토월동유적	경남 창원시 토월동	창원문화재연구소	고인돌	
	울주 교동리유적	울산광역시 울주군 삼남면 교동리	동아대박물관	집터	
	해남 장소리유적	전남 해남군 계곡면 장소리	목포대박물관	유물산포지	
	사천 능도유적	경남 사천시 능도동	부산대/동아대박물관, 경남고고학연구소	집터·무덤	
	울산 옥현유적	울산광역시 남구 무거동	경남대/밀양대박물관	집터·논	
	진주 옥방1지구유적	경남 진주시 대평면 대평리	국립진주박물관	집터·무덤	2차
	진주 옥방2·3지구유적	경남 진주시 대평면 대평리	경상대박물관	집터	2차
	진주 옥방4지구유적	경남 진주시 대평면 대평리	동의대박물관	집터	2차
1997 (41)	진주 옥방5지구유적	경남 진주시 대평면 대평리	선문대역사학과/신라대박물관	집터	2차
	진주 어은1지구유적	경남 진주시 대평면 대평리	경남대박물관	집터·무덤·밭	2차
	진주 어은2지구유적	경남 진주시 대평면 대평리	창원문화재연구소	집터	2차
	진주 상촌리유적	경남 진주시 대평면 상촌리	건국대박물관	집터·고인돌	2차
	산청 소남리유적	경남 산청군 단성면 소남리	신라대 가야문화재연구소	집터	2차
	진주 대평리유적	경남 진주시 대평면 대평리	신라대 가야문화재연구소	유물산포지	시굴
	진주 상촌리유적	경남 진주시 대평면 상촌리	동아대박물관	유물산포지	시굴
	진주 중촌리유적	경남 진주시 대평면 중촌리	〃	유물산포지	시굴
	진주 내촌리유적	경남 진주시 대평면 내촌리	대전보건대박물관	유물산포지	시굴
	양구 송청리유적	강원 양구군 양구읍 상리	강원대박물관	고인돌	
1998 (41)	태안 고남리유적	충남 태안군 고남면 고남리	한양대박물관	조개더미	8차
	경주 월산리유적	경북 경주시 내남면 월산 2리	경주문화재연구소	유물산포지	시·발굴
	영천 청정리유적	경북 영천시 고경면 청정리	영남매장문화재연구원	유물산포지	

	유적명	소재지	조사기관	성격	비고
	포항 초곡리유적	경북 포항시 흥해읍 초곡리	영남매장문화재 연구원	유물 산포지	
	공주 귀신리유적	충남 공주시 우성면 귀신리	충청매장문화재 연구원	유물 산포지	
	영광 대덕리유적	전남 영광군 법성면 대덕리	전남대박물관	유물 산포지	
	울산 교동리유적	울산광역시 울주군 삼남면 교동리	동아대박물관	집터	
	고성 두호리유적	경남 고성군 마암면 두호리	경남고고학연구소	무덤	
	울산 무거동유적	울산광역시 남구 무거동	경남대/밀양대 박물관	집터·논	
	진안 용담댐수몰지역 조사	전북 진안군 정천면 갈룡리 / 전북 진안군 안천면 삼락리	전북대박물관/ 국립전주박물관	고인돌· 유물 산포지	
	부여 합정리유적	충남 부여군 규암면 합정리	충청매장문화재 연구원	유물 산포지	
	대전 노은동유적	대전광역시 유성구 노은동	한남대박물관	유물 산포지	
	사천 이금동유적	경남 사천시 이금동	경남고고학연구소	집터· 고인돌	
1998 (41)	울산 황정동유적	울산광역시 동구 황정동	울산대박물관	유물 산포지	시굴
	여수 화장동유적	전남 여수시 화장동	순천대박물관	고인돌	
	경주 마동유적	경북 경주시 마동	한국문화재보호재단	유물 산포지	
	대전 용산동유적	대전광역시 유성구 용산동	충남대박물관	유물 산포지	
	진해 자은동유적	경남 진해시 자은동	창원대박물관	논	
	아산 신봉리유적	충남 아산시 신봉리	충청매장문화재 연구원	유물 산포지	
	청주 봉명동유적	충북 청주시 봉명동 일원	충북대박물관	집터· 무덤	
	창원 토월동유적	경남 창원시 토월동	창원문화재연구소	고인돌	
	청양 학암리유적	충남 청양군 정신면 학암리	공주대박물관	유물 산포지	시굴
	김해 회현리유적	경남 김해시 봉황동	부산대박물관	조개더미 ·고인돌	시굴
	부천 고강동유적	경기 부천시 고강동	한양대박물관	집터	3차
	공주 주봉리유적	충남 공주시 이인면 주봉리 일원	공주대박물관	유물 산포지	
	하남 광암동유적	경기 하남시 광암동	세종대박물관	고인돌	

	울주 방기리유적	울산광역시 울주군 삼남면 방기리	부산대박물관	집터	
	울산 연암동유적	울산광역시 북구 연암동	울산대박물관	집터	
	함안 도항리유적	경남 함안군 가야읍 도항리	경남고고학연구소	유물 산포지	
	국도27호선 확장구간 내 유적	전남 고흥군 두원면·동강면 일원	목포대박물관 등	고인돌	연합 발굴
	진안 용평리유적	전북 진안군 상전면 용평리	전북대박물관	유물 산포지	
	대구 서변동유적	대구광역시 북구 서변동	영남매장문화재 연구원	집터	
	대전 상서동유적	대전광역시 대덕구 상서동	충남대박물관	유물 산포지	
1998 (41)	진안 망화리유적	전북 진안군 정천면 망화리	전북대박물관	유물 산포지	
	대구 상동유적	대구광역시 수성구 상동	국립대구박물관	고인돌	
	화순 운월리유적	전남 화순군 도암면 운월리	전남대박물관	고인돌	
	구미 덕촌리유적	경북 구미시 옥성면 덕촌리	한국문화재보호재단	집터	
	평택 지제동유적	경기 평택시 지제동	세종대박물관	유물 산포지	시굴
	김천 모암동유적	경북 김천시 모암동	영남매장문화재 연구원	유물 산포지	
	창원 토월동유적	경남 창원시 토월동	창원문화재연구소	유물 산포지	시굴
	마산 가포동유적	경남 마산시 합포구 가포동	경남대박물관	제사 유적	시굴
	대구 진천동유적	대구광역시 달서구 진천동	경북대박물관	선돌	
	고령 봉평리유적	경북 고령군 운수면 봉평리	경북문화재연구원	고인돌	
	대전 궁동유적	대전광역시 유성구 궁동	충남대박물관	집터	
	남해 서대리유적	경남 남해군 창선면 서대리	창원대박물관	고인돌	
1999 (68)	천안 업정동유적	충남 천안시 업정동 일원	공주대박물관	유물 산포지	
	청주 용암동유적	충북 청주시 용암동	한국문화재보호재단	집터	
	논산 정지리유적	충남 논산시 성동면 정지리	충남대박물관	유물 산포지	
	공주 내촌리유적	충남 공주시 정안면 내촌리	한남대박물관	유물 산포지	

	공주 산의리유적	충남 공주시 이인면 신의리	공주대박물관	유물 산포지	
	공주 안영리유적	충남 공주시 탄천면 안영리	충청매장문화재 연구원	유물 산포지	
	논산 마전리유적	충남 논산시 연무읍 마전리	고려대 매장문화재연구소	집터· 무덤·논	
	울산 무거동유적	울산광역시 남구 무거동	경남대박물관	논	
	진주 옥방1지구유적	경남 진주시 대평면 대평리	경남고고학연구소	집터· 무덤	3차
	진주 옥방4지구유적	〃	동의대박물관	집터	3차
	진주 옥방5지구유적	〃	선문대 역사학과	집터	3차
	진주 옥방6지구유적	〃	동아대박물관	집터	
	진주 옥방7지구유적	〃	경남문화재연구원	집터	
	진주 옥방8지구유적	〃	창원문화재연구소	집터	
	진주 어은1지구유적	〃	경남대박물관	집터	
	경주 석장동유적	경북 경주시 석장동	동국대 경주박물관	집터	
	진주 옥방9지구유적	경남 진주시 대평면 대평리	경남고고학연구소	집터	
1999 (68)	합천 영창리유적	경남 합천군 합천읍 영창리	경남고고학연구소	집터· 무덤	
	울주 봉계리유적	울산광역시 울주군 두동면 봉계리	영남대박물관	집터· 무덤	
	울산 연암동유적	울산광역시 북구 연암동	부경대박물관	집터	
	울주 천상리유적	울산광역시 울주군 범서면 천상리	영남매장문화재 연구원	집터	
	상주 용담리유적	경북 상주시 사벌면 용담리	한국문화재보호 재단	집터	
	경주 월산리유적	경북 경주시 내남면 월산리	울산대박물관	집터	시굴
	울주 굴화리유적	울산광역시 울주군 범서면 굴화리	울산대박물관	집터	
	마산 호계리유적	경남 마산시 내서읍 호계리	경남문화재연구원	집터	시굴
	장흥 대리유적	전남 장흥군 유치면 대리	목포대박물관	유물 산포지	
	성주 도성리유적	경북 성주군 서남면 도성리	경산대박물관	유물 산포지	
	평택 지제동유적	경기 평택시 지제동	세종대박물관	집터	
	사천 이금동유적	경남 사천시 이금동	경남고고학연구소	집터	
	시흥 조남동유적	경기 시흥시 조남동	한양대박물관	고인돌	

	천안 업성동유적	충남 천안시 업성동 일원	공주대박물관	유물 산포지	
	김제 석담리유적	전북 김제시 백주면 석담리	군산대박물관	유물 산포지	
	창원 창곡동유적	경남 창원시 창곡동	경남문화재연구원	유물 산포지	시굴
	창원 토월동유적	경남 창원시 토월동	창원문화재연구소	유물 산포지	시굴
	화순 대신리유적	전남 화순군 춘양면 대신리	목포대박물관	고인돌	
	밀양 가인리유적	경남 밀양시 산내면 가인리	밀양대박물관	고인돌	
	대구 가천동유적	대구광역시 수성구 가천동	영남매장문화재 연구원	유물 산포지	
	울산 구수리유적	울산광역시 울주군 언양읍 구수리	울산대박물관	유물 산포지	
	경주 수렴리유적	경북 경주시 양남면 수렴리	동국대 경주박물관	유물 산포지	
	여수 가장리유적	전남 여수시 율촌면 가장리	순천대박물관	고인돌	
	울산 부곡동유적	울산광역시 남구 부곡동	한국문화재보호재단	유물 산포지	
1999 (68)	부천 고강동유적	경기 부천시 고강동	한양대박물관	집터	
	아산 명암리유적	충남 아산시 탕정면 명암리	충남대 백제연구소	유물 산포지	시굴
	이천 수하리유적	경기 이천시 신둔면 수하리	세종대박물관	고인돌	
	진안 모정리유적	전북 진안군 정천면 모정리	전북대박물관	고인돌	
	함평 상곡리유적	전남 함평군 해보면 상곡리	목포대박물관	고인돌	
	강릉 석교리유적	강원 강릉시 사천면 석교리	강릉대박물관	집터	
	대구 상동유적	대구광역시 수성구 상동	경북문화재연구원	유물 산포지	시굴
	시흥 계수동유적	경기 시흥시 계수동	한양대박물관	고인돌	
	울진 봉산리유적	경북 울진군 기성면 봉산리	강릉대박물관	집터	
	김해 농소리유적	경남 김해시 주촌면 농소리	경남문화재연구원	유물 산포지	시굴
	익산 화산리유적	전북 익산시 망성면 화성리	국립전주박물관	집터	
	고창 암치리유적	전북 고창군 성송면 암치리	원광대박물관	고인돌	
	사천 봉계리유적	경남 사천시 곤명면 봉계리	경남고고학연구소	집터	

	유적명	위치	조사기관	성격	비고
1999 (68)	광양 용강리유적	전남 광양시 광양읍 용강리	순천대박물관	유물 산포지	
	강릉 송림리유적	강원 강릉시 연곡면 송림리	한림대박물관	유물 산포지	
	장흥 탐진댐유적	전남 장흥군 유치면 단산리 일원	목포대박물관/ 호남문화재연구원	고인돌	
	경주 하서리유적	경북 경주시 양남면 하서리	동국대 경주박물관	집터	
	강화 오상리유적	인천광역시 강화군 내가면 오상리	선문대 발굴조사단	고인돌	
	창원 토월동유적	경남 창원시 토월동	창원문화재연구소	집터	
	화성 반월리유적	경기 화성군 태안읍 반월리	한신대박물관	유물 산포지	시굴
	충주 조동리유적	충북 충주시 동량면 조동리	충북대박물관	집터	2차
	경주 망성리유적	경북 경주시 내남면 망성리	영남매장문화재 연구원	유물 산포지	시굴
	울산 서부동유적	울산광역시 북구 서부동	울산대박물관	집터	
2000 (53)	울산 창평동유적	울산광역시 창평동	영남문화재연구원	유물 산포지	
	울산 천상리유적	울산광역시 울주군 범서면 천상리	영남문화재연구원	집터	
	김해 홍동유적	경남 김해시 홍동	동의대박물관	집터	
	김해 농소리유적	경남 김해시 주촌면 농소리	경남문화재연구원	집터	시굴
	인천 문학동유적	인천광역시 남구 문학동	인하대박물관	집터	
	경주 운대리유적	경북 경주시 서면 운대리	영남대 민족문화연구소	유물 포함층	시굴
	부여 구봉리유적	충남 부여군 구룡면 구봉리	충남대 백제연구소	집터	
	충주 조동리유적	충북 충주시 동량면 조동리	충북대박물관	집터	3차
	청원 국사리유적	충북 청원군 옥산면 국사리	한국문화재보호재단	집터	
	여천 화장동유적	전남 여천시 화장동	순천대/성균관대 박물관	고인돌	
	대구 상동유적	대구광역시 수성구 상동	경북문화재연구원	고인돌	
	김포 신곡리유적	경기 김포시 고촌면 신곡리	한양대박물관	유물 포함층	시굴
	진안 용담댐수몰지역	전북 진안군 정천면 일대	전북대박물관	고인돌· 집터	
	울산 신정동유적	울산광역시 남구 신정동	울산대박물관	집터	

	유적명	소재지	조사기관	성격	비고
	화성 반월리유적	경기 화성군 태안읍 반월리	한신대박물관	유물포함층	시굴
	강화 오상리유적	인천광역시 강화군 내가면 오상리	선문대 발굴조사단	고인돌	
	강릉 송림리유적	강원 강릉시 연곡면 송림리	한림대박물관	집터	
	포항 원동유적	경북 포항시 남구 오천읍 원동	한국문화재보호재단	집터	시굴
	포항 대련리유적	경북 포항시 북구 흥해읍 대련리	경북문화재보호재단	집터	시굴
	양양 임호정리유적	강원 양양군 현남면 임호정리	강릉대박물관	집터	
	대전 대정동유적	대전광역시 유성구 대정동	충남대박물관	집터	
	화순 다지리유적	전남 화순군 화순읍 다지리	전남대박물관	유물포함층	
	군산 아동리유적	전북 군산시 개정면 아동리	군산대박물관	유물포함층	시굴
	울산 산전리유적	울산광역시 울주군 상북면 산전리	한국문화재보호재단	유물포함층	
	청주 가경동유적	충북 청주시 가경동	충북대박물관	집터	
2000 (53)	익산 모현동유적	전북 익산시 모현동	원광대 마한백제연구소	집터	
	경주 하서리유적	경북 경주시 양남면 하서리	동국대 경주박물관	집터	
	제천 능강리유적	충북 제천시 수산면 능강리	세종대박물관	고인돌·집터	
	울산 야음동유적	울산광역시 남구 야음동	밀양대/동의대 박물관	집터	
	용인 봉명리유적	경기 용인시 남사면 봉명리	기전문화재연구원	집터	시굴
	경주 하구리유적	경북 경주시 현곡면 하구리	경주대박물관	유물포함층	시굴
	부여 구봉리유적	충남 부여군 구룡면 구봉리	충남대백제연구소	유물포함층	시굴
	여수 둔덕동유적	전남 여수시 둔덕동	순천대박물관	집터	
	군산 고봉리유적	전북 군산시 성산면 고봉리	호남문화재연구원	유물포함층	시굴
	경주 성동동유적	경북 경주시 성동동	한국문화재보호재단	유물포함층	
	울산 발리유적	울산광역시 울주군 온양읍 발리	울산문화재연구원	유물포함층	시굴
	대구 용계리유적	대구광역시 달성군 가창면 용계리	영남문화재연구원	집터	시굴
	광양 용강리유적	전남 광양시 광양읍 용강리	순천대박물관	집터	

296

	포항 지곡동유적	경북 포항시 남구 지곡동	경주대박물관	유물 포함층	시굴
	고성 척변정리유적	경남 고성군 상리면 척변정리	경남문화재연구원	유물 포함층	시굴
	아산 명암리유적	충남 아산시 탕정면 명암리	충남대박물관 등	집터 등	
	화성 석우리유적	경기 화성군 동탄면 석우리	한신대박물관	유물 포함층	시굴
	김해 대성동유적	경남 김해시 대성동	경남문화재연구원	집터 등	
	경산 삼성리유적	경북 경산시 남천면 삼성리	영남문화재연구원	유물 포함층	시굴
	울산 신정동유적	울산광역시 남구 신정동	울산대박물관	유물 포함층	시굴
2000 (53)	영광 진내리유적	전남 영광군 법성면 진내리	순천대박물관	유물 포함층	시굴
	안양 관양동유적	경기 안양시 관양동	기전문화재연구원	집터	
	천안 성성동유적	충남 천안시 성성동	충청매장문화재 연구원	집터	시굴
	익산 어양동유적	전북 익산시 어양동	원광대 마한백제연구소	유물 포함층	시굴
	양평 양수리유적	경기 양평군 양서면 양수리	기전문화재연구원	집터	
	경주 신계리유적	경북 경주시 외동읍 신계리	경북문화재연구원	유물 산포지	
	보령 관창리유적	충남 보령군 주교면 관창리	공주대박물관	고인돌	
	광주 산이리유적	경기 광주군 초월면 산이리	한양대박물관	고인돌	

찾아보기

298

300